NEW YORK

ÉDITION ÉCRITE ET ACTUALISÉE PAR
Ali Lemer, Anita Isalska, MaSovaida Morgan, Kevin Raub

Bienvenue à New York

Vibrante d'énergie, impressionnante et bruyante, New York est une métropole polymorphe en perpétuelle évolution, notamment grâce à son architecture vertigineuse et à sa scène gastronomique toujours plus inventive. Mais certaines choses sont immuables : la Grosse Pomme est aussi photogénique qu'indomptable.

Pour l'avoir vue sur les écrans de cinéma, vous aurez peut-être l'impression de connaître cette ville aux univers urbains contrastés et à la beauté saisissante, mais quand vous arpenterez ces rues familières et que vous ressentirez cet irrésistible pouvoir d'attraction, vous saurez qu'une expérience unique vous est offerte. En deux jours ou deux semaines, les possibilités d'exploration sont infinies.

Le Met, le MoMA et le Guggenheim ne sont que les premiers d'une liste vertigineuse d'icônes du monde de l'art à découvrir. À l'heure où le soleil descend derrière l'Hudson et que les gratte-ciel illuminent la nuit, place aux sorties et à la fête. Des bistrots conviviaux, des bars à cocktails feutrés, des salles de spectacles, des théâtres en tout genre et des clubs emblématiques ou plus confidentiels vous attendent. Bien sûr, vous aurez besoin de reprendre des forces : vous pourrez faire un tour du monde gastronomique en changeant d'option à chaque repas, sans jamais être à court de propositions, des festins de plusieurs plats étoilés au Michelin aux tranches de pizza à un dollar. Arpenter ses rues est le meilleur moyen de découvrir la ville. Perdez-vous dans la foule de Chinatown, gagnez Greenwich Village et ses ruelles pavées aux maisons charmantes, et vous verrez, chaque quartier a sa personnalité.

“Une ville aux univers urbains contrastés et à la beauté saisissante”

Financial District
DONALDB/SHUTTERSTOCK ©

Sommaire

Avant le départ

Le top de New York 35

Se restaurer 121

Shopping 147

Prendre un verre 163

Sorties 181

VERTISSEMENT

Au moment où nous terminions l'édition de ce guide, la pandémie de Covid-19 impactait fortement le monde du voyage. Les informations que vous trouverez dans ce guide sont donc susceptibles de changements.

Renseignez-vous bien avant votre départ car la situation aura probablement évolué quand vous préparez votre voyage.

Avant le départ
L'agenda

NADYA KUBIK/SHUTTERSTOCK ©

New York

New York ne connaît pas de jour de répit entre les festivals de musique et d'art, les marchés, les défilés festifs, les tournois sportifs, les événements gastronomiques et bien d'autres. Pour les grandes manifestations, organisez-vous à l'avance.

De gauche à droite et de haut en bas : Cherry Blossom Festival (p. 9) ; SummerStage (p. 10) ; Village Halloween Parade (p. 15) ; feux d'artifice d'Independence Day (p. 12)

DEBRA L ROTHENBERG/GETTY IMAGES ©

★ Les grands rendez-vous

Tribeca Film Festival, avril (p. 9)

Cherry Blossom Festival, avril ou mai (p. 9)

SummerStage, mai à octobre (p. 10)

Independence Day, 4 juillet (p. 12)

Village Halloween Parade, 31 octobre (p. 15)

À GAUCHE : TIM DRIVAS PHOTOGRAPHY/GETTY IMAGES © À DROITE : ELARBOLITO/GETTY IMAGES ©

Avant le départ
L'agenda

RYAN RAHMAN/SHUTTERSTOCK ©

Janvier

Après les fêtes de fin d'année, le blues hivernal s'installe. Malgré la nuit qui tombe très tôt, certains New-Yorkais mettent à profit les températures glaciales en pratiquant le patin à glace et le ski le week-end dans les Catskills.

Baignade du jour de l'An — 1er jan

Rien n'est plus vivifiant qu'un bain rapide, mais glacé dans l'Atlantique pour commencer l'année. Prenez votre courage à deux mains et rejoignez les baigneurs du Coney Island Polar Bear Club (polarbearclub.org).

No Pants Subway Ride — Début jan

Le deuxième dimanche de janvier, près de 4 000 New-Yorkais ôtent le bas (mais pas tout quand même !) dans les transports en commun – sur certaines les lignes –, histoire de casser un peu la routine métro-boulot-dodo. Tout le monde peut participer à l'événement qui est généralement suivi de festivités. Heures de rendez-vous sur le site Web.

☆ Winter Jazzfest — Mi-jan

Au cours de ce festival musical (winterjazzfest.com) d'une semaine, plus de 100 concerts sont organisés dans une dizaine de salles à travers la ville (principalement autour de West Village).

☆ Broadway Week — Mi-jan à début fév

En début d'année (puis en septembre), on peut acheter deux billets pour le prix d'un (www.nycgo.com/broadway-week) pour une série de comédies musicales et de pièces de théâtre de choix – dont beaucoup de nouveautés. Récemment, on a pu voir *The Book of Mormon*, *La Reine des Neiges* et *Mean Girls*.

Winter Restaurant Week — Fin jan à début fév

Lors de la "semaine d'hiver des restaurants"(fr.nycgo.com/restaurant-week) qui s'étale en réalité sur 3 semaines, on égaie ce mois triste avec des repas à prix cassés dans certaines des meilleures tables de la ville. Comptez 26 $ environ pour un déjeuner (2 plats), et 42 $ pour un dîner (3 plats).

OVIDIU HRUBARU/SHUTTERSTOCK ©

Février

02

Les frimas hivernaux, le blizzard même parfois, invitent à rester au chaud autour d'un verre ou d'un bon repas dans un café cosy.

Nouvel An chinois (lunaire)

L'une des plus importantes célébrations du Nouvel An chinois dans le pays, cette profusion de feux d'artifice et de danses du dragon attire les foules dans les rues de Chinatown. La date précise varie selon le calendrier lunaire, mais l'année chinoise débute généralement fin janvier ou début février.

STEVE EDREFF/SHUTTERSTOCK ©

☆ Westminster Kennel Club Dog Show — Mi-fév

Chaque année en février près de 3 000 chiens de race des quatre coins du globe se disputent les premiers prix de cette compétition canine (westminsterkennelclub.org). Les meilleures démonstrations ont lieu au Madison Square Garden.

New York Fashion Week — Mi-fév

Les défilés de mode de la New York Fashion Week (photo ; www.nyfw.com) ne sont malheureusement pas accessibles au public. Mais, que vous soyez invité ou non, être à New York cette semaine-là peut être électrisant, surtout si vous parvenez à vous immiscer dans une after party.

☆ Off-Broadway Week — Mi-fév

Pendant la seconde moitié de février (puis en septembre/octobre), deux billets pour le prix d'un sont proposés pour divers spectacles Off-Broadway de la ville. Il s'agit souvent de productions à l'affiche depuis longtemps, telles que *Avenue Q* et *Stomp* (www.nycgo.com/off-broadway-week).

Avant le départ

L'agenda

MAYA K. PHOTOGRAPHY/SHUTTERSTOCK ©

03

Mars

Le printemps pointe le bout de son nez, mais l'hiver aime s'éterniser, et il n'est pas rare qu'une semaine de températures négatives s'invite en mars.

☆ Big East Basketball Tournament — Début mars

En plein "March Madness" (folie de mars), ce tournoi universitaire de basket-ball (www.bigeast.com) réunissant 10 équipes de l'Est, a lieu au Madison Square Garden. L'équipe gagnante peut participer au championnat NCAA plus tard dans le mois.

Défilé de la Saint-Patrick — 17 mars

Le 17 mars, sur la Cinquième Avenue, une joyeuse foule d'amateurs de bière, parfois un peu éméchés, se mêle aux joueurs de cornemuse, aux chars et aux personnalités politiques irlandophiles. Ce défilé (en photo ; nycstpatricksparade.org), initié en 1762, est le plus important et le plus ancien de New York.

Macy's Flower Show — Fin mars-début avr

Au printemps, durant 2 semaines, le grand magasin Macy's se pare de fleurs. Celui de Herald Square accueille d'élégantes compositions florales, de luxuriants jardins miniatures et d'astucieux mélanges entre nature et création humaine.

Armory Show — Mi-mars

La plus grande foire new-yorkaise d'art contemporain (www.thearmoryshow.com) s'installe en ville le temps d'un week-end en mars pour présenter le travail de milliers d'artistes du monde entier. Édition 2021 au Javits Center.

Photo : Repetto Gallery

LEV RADIN/SHUTTERSTOCK ©

TD DOLCI/SHUTTERSTOCK ©

Avril

Le printemps est enfin là : certains établissements mettent des tables en terrasse et les places débordent de tulipes et d'arbres en fleurs.

Easter Bonnet Parade — Pâques

À l'occasion de ce défilé remontant aux années 1870, les participants chapeautés (photo) exhibent leurs superbes atours dans la Cinquième Avenue dans Midtown (de la 49e à la 57e Rue). Mettez votre plus beau couvre-chef et joignez-vous à la parade. Elle se met en marche à 10h en général.

Brooklyn Folk Festival — Mi-avril

Participez aux jam-sessions et au concours de lancer de banjo (l'instrument est attaché à une corde et on le jette à l'eau ; celui qui lance le plus loin a gagné) lors de ce festival de la communauté locale (brooklynfolkfest.com) qui réunit des milliers de mélomanes pendant 3 jours. Concerts, ateliers et espace de danse.

Tribeca Film Festival — Mi-avril

Créé au lendemain des tragiques événements du 11 septembre, le festival du film (www.tribecafilm.com) lancé par Robert De Niro a gagné ses galons dans l'univers du cinéma indé. Le choix est rude : plus de 150 films sont projetés pendant 10 jours.

Cherry Blossom Festival — Fin avril

Connue au Japon sous le nom de Sakura Matsuri, cette fête qui a lieu sur un week-end fin avril ou début mai, célèbre la floraison des cerisiers du Brooklyn Botanic Garden (bbg.org). Au menu : activités et divertissements, boissons fraîches et fleurs magnifiques.

Journée de la Terre — 22 avril

New York est le théâtre d'une journée riche en événements dans Union Square, avec de la musique live, des conférences sur le développement durable et des activités pratiques pour les enfants (earthdayinitiative.org). Le circuit "5K Green Tour" permet de découvrir des commerces et sites en ville œuvrant pour le développement durable.

Avant le départ

L'agenda

GLYNNIS JONES/SHUTTERSTOCK ©

Mai

05

Après les pluies d'avril, les arbres en fleurs affichent leurs couleurs éclatantes dans toute la ville. Le temps est doux et chaud, sans l'humidité désagréable de l'été.

TD Five Boro Bike Tour — Début mai

Mai est le mois du vélo, avec circuits, fêtes et autres manifestations destinées aux cyclistes new-yorkais. L'événement majeur reste le TD Five Boro Bike Tour (www.bike.nyc/events) ; des milliers de cyclistes participent à cette course de 67 km.

☆ SummerStage — Mai-oct

De mai à octobre, le festival SummerStage à Central Park (www.cityparksfoundation.org) affiche une belle programmation de spectacles de musique et de danse. Dernièrement, Dinosaur Jr, B-52s et OMD ont fait forte impression. La plupart des événements sont gratuits. Également une programmation pour les enfants.

☆ Fleet Week — Fin mai

Une semaine durant, fin mai (photo ; www.fleetweeknewyork.com), Manhattan prend des allures de plateau de cinéma des années 1940, avec des marins en uniforme débarquant en ville. Cette tradition qui remonte aux années 1980 permet aux curieux de visiter les bateaux à quai le long de l'Hudson.

Governors Ball — Fin mai-début juin

Ce festival de musiques actuelles réputé (www.governorsballmusicfestival.com) bat son plein pendant 3 jours sur Randall's Island. En bonus : artistes de rue, jeux de société grandeur nature et meilleurs *food trucks* de New York.

Memorial Day — Fin mai

Ce jour rend hommage aux Américains tombés au combat. Des parades ont lieu dans chaque quartier avec des fanfares et des vétérans agitant des drapeaux ; la plus grande est celle du Queens, la Little Neck-Douglaston Memorial Day Parade (www.lndmemorialday.org).

06

Juin

L'été est là : les New-Yorkais investissent les espaces verts, les défilés envahissent les rues les plus fréquentées et on installe des écrans de cinéma dans les parcs.

Museum Mile Festival

Pendant une soirée, la fête bat son plein dans 5th Ave (entre 82nd St et 105th St) en l'honneur des musées du quartier, avec des concerts et des activités pour les enfants. Certains musées ouvrent gratuitement leurs portes ou organisent des événements.

Puerto Rican Day Parade

Depuis 1958, le 2e dimanche de juin attire des milliers de Portoricains patriotes et fêtards, qui envahissent 5th Ave entre entre 44th St et 79th St (nprdpinc.org). Déguisements et danses sont de mise.

Mermaid Parade

Délicieusement décalée, cette fête célèbre depuis près de 30 ans la plage, la mer et l'été. La parade, tourbillon de paillettes et de costumes de sirènes, investit la promenade de Coney Island. Elle se tient le samedi le plus proche du solstice d'été.

Gay Pride (NYC Pride)

Un défilé (photo) dans 5th Ave est organisé le dernier dimanche du mois de la Gay Pride. Durant 5 heures, danseurs, *drag queens*, hommes en cuir, lesbiennes et représentants de la communauté LGBT+ marchent sous les couleurs de l'arc-en-ciel.

Bryant Park Summer Film Festival — Mi-juin à août

Chaque lundi, Bryant Park (bryantpark.org) accueille des projections en plein air gratuites de classiques hollywoodiens. Arrivez tôt (l'espace ouvre à 17h et il y a déjà du monde dans la file d'attente à 16h) ; le film commence à la nuit tombée.

Shakespeare in the Park — Juin-août

Ce festival (publictheater.org) propose des spectacles gratuits joués par des acteurs talentueux dans Central Park. Il faut patienter dans la file d'attente pour avoir un billet, ou tenter la loterie. Billets distribués à midi (arrivez avant 10h).

Avant le départ
L'agenda

ELZBIETA SEKOWSKA/SHUTTERSTOCK ©

Juillet

07

Les New-Yorkais s'évadent vers les plages de Long Island pour échapper à la chaleur étouffante. La ville est cependant bondée de touristes.

Feux d'artifice d'Independence Day — 4 juil

Le 4 juillet, l'Amérique célèbre sa fête nationale avec des feux d'artifice sur l'East River vers 21h. Pour ne rien rater du spectacle, postez-vous au bord de l'eau dans le Lower East Side ou à Williamsburg, sur un toit-terrasse élevé ou dans un appartement de Manhattan orienté à l'est. Cherchez les meilleurs points de vue en ligne.

☆ Nathan's Famous Hot Dog Eating Contest — 4 juil

Ce curieux éloge (photo) de la goinfrerie (www.nathansfamous.com) réunit chaque année à Coney Island les plus gros avaleurs de nourriture du monde. Les records hommes et femmes actuels sont détenus par le décuple champion Joey Chestnut (75 hot dogs avalés en 10 minutes, pain compris !), et par la quintuple championne Miki Sudo (48 hot dogs).

☆ MoMA PS 1 Warmup — Juil-sept

Les dimanches d'été, DJ, groupes et musiciens expérimentaux font bouger une foule branchée sous le ciel estival au MoMA PS1 (moma.org/calendar/events/6697), dans le Queens.

☆ Lincoln Center Out of Doors — Fin juil à mi-août

La locomotive des arts du spectacle de New York affiche une programmation en plein air festive de concerts et de danse (www.lcoutofdoors.org). L'afrobeat, le latin jazz et la country sont représentés, et des événements spéciaux sont organisés pour les familles.

Harlem Week — Fin juil à mi-août

Pendant plus d'une semaine, ce festival culturel (www.harlemweek.com) accueille plus de 100 événements célébrant la riche histoire de ce quartier d'Upper Manhattan. Au programme : fêtes dans les parcs, course de 5 km, menus spéciaux dans les restaurants... et le tout en musique !

LEONARD ZHUKOVSKY/SHUTTERSTOCK ©

08

Août

Pour fuir les vagues de chaleur estivale, les New-Yorkais gagnent les plages de la côte ou règlent la climatisation au maximum. Heureusement, quantité d'événements en plein air secouent la ville engourdie.

Summer Streets

Les trois premiers samedis d'août, 11 km de rues sont réservés aux marcheurs, coureurs et cyclistes : des journées sans voiture ô combien appréciables. Nombreuses réjouissances prévues pour les enfants.

☆ Blues BBQ Festival — Fin août

Les amateurs de blues se rassemblent chaque année sur un quai de l'Hudson River Park (hudsonriverpark.org) au son de ce style musical typique des États-Unis. Sans surprise, la riche programmation se marie parfaitement aux délicieuses grillades à la mode des États du Sud.

☆ Charlie Parker Jazz Festival — Fin août

Ces 2 jours de festivités gratuites en plein air (www.cityparksfoundation.org) sont parfaits pour les amateurs de musique. De grands noms du jazz investissent la scène au Marcus Garvey Park dans Harlem et au Tompkins Square Park d'East Village.

☆ Jazz Age Lawn Party — Fin août

Vêtus comme en 1920, allez à Governors Island écouter du jazz, danser le charleston et boire des cocktails d'avant la Prohibition (jazzagelawnparty.com). Prenez vos billets dès que possible – l'événement se tient à guichets fermés (un autre se déroule en juin).

LEV RADIN/SHUTTERSTOCK ©

☆ US Open — Fin août-début sept

Les meilleurs joueurs et joueuses du monde s'affrontent lors de ce tournoi de tennis sur surface dure (photo ; usopen.org).

Avant le départ
L'agenda

POPOVA VALERIYA/SHUTTERSTOCK ©

Septembre

La fête du Travail (Labor Day) marque la fin officielle de la saison balnéaire dans les Hamptons. Les New-Yorkais retournent au travail et la saison culturelle démarre.

☆ Electric Zoo — Début sept

Célébré le week-end de la fête du Travail au Randall's Island Park, Electric Zoo (www.electriczoofestival.com) est *le* rendez-vous new-yorkais de la musique électronique. Parmi les récentes têtes d'affiche : Eric Prydz, DJ Snake et The Chemical Brothers.

West Indian American Day Carnival — Début sept

Chaque année en septembre, ce défilé exubérant de reggae, de *steel-drums* et de costumes à plumes et à perles de toutes les couleurs le long d'Eastern Pkwy (www.wiadcacarnival.org) célèbre la culture caribéenne et la communauté américaine d'origine antillaise de Crown Heights.

Fête de San Gennaro — Mi-sept

Une foule bruyante et patriote envahit les rues étroites de Little Italy où sont proposés jeux, concours de dégustation de boulettes de viande et mets italiens à gogo. Organisée durant 11 jours mi-septembre, la fête de San Gennaro (facebook.com/sangennaronyc) a été instaurée en 1926, à l'arrivée des immigrants originaires de Naples et qui voulaient honorer le saint patron de leur ville.

Atlantic Antic — Fin sept

Le meilleur festival de rue de New York foisonne de groupes de musique, de stands de de nourriture, d'artisanat et de vêtements. Le festival se tient à Brooklyn sur Atlantic Ave (atlanticave.org) entre 4th Ave et le fleuve, généralement le quatrième dimanche de septembre.

Fort Tryon Park Medieval Festival — Fin sept à début août

Lors de ce festival médiéval gratuit organisé chaque année dans le Fort Tryon Park d'Upper Manhattan (photo ; www.whidc.org/festival), des artistes costumés interprètent des musiques et danses moyenâgeuses tandis que des vendeurs proposent de l'artisanat et de la nourriture. Le final est une joute équestre entre chevaliers.

SAM ARONOV/SHUTTERSTOCK ©

10

Octobre

Les arbres se parent de couleurs chatoyantes à mesure que les températures baissent. Avec mai, c'est l'un des mois les plus agréables pour visiter New York.

⁂ Bénédiction des animaux — Début oct

Pour la Saint-François, au début du mois, les propriétaires d'animaux amènent leurs compagnons (caniches, lézards, lamas, etc.) à la majestueuse cathédrale St John the Divine (www.stjohndivine.org) pour les faire bénir.

☆ BAM's Next Wave Festival — Oct-déc

Durant près de 3 mois, d'octobre à mi-décembre, la Brooklyn Academy of Music vit au rythme du Next Wave Festival (www.bam.org), qui propose une sélection très pointue et exhaustive de musique, théâtre, opéra et danse d'avant-garde.

☆ New York Comic Con — Mi-oct

Les passionnés de comics d'ici ou d'ailleurs ne manqueraient pour rien au monde ce rendez-vous annuel (photo ; www.newyorkcomiccon.com). Jusqu'à 25 000 personnes se retrouvent pour rencontrer des stars du cinéma, porter des costumes extravagants et acheter des bandes dessinées et autres souvenirs. Les billets sont épuisés des mois à l'avance.

Open House New York — Mi-oct

Plus grande manifestation d'architecture et de design du pays, l'OHNY (www.ohny.org) organise, le temps d'un week-end, des visites guidées, des conférences, des ateliers de design, des visites de studios et des performances dans plus de 250 bâtiments de la ville.

⁂ Village Halloween Parade — 31 oct

Pour Halloween, les New-Yorkais enfilent leurs costumes les plus fous pour une nuit endiablée. Vous verrez défiler les plus extravagants lors de la Village Halloween Parade (halloween-nyc.com), qui remonte 6th Ave dans West Village.

Avant le départ

L’agenda

TD DOLCI/SHUTTERSTOCK ©

Novembre

À mesure que les feuilles tombent, laine et manteaux sortent des placards. Un marathon vedette se tient avant la période hivernale, puis les familles se réunissent pour rendre grâce à Dieu.

☆ New York Comedy Festival — Mi-nov

Les amuseurs publics prennent la ville d’assaut lors de ce festival d’une semaine (nycomedyfestival.com). Au programme : one-man-show, matchs d’improvisation et la crème des humoristes.

Marathon de New York — Début nov

Ce grand marathon (www.nycmarathon.org), qui traverse les 5 *boroughs*, attire chaque année (première semaine de novembre) des milliers de coureurs du monde entier et des spectateurs excités venus les encourager.

Défilé de Thanksgiving — Fin nov

Sous un ciel d’énormes ballons gonflés à l’hélium, fanfares de lycées martelant leurs tambours et badauds célèbrent Thanksgiving sur les 4 km de la célèbre parade (photo).

11

☆ Radio City Christmas Spectacular — Nov-déc

Préparez-vous à faire la queue tous les jours pour admirer le somptueux spectacle de Noël des Rockettes de New York (rockettes.com/christmas) pendant la période des fêtes. Les billets ne manquent pas pour cette tradition kitsch et tape-à-l’œil (datant de 1933) qui réjouit petits et grands.

LEONARD ZHUKOVSKY/SHUTTERSTOCK ©

Patinage sur glace — Nov-mars

Admirez le paysage urbain tandis que vous glisserez sur l’une des patinoires en plein air. Les plus belles sont à Central Park, Prospect Park et au Rockefeller Center.

Décembre

12

Si l'hiver a définitivement pris ses quartiers, l'ambiance des fêtes est là pour réchauffer les esprits. Des guirlandes lumineuses ornent la plupart des bâtiments et les grands magasins de la Cinquième Avenue et Macy's créent des univers sophistiqués dans leurs vitrines.

⁂ Illumination du sapin de Noël — Début déc

Sur la Rockefeller Plaza (rockefellercenter.com), l'illumination de l'énorme arbre de Noël marque le début de la saison des fêtes. Orné de 25 000 ampoules, ce symbole du Noël new-yorkais est une attraction incontournable pour tous ceux qui visitent la ville en décembre.

☆ Holiday Train Show — Mi-nov à mi-jan

Les enfants raffolent de cette tradition de Noël des New York Botanical Gardens (nybg.org), dans le Bronx, où ils peuvent observer des trains miniatures circuler au milieu de reproductions végétales détaillées de monuments new-yorkais.

Marchés de Noël — 1er-24 déc

À l'approche de Noël, New York devient un paradis de marchés : artisanat, bijoux, accessoires, jouets et bien plus encore. Parcourez les allées une tasse de chocolat chaud à la main. Les plus grands marchés sont ceux d'Union Square, de Bryant Park et de Grand Central Terminal.

Réveillon du Nouvel An — 31 déc

Lieu emblématique pour accueillir le Nouvel An (photo), Times Square est envahie de milliers de personnes serrées comme des sardines, qui trinquent dans le froid glacial et assistent à la traditionnelle descente de la boule en scandant le compte à rebours à l'unisson.

New York Road Runners Midnight Run — 31 déc

Les moins fêtards préféreront peut-être célébrer la nouvelle année en participant à cette course de 6,4 km à travers Central Park (les festivités et les feux d'artifice commencent avant). Inscription auprès des New York Road Runners (nyrr.org).

Envie de...

CULTURE

Museum of Modern Art Après d'importantes rénovations, ce musée présente à nouveau le meilleur de l'art moderne. (p. 74)

Metropolitan Museum of Art Le musée le plus encyclopédique du continent américain. (photo ci-dessus ; p. 50)

Chefs Club Des chefs en résidence font évoluer la carte fusion de ce restaurant spectaculaire. (p. 130)

La Compagnie des Vins Surnaturels Une déclaration d'amour aux vins français. (p. 170)

Lincoln Center Un ensemble d'édifices modernes dédiés à l'art : opéra, danse, musique et théâtre. (p. 114)

LUXE ET GLAMOUR

Broadway Des spectacles primés et de grands acteurs. (photo ; p. 60)

The Frick Collection Une superbe demeure, des chefs-d'œuvre de Vermeer, Greco et Goya, ainsi qu'une belle fontaine au cœur d'un atrium. (p. 53)

Great Jones Spa Après une série de soins, prolongez la détente par un bon bain chaud dans ce spa luxueux. (p. 197)

Eleven Madison Park Cuisine pointue et avant-gardiste truffée de délicieuses surprises. (p. 134)

Raines Law Room On s'installe dans un box habillé de rideaux pour revivre l'âge d'or du jazz dans ce bar à cocktails de style Prohibition. (p. 173)

BONNES AFFAIRES

Central Park Le principal espace vert de Manhattan offre des hectares d'exploration et un festival gratuit dédié à Shakespeare. (p. 36)

Brooklyn Bridge Contemplez le point de vue à 360° tout en traversant cette merveille du XIXe siècle. (p. 48)

Staten Island Ferry La meilleure croisière gratuite de New York. (p. 240)

Nom Wah Tea Parlor Régalez-vous dans ce restaurant de dim sums (p. 127)

Housing Works Thrift Shop Des articles de créateurs à prix réduits. (p. 156)

ORIGINALITÉ

Washington Square Park Mêlez-vous aux bobos et aux jeunes artistes sur cette place de Greenwich Village. (photo ; p. 80)

Saint Marks Place Retrouvez l'ambiance artistique de l'East Village le long de cette rue historique. (p. 84)

Chelsea Market Une flopée de cuisines du monde à portée de fourchette. (p. 81)

House of Yes Sortez vos habits de lumière pour une soirée dans ce club avant-gardiste. (p. 177)

Brooklyn Flea Un marché aux puces très prisé pour des pièces vintage et de l'artisanat local. (p. 161)

AIR FRAIS

La High Line La flore endémique est la vedette de ce parc linéaire. (p. 56)

Prospect Park Explorez les chemins dissimulés dans ce superbe parc de Brooklyn. (p. 110)

Governors Island Des paysages côtiers variés à découvrir à vélo. (p. 200)

Union Square Greenmarket Achetez des produits frais et quelques gourmandises pour composer un pique-nique. (p. 109)

Smorgasburg Goûtez un peu de tout dans cette foire gastronomique en plein air, à Brooklyn. (photo ; p. 144)

Avant le départ

New York en 4 jours

VICTORIA LIPOV/SHUTTERSTOCK

Lower Manhattan et Brooklyn

Oubliez les gratte-ciel en béton pour de vastes horizons, la vue sur le fleuve et une balade sur un pont emblématique. Réservez vos billets pour visiter la Statue de la Liberté, Ellis Island et le One World Trade Center.

Jour 01

1 Statue de la Liberté et Ellis Island (p. 42)

Réservez votre billet et arrivez tôt pour prendre le ferry. Ellis Island occupera probablement l'essentiel de la matinée, mais il n'y a guère de choix pour se restaurer : prévoyez des en-cas.

Du quai du ferry de Statue Cruises au Tiny's

S Prenez la ligne 1 à South Ferry et descendez à Chambers St. Marchez deux *blocks* vers le nord sur Broadway.

2 Déjeuner au Tiny's & the Bar Upstairs (p. 127)

Ambiance cosy pour un déjeuner américain chic et moderne dans une vieille maison de ville de Tribeca.

Du Tiny's au One World Trade Center

Descendez 800 m sur Broadway et prenez Vesey St vers l'ouest jusqu'au One World Trade Center.

CALVIN Y. LEE/GETTY IMAGES ©

3 One World Trade Center (p. 98)

Dans l'un des plus hauts gratte-ciel de New York, allez jusqu'au One World Observatory qui promet une vue spectaculaire. Réservez vos billets.

➜ Du One World Trade Center au National September 11 Memorial & Museum

Marchez vers le sud jusqu'au mémorial tout proche.

4 National September 11 Memorial & Museum (p. 94)

Ce mémorial rend hommage aux victimes des attentats de 2001. Visitez le musée pour en savoir plus sur la tragédie du 11-Septembre.

➜ Du National September 11 Memorial & Museum au Brooklyn Bridge

Longez Vesey St vers l'est, traversez Broadway, puis continuez jusqu'à Park Row. L'entrée pour les piétons se trouve en face du City Hall Park.

5 Brooklyn Bridge (p. 48)

Joignez-vous à la foule des visiteurs sur ce pont majestueux.

➜ Du Brooklyn Bridge à l'Empire Fulton Ferry State Park

Empruntez le pont entre Manhattan et Brooklyn. Prenez l'escalier, puis tournez à gauche. Descendez jusqu'au front de mer.

6 Empire Fulton Ferry State Park (p. 49)

Ce parc dissimule un manège de 1922 et offre une vue sur Manhattan et le Brooklyn Bridge. Les bâtiments en brique des rues de Dumbo abritent cafés, magasins et entrepôts du XIXe siècle.

➜ De l'Empire Fulton Ferry State Park au Juliana's

Longez Water St en direction de l'ouest jusqu'à Old Fulton St, puis tournez à gauche et dirigez-vous vers Front St à l'est.

7 Dîner au Juliana's (p. 143)

Le maestro Patsy Grimaldi sert aussi l'une des meilleures *Margherita* de la ville.

De gauche à droite : Statue de la Liberté (p. 42) ; Brooklyn Bridge (p. 48)

Avant le départ

New York en 4 jours

ANTON_IVANOV/SHUTTERSTOCK

Upper East Side et Midtown

Monuments emblématiques et lieux incontournables : cet itinéraire vous dévoilera le New York de l'imaginaire collectif, dont bien sûr le musée et le parc les plus célèbres de la ville. Depuis le Rockefeller Center, admirez le paysage mythique des gratte-ciel de Midtown au milieu des nuages.

Jour 02

1 Petit-déjeuner au Guggenheim (p. 88)

Arrivez avant la foule au Guggenheim. Le week-end, commencez la journée par un brunch au Wright, restaurant à l'architecture moderne du musée.

Du Guggenheim au Metropolitan Museum of Art

Longez 6 *blocks* sur 5th Ave en direction du sud.

2 Metropolitan Museum of Art (p. 50)

Dans ce musée de renom, contemplez les magnifiques collections de la Grèce et de la Rome antiques. Admirez l'aile égyptienne (qui inclut un temple), puis les œuvres des grands maîtres européens. L'été, profitez du Cantor Roof Garden dominant Central Park.

Du Metropolitan Museum of Art à Central Park

Entrez dans Central Park par l'accès sur 79th St.

3 Central Park (p. 36)

Prenez un bon bol d'air à Central Park, que l'on ne présente plus. Allez vers le sud

INGUS KRUKLITIS/SHUTTERSTOCK ©

jusqu'à Bethesda Terrace pour prendre un verre au bar-restaurant ou pour faire du bateau sur le lac.

De Central Park à Times Square

Sortez du parc sur 5th Ave le plus au sud qu'il vous plaira, et prenez un taxi pour Times Square.

4 Times Square (p. 66)

Contemplez les néons et les rues bondées de Times Square. Le panorama est éblouissant depuis les gradins du kiosque TKTS au nord. Achetez-y des billets à prix réduit pour le soir même.

De Times Square au Rockefeller Center

Allez vers l'est jusqu'à 6th Ave, puis vers le nord jusqu'à 49th St.

5 Top of the Rock (p. 92)

Achetez un billet pour Top of the Rock, le toit-terrasse du Rockefeller Center, et profitez de la plus belle vue sur l'Empire State Building.

Du Rockefeller Center au Grand Central Terminal

L'entrée de Grand Central sur 42nd St est à 800 m au sud de Rockefeller Plaza.

6 Dîner à Grand Central Terminal (p. 82)

Plusieurs choix remarquables s'offrent à vous pour dîner tôt avant un spectacle – l'agréable Grand Central Oyster Bar (p. 139) et ses fruits de mer, ou l'Agern (p. 137) et ses étoiles au Michelin.

De Grand Central Terminal au spectacle sur Broadway

Prenez un taxi vers le pays des spectacles.

7 Spectacles de Broadway (p. 60)

Savourez la comédie musicale de votre choix. Puis réservez une table au Bar SixtyFive et sirotez un cocktail sous les étoiles.

De gauche à droite : Metropolitan Museum of Art (p. 50) ; Times Square (p. 66)

Avant le départ

New York en 4 jours

MASSIMO SALESI/SHUTTERSTOC

Chelsea et Upper West Side

Promenez-vous dans West Side pour découvrir le meilleur de l'art américain, un célèbre espace vert surélevé, un marché étonnant et des dinosaures spectaculaires. Parachevez votre journée par le stupéfiant Lincoln Center, qui compte l'une des meilleures salles de spectacles du pays.

Jour

03

1 Whitney Museum of American Art (p. 59)

Visitez les galeries où sont exposées les œuvres de grands artistes américains, comme O'Keeffe, Rothko et Hopper.

Du Whitney Museum of American Art à la High Line

Empruntez la High Line à son extrémité sud dans Gansevoort St, juste à l'extérieur du musée.

2 La High Line (p. 56)

Cette voie ferrée désaffectée, à 9 m au-dessus de la rue, est l'un des lieux de promenade préférés des New-Yorkais. Depuis l'extrémité sud, remontez-la pour observer l'Hudson et les rues en contrebas.

De la High Line au Chelsea Market

Sortez par l'escalier de 16th St pour atteindre l'entrée du Chelsea Market sur 10th Ave.

3 Déjeuner au Chelsea Market (p. 81)

La salle principale de cette ancienne biscuiterie est remplie de stands proposant

ITZAVU/SHUTTERSTOCK ©

de tout, des soupes de nouilles coréennes aux saucisses australiennes.

➜ Du Chelsea Market à l'American Museum of Natural History

S Prenez la ligne C à 8th Ave et 14th St pour gagner 86th St et Central Park West.

4 American Museum of Natural History (p. 117)

On éprouve un émerveillement enfantin devant les fossiles de dinosaures du Muséum d'histoire naturelle. Ne manquez pas le Rose Center for Earth & Space, véritable joyau architectural.

➜ De l'American Museum of Natural History au Boulud Sud

Descendez Columbus Ave en bus, marchez ou prenez un taxi jusqu'à W 64th St (1,3 km), au sud.

5 Dîner au Boulud Sud (p. 140)

Le grand chef Daniel Boulud sert des plats d'inspiration méditerranéenne dans un décor contemporain. Le menu "pré-théâtre" est d'un excellent rapport qualité/prix.

➜ Du Boulud Sud au Lincoln Center

Traversez Broadway et Columbus Ave pour rejoindre le Lincoln Center.

6 Un spectacle au Lincoln Center (p. 114)

Vous pourrez écouter un opéra au Metropolitan Opera House, une symphonie au David Geffen Hall, une pièce ou un ballet dans l'un de ses deux théâtres – le tout dans un cadre à l'architecture incroyable.

➜ Du Lincoln Center à l'Empire Rooftop

Traversez Columbus Ave jusqu'à l'Empire Hotel et gagnez le toit-terrasse.

7 Empire Rooftop (p. 177)

Après le spectacle, terminez la soirée par un cocktail avec vue sur la ville dans ce bar onéreux, aménagé sur un toit-terrasse ponctué de palmiers, juste en face du Lincoln Center.

De gauche à droite : la High Line (p. 56) ; American Museum of Natural History (p. 117)

Avant le départ

New York en 4 jours

MAREMAGNUM/GETTY IMAGE

Lower East Side, SoHo et East Village

Au programme de cette journée : histoire des immigrants, cuisine du monde, art et théâtre d'avant-garde, verres bon marché et concerts. Flânez dans les rues au gré de vos envies, jetez un coup d'œil aux boutiques tendance, et sachez que plus on va vers l'est, plus l'ambiance est décontractée.

Jour 04

❶ Lower East Side Tenement Museum (p. 102)

Ce musée offre un bon aperçu des rudes conditions de vie des immigrants au XIXe siècle et au début du XXe.

De Lower East Side Tenement Museum à Little Italy

Longez Delancey St vers l'ouest en passant par le Sara D. Roosevelt Park jusqu'à Mulberry St.

❷ Little Italy (p. 128)

Ce quartier éclectique, qui a perdu de son authentique charme italien, est connu pour ses magasins, ses restaurants et ses bars. Remontez Mulberry St jusqu'aux boutiques et cafés tendance de Nolita.

De Little Italy à Butcher's Daughter

Suivez Mulberry sur deux *blocks* vers le nord et bifurquez à droite sur Kenmare St, puis continuez pendant encore deux *blocks*.

❸ Déjeuner au Butcher's Daughter (p. 129)

Dans ce restaurant végétarien de Nolita on sert des plats diététiques aussi créatifs que délicieux. À accompagner d'une bière artisanale ou d'un cocktail mimosa.

➲ Du Butcher's Daughter au New Museum of Contemporary Art

🏃 Marchez vers l'est sur plusieurs *blocks* jusqu'à la Bowery et remontez vers le nord.

❹ New Museum of Contemporary Art (p. 105)

Ce musée ultramoderne présente des œuvres d'art avant-gardistes.

➲ Du New Museum of Contemporary Art à Chinatown

🏃 Prenez à droite sur Delancey St, puis à gauche sur Mott St jusqu'à Canal St.

❺ Chinatown (p. 78)

Promenez-vous l'après-midi dans l'un des quartiers les plus vivants de New York. Les rues de Chinatown sont bordées de restaurants de raviolis, boulangeries, marchés au poisson, stands de légumes et boutiques vendant de tout.

➲ De Chinatown à Ivan Ramen

🏃 L'angle Clinton St et Stanton St est à 1,6 km au nord-est environ ; marchez si vous pouvez et évitez les taxis, la circulation est infernale dans Chinatown.

❻ Dîner chez Ivan Ramen (p. 131)

Originaire de Long Island, Ivan Orkin a appris à cuisiner les *ramen* à Tokyo avant d'ouvrir son restaurant qui est très prisé.

➲ D'Ivan Ramen à Rue B

🏃 Après 800 m dans Clinton St vous atteindrez Rue B.

❼ Rue B (p. 170)

Au cœur de la scène nocturne d'East Village, terminez votre soirée en musique dans ce café-concert animé situé en sous-sol et décoré de photos des grands noms du jazz.

De gauche à droite : Little Italy (p. 128) ; Chinatown (p. 78)

Avant le départ

Ce qu'il faut savoir

Budget quotidien

Moins de 250 $

- Lit en dortoir : 40-70 $
- Part de pizza : environ 4 $
- Taco dans un *food truck* : à partir de 3 $
- Verre de vin lors de l'happy hour : 10 $
- Trajet (bus ou métro) : moins de 3 $

250-500 $

- Chambre double en hôtel standard : à partir de 200 $
- Billet pour l'Empire State Building (2 niveaux) : 58 $
- Dîner pour deux dans un restaurant de catégorie moyenne : 150 $
- Cocktail maison : 15-19 $
- Billet à prix réduit pour un spectacle à Broadway : environ 80 $

Plus de 500 $

- Chambre double au luxueux Greenwich Hotel : à partir de 650 $
- Menu dégustation dans un grand restaurant : 90-315 $
- Massage de 1 heure au Great Jones Spa : 150 $
- Place d'orchestre au Metropolitan Opera : 85-445 $

Taux de change

Canada	1 C$	0,76 $
Suisse	1 FS	1,10 $
Zone euro	1 €	1,18 $

Derniers taux de change sur www.xe.com/fr.

À prévoir

Deux mois à l'avance Réservez votre hébergement – les prix seront plus élevés au dernier moment. Achetez des billets pour les grands succès de Broadway et inscrivez-vous au circuit gratuit de Big Apple Greeters.

Un mois à l'avance Réservez une bonne table : la plupart des restaurants haut de gamme ouvrent les réservations 4 semaines à l'avance.

Une semaine à l'avance Surfez sur les blogs et les réseaux sociaux pour découvrir les dernières ouvertures de restaurants et de bars, ainsi que les expositions, concerts et spectacles en cours.

Sites Web

NYC: The Official Guide (www.nycgo.com). Le portail touristique officiel de New York.

Free Williamsburg (freewilliamsburg.com), **Brokelyn** (brokelyn.com), **Brooklyn Based** (brooklynbased.com). Dernières nouvelles du quartier, concerts, vernissages et autres.

Gothamist (gothamist.com). Des actualités new-yorkaises légères, les potins du quartier et un programme des sorties.

Time Out (www.timeout.com/newyork). Les sorties en ville.

Lonely Planet (www.lonelyplanet.fr). Infos sur la ville, forum de voyageurs, etc.

Monnaie

Dollar américain ($US)

Langue Anglais

Formalités et visas

Le Visa Waiver Program permet aux ressortissants de 38 pays d'entrer aux États-Unis sans visa, à condition d'obtenir l'autorisation ESTA avant le départ. Voir p. 230.

Argent

DAB partout. Les cartes bancaires sont acceptées dans la plupart des établissements. Les marchés et certains *food truck*, restaurants et bars ne prennent que les espèces.

Téléphone portable

Les visiteurs peuvent utiliser une carte SIM locale avec leur smartphone ou acheter sur place un téléphone rechargeable avec forfait prépayé. Vérifiez avant de partir si votre forfait inclut le *roaming* à l'étranger.

Heure locale

Eastern Standard Time (EST), - 5 heures sur l'heure GMT. Quand il est 10h à New York, il est 16h en France.

Pour en savoir plus, voir le **Carnet pratique** (p. 227)

Quand partir

Le printemps et l'automne sont les meilleures saisons. En été la chaleur peut être accablante. L'hiver est froid mais les fêtes de fin d'année attirent les foules.

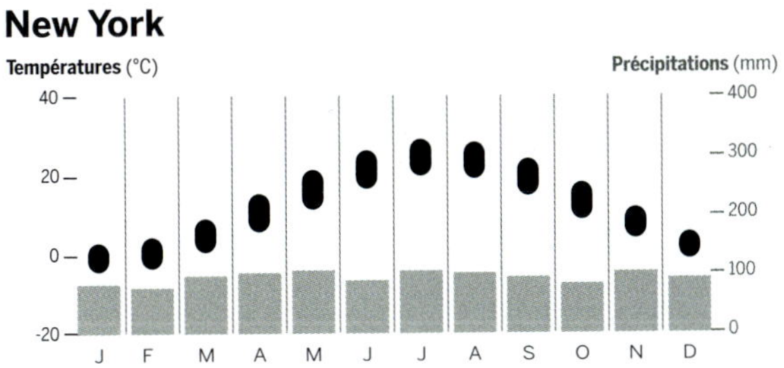

Arriver à New York

John F Kennedy International Airport L'AirTrain (5 $) assure une correspondance avec le métro (2,75 $), ce qui permet de rallier Manhattan en 1 heure. Comptez 19 $ pour un bus express vers Grand Central ou Port Authority. Un taxi coûte 52 $, prix forfaitaire hors péage, pourboire et supplément aux heures de pointe.

LaGuardia Airport Peu desservi par les transports en commun. Le bus express Q70 le relie à la station de métro 74th St-Broadway. Le bus express vers Midtown coûte 16 $ et les taxis 35-55 $ (hors péage et pourboires).

Newark Liberty International Airport Prenez l'AirTrain (5,50 $) jusqu'à la gare de Newark Airport, puis un train pour la gare de Penn Station, à New York (13 $). Le prix des taxis varie de 50 à 70 $ (plus 15 $ de péage et de pourboire, obligatoires). Entre 45 minutes et 1 heure.

Comment circuler

Le site Internet de la Metropolitan Transportation Authority (mta.info) renseigne sur les transports.

Métro Bon marché, il fonctionne plutôt bien et circule 24h/24. Un trajet coûte 2,75 $ avec une MetroCard (ou le système de paiement sans contact OMNY).

Bus Pratiques aux heures creuses, surtout si vous devez traverser la ville d'est en ouest et vice versa. On peut utiliser la MetroCard (ou le système de paiement sans contact OMNY). Mêmes tarifs que le métro.

Taxi La prise en charge est de 2,50 $ et augmente de 50 ¢ tous les 0,2 miles (320 m). Infos officielles sur www.nyc.gov/taxi.

Vélo Le système de vélos partagés Citi Bike (citibikenyc.com ; 12 $ forfait 24 heures) est populaire. Prévoyez un casque.

Ferry Le New York City Ferry (www.ferry.nyc) rallie divers points de Manhattan, de Brooklyn et du Queens.

Bon plan

- Les lignes de métro sont empruntées à la fois par des trains express – qui ne s'arrêtent qu'à quelques stations à Manhattan – et des omnibus (indiqués par un cercle blanc sur le plan du métro).
- La MetroCard fonctionne dans le métro, le bus et le tramway jusqu'à Roosevelt Island. Pass illimité 7 jours pour 33 $.
- Un taxi est libre quand son numéro sur le toit est allumé. À Manhattan les taxis verts Boro ne prennent pas de clients au sud de W 110th St et de E 96th St.
- Lorsque vous donnez une adresse au taxi, précisez le croisement le plus proche (par exemple, 700 Sixth Ave at 22nd St).
- Les places de ferry sont vendues aux automates près de l'embarcadère, sur le site ferry.nyc ou via l'application.

Avant le départ
Quoi de neuf ?

Achèvement de la High Line

La dernière partie de la High Line (p. 56) a été inaugurée au printemps 2019. S'étendant à l'est le long de W 30th St jusqu'au-dessus de 10th Ave, elle offre une vue panoramique sur la ville. De nombreux lieux permettent d'y faire une pause et vous pourrez même profiter d'œuvres d'art monumentales.

Déménagement de l'Essex Market

L'un des plus anciens marchés couverts de New York est désormais installé dans un vaste espace (p. 131) du Lower East Side.

New York en ferry

Les ferrys (p. 240) reliant Manhattan, Brooklyn et le Queens sont plus nombreux. Un arrêt Brooklyn Navy Yard a été inauguré en 2019 et Coney Island rejoindra le réseau en 2021.

Formidable extension du MoMA

Cet audacieux musée d'art moderne (p. 74) compte désormais 3 720 m² supplémentaires, des espaces spécialement conçus pour les spectacles, des galeries gratuites au rez-de-chaussée et une nouvelle boutique.

Nouveau visage de l'Empire State Building

Plusieurs millions de dollars ont été investis dans un vaste projet de réaménagement (p. 70) visant à réduire les files d'attente. L'Empire State Building s'est ainsi doté d'une nouvelle exposition permanente et son observatoire du 102e étage a des baies vitrées offrant une vue époustouflante sur la ville

Ci-dessus : Museum of Modern Art (MoMA ; p. 74)

Avant le départ

New York gratuit

Musées

L'entrée est gratuite ou la participation libre aux horaires suivants :

MoMA (p. 74) ven 17h30-21h

Guggenheim Museum (p. 88) ven et sam 16h-18h

Whitney Museum of American Art (p. 59) ven 19h-21h

The Frick Collection (p. 53) mer 14h-18h

National September 11 Memorial Museum (p. 95) mar 17h-20h

New Museum of Contemporary Art (p. 105) jeu 19h-21h

New York Historical Society (p. 39) ven 18h-20h

Neue Galerie (p. 53) premier ven du mois 17h-20h

National Museum of the American Indian (p. 47) toujours gratuit

Circuits et activités

Gratuit, le Staten Island Ferry (p. 240) offre une vue magique sur la statue de la Liberté. Un peu plus d'aventure ? Prenez un kayak gratuit au Downtown Boathouse (p. 200) ou au Manhattan Community Boathouse (p. 199).

Réservez tôt pour un circuit gratuit dans le quartier de votre choix avec les guides locaux de Big Apple Greeter (p. 231), toujours heureux de faire découvrir leur ville (des circuits accessibles aux handicapés sont proposés).

Événements de l'été

De mai à début octobre, le SummerStage (p. 10) offre plus de 100 concerts gratuits dans les parcs de la ville. Les places pour Shakespeare in the Park (p. 38), à Central Park, s'obtiennent difficilement, mais ça en vaut la peine. En été, concerts, spectacles de danse et pièces de théâtre se tiennent au Prospect Park dans le cadre de Celebrate Brooklyn! (www.bricartsmedia.org). Vous pouvez aussi assister au Bryant Park Summer Film Festival (p. 11) les lundis soir à Midtown – apportez juste votre nappe pour pique-niquer dans le parc.

Sites Internet

Événements gratuits ou à prix réduits sur Club Free Time (clubfreetime.com) et The Skint (theskint.com) : visites, concerts, conférences, ateliers, vernissages, lectures de livres, etc.

Ci-dessus : National Museum of the American Indian (p. 47)

En famille

LEE O/SHUTTERSTOCK ©

Infos pratiques

Tarif enfant Dans de nombreux sites, l'entrée est gratuite pour les enfants (- 6 ans aux - 16 ans).

Au restaurant Après 19h, les enfants se font rares dans les restaurants de Manhattan. Les chaises hautes sont souvent disponibles.

Sites Web Consultez les sites de Time Out New York Kids (www.timeout.com/new-york-kids) et Mommy Poppins (mommypoppins.com).

Pour des informations d'ordre général, consultez le guide *Voyager avec ses enfants* publié par Lonely Planet.

À voir et à faire

Outre les grands musées – parmi lesquels le Metropolitan Museum of Art (p. 50), le Museum of Modern Art (p. 74), le Guggenheim Museum (p. 88), le Museum of the City of New York (mcny.org) et le Cooper Hewitt Smithsonian Design Museum (p. 91) – qui prévoient des programmes pour les enfants, les musées qui leur sont dédiés sont nombreux.

Star des films *La Nuit au musée*, l'American Museum of Natural History (p. 117) est une valeur sûre : dinosaures, monde marin, planétarium et films IMAX. Les enfants plus âgés pourront monter dans de vieux wagons de métro au New York Transit Museum (mta.info/mta/museum) ou glisser le long d'un mât au New York City Fire Museum (nycfiremuseum.org). Les amateurs d'avions, de sous-marins et d'espace adoreront l'Intrepid Sea, Air & Space Museum (www.intrepidmuseum.org) qui présente des vestiges militaires à quai dans Midtown.

Pour un moment de quiétude avec des enfants de 1 à 5 ans, rendez-vous au Children's Museum of the Arts (cmany.org) à l'ouest de SoHo ou au Brooklyn Children's Museum (www.brooklynkids.org) dans Crown Heights. Les deux proposent lectures, cours artistiques et ateliers d'artisanat et de peinture.

Il existe plusieurs zoos, mais le Bronx Zoo (www.bronxzoo.com), réputé pour

JOSH POWELL/SHUTTERSTOCK ©

ses espaces bien conçus, est le plus beau. Si vous manquez de temps, faites une courte visite au Central Park Zoo (centralparkzoo.com).

Le trajet en bateau menant à la statue de la Liberté (p. 43) permet de découvrir la porte de New York et d'observer de près cet emblème. Les enfants adoreront aussi le Staten Island Ferry (p. 240), gratuit.

Racontez l'histoire d'un gorille géant – King kong – escaladant l'Empire State Building (p. 70). Un écran au plafond de l'ascenseur captivera les enfants le temps de monter au sommet du bâtiment. Vue à couper le souffle et télescopes en libre-service.

Hot dogs, glaces, montagnes russes : Coney Island (p. 118) est idéale pour s'amuser et profiter du soleil.

Transports

Le manque criant d'ascenseurs dans les stations de métro contraint à porter les poussettes dans les escaliers (mais on évite le tourniquet grâce à une porte d'accès spécifique). Pour savoir quelles stations de métro sont équipées d'ascenseurs, consultez le site Internet de la MTA (web.mta.info/accessibility/stations.htm). Toute personne mesurant plus de 110 cm est censée payer plein tarif, mais la règle est rarement appliquée. Dans le bus, il est obligatoire de replier sa poussette. Bon à savoir : dans un taxi, un enfant de - 7 ans peut s'asseoir sur les genoux d'un adulte. Les services de voitures avec chauffeur disposent parfois de sièges enfants.

★ Les meilleures sorties

Central Park (p. 36)
Prospect Park (p. 110)
Washington Square Park (p. 80)
La High Line (p. 56)
Wollman Skating Rink (p. 198)

De droite à gauche : Central Park (p. 36) ; Central Park Zoo

LE TOP DE NEW YORK

À voir et à faire absolument

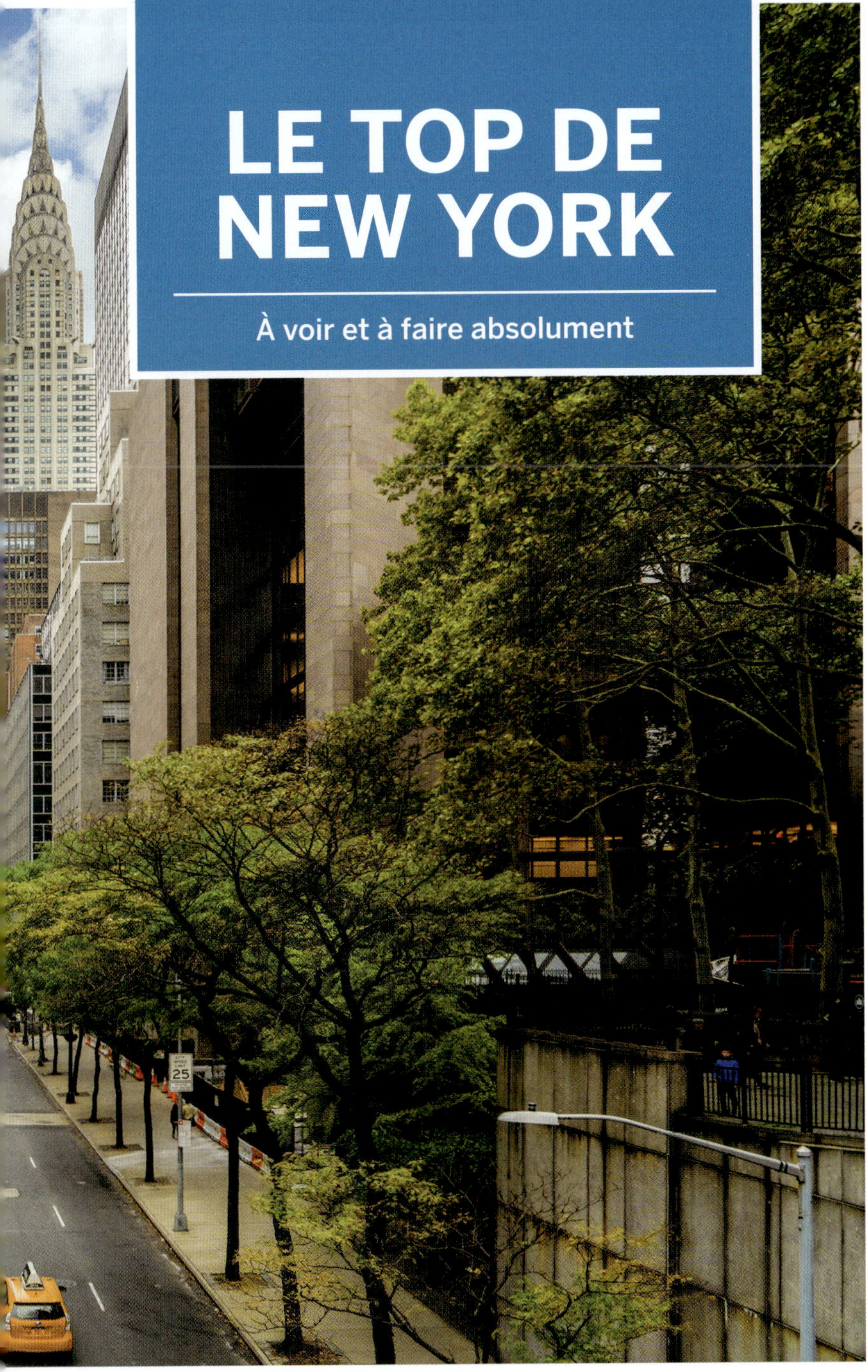

Pont dans Central Park

Central Park

On peine à imaginer ce que serait New York sans cet immense poumon vert en plein Manhattan, où les habitants peuvent respirer à l'écart des trottoirs bondés et des rues congestionnées. Ce vaste "jardin public" avec ses pelouses, ses arbres à l'ombre bienfaisante, ses jardins fleuris, ses pièces d'eau et ses sentiers serpentant dans les bois est l'un des sites les plus visités de la ville.

Pour ceux qui aiment

Infos pratiques

Plan p. 270 ; www.centralparknyc.org ; de 59th St à 110th St, entre Central Park West et 5th Ave ; 6h-1h ; ; S A/C, B/D jusqu'à n'importe quel arrêt entre 59th St-Columbus Circle et Cathedral Pkwy (110th St)

★ Bon plan

Pour échapper à la foule, tentez la North Meadow (nord de 97th St) ou le Harlem Meer.

S.BORISOV/SHUTTERSTOCK ©

Le vaste et majestueux Central Park, rectangle de verdure de 341 ha au cœur de Manhattan, a été conçu dans les années 1860 et 1870 par Frederick Law Olmsted et Calvert Vaux sur une zone marécageuse à la limite nord de la ville comme un espace de loisirs pour tous les New-Yorkais.La vaste pelouse du **Great Lawn** accueille des concerts gratuits. Les enfants voudront peut-être aller au **Central Park Zoo**. Au sud-est le **Delacorte Theater** est un théâtre à ciel ouvert où a lieu chaque été le festival **Shakespeare in the Park** (publictheater.org/programs/shakespeare-in-the-park ; ⌚juin-août). Ne manquez pas non plus la belle **Bethesda fountain**, en bordure du lac, la **Loeb Boathouse**, qui abrite un restaurant au bord de l'eau, loue des barques et propose des promenades en gondole, le **Shakespeare Garden** (côté ouest entre 79th St et 80th St), un jardin romantique prisé pour les photos de mariage, et enfin le **Ramble** (milieu du parc de 73rd St à 79th St), un bosquet apprécié des amateurs d'ornithologie. Certains secteurs du parc sont prisés des joggeurs, patineurs, musiciens et touristes les week-ends de beau temps, mais l'ambiance est plus tranquille les après-midi en semaine. Le parc est très fréquenté l'hiver quand les tempêtes de neige invitent à sortir les skis de fond et les luges. Le 31 décembre à minuit, une course à pied rassemble de nombreux participants (p. 17).

Strawberry Fields

Ce jardin en forme de larme est un mémorial à l'ex-Beatle **John Lennon**, qui vivait de l'autre côté de la rue avec Yoko Ono, dans l'immeuble Dakota, et fut

Fontaine Bethesda

assassiné devant chez lui le 8 décembre 1980. Au cœur d'un bosquet d'ormes, une mosaïque noir et blanc arbore le mot, "Imagine". Un audioguide de Strawberry Fields, lu par Yoko Ono, est disponible sur www.centralparknyc.org/attractions/strawberry-fields. Le jardin est au niveau de 72nd St, côté ouest du parc.

Bethesda Terrace et le Mall

Les galeries couvertes de **Bethesda Terrace** et la **Bethesda fountain** sont le point de rendez-vous de New-Yorkais de tous milieux depuis leur construction. Au sud, on remonte le fameux Mall (visible dans nombre de films), à l'ombre d'ormes vénérables. La partie sud du **Mall**, appelée Literary Walk, est jalonnée de statues d'auteurs célèbres.

Conservatory Water et alentour

Au nord du zoo, au niveau de 74th St, des bateaux à voile miniatures voguent sur les eaux de **Conservatory Water**, tandis que les enfants escaladent une **statue d'Alice au pays des merveilles**. À l'ouest du bassin, tous les samedis, c'est l'heure du conte, au chevet de la **statue de Hans Christian Andersen** (11h, juin-septembre).

Great Lawn et alentour

La **Great Lawn** est un immense tapis vert au centre du parc (entre 79nd St et 86th St), bordé de terrains de base-ball et de platanes. Au sud-est, se dressent le Delacorte Theater (festival Shakespeare in the Park) et le Belvedere Castle (p. 200).

À voir dans les environs

New-York Historical Society Musée

(Plan p. 270 ; ☎212-873-3400 ; nyhistory.org ; 170 Central Park West, au niveau de W 77th St ; tarif plein/réduit/5-13 ans 22/17-13/6 $, don libre 18-20h ven, bibliothèque entrée libre ; ⏰11h-20h ven, 11h-17h sam-dim ; 👪 ; Ⓢ B, C jusqu'à 81st St-Museum of Natural History). Fondé en 1804 pour conserver les objets historiques et culturels de la ville, le musée le plus ancien de New York héberge une collection de plus de 60 000 objets décalés et curieux, allant de la chaise d'investiture de George Washington à une coupelle à glace Tiffany du XIXe siècle (dorée, évidemment).

☑ À ne pas manquer

Visites gratuites ou bon marché avec la **Central Park Conservancy** (centralparknyc.org/tours), dont certaines dédiées à l'art public, à la faune ou aux sites qui plaisent aux enfants.

MODERNDEST/SHUTTERSTOCK ©

🍷 Une petite soif ?

Offrez-vous un cocktail à la **Loeb Boathouse** (plan p. 270 ; ☎212-517-2233 ; www.thecentralparkboathouse.com ; Central Park Lake, près de E 74th St ; plats déj 26-38 $, dîner 29-46 $; ⏰restaurant 12h-15h45 lun-ven, dîner 17h30-21h30, brunch 9h30-15h45 sam-dim).

Central Park

LE POUMON DE NEW YORK

Ce rectangle de verdure qui occupe le cœur de Manhattan est une création du milieu du XIXe siècle, les édiles ayant décidé de remodeler cette ingrate terre marécageuse pour en faire le paysage idyllique que vous voyez aujourd'hui. Depuis qu'il est officiellement devenu Central Park, il a drainé des New-Yorkais de tous bords et de toutes classes. Les riches y ont fait admirer leurs belles voitures dans les années 1860, les pauvres y sont venus aux concerts gratuits du dimanche dans les années 1880, et les opposants à la guerre du Vietnam y ont manifesté dans les années 1960. Depuis, des légions de New-Yorkais – sans parler des voyageurs des quatre coins du monde – affluent pour se promener, pique-niquer, prendre le soleil, jouer et assister à des concerts ou des pièces de Shakespeare. La nature variée du terrain permet toutes sortes d'activités. De paisibles buttes boisées

Loeb Boathouse

Ce pavillon au bord de l'eau offre l'un des cadres new-yorkais les plus idylliques pour un repas. Vous pouvez louer canots ou vélos et même embarquer sur une gondole vénitienne.

Conservatory Garden

Seul jardin classique de Central Park, c'est un havre de paix. Du côté nord, les chrysanthèmes fleurissent fin octobre. Au sud, le plus grand pommier du parc pousse près de la Burnett Fountain.

STUDIOLASKA/SHUTTERSTOCK © FOUNTAIN SCULPTOR: BESSIE POTTER VONNOH

Réservoir Jacqueline Kennedy Onassis

Ce plan d'eau de 43 ha couvre environ un huitième du parc. À l'origine, il fournissait de l'eau potable à la ville. Aujourd'hui, c'est un endroit idéal pour observer les oiseaux aquatiques.

LULU AND ISABELLE/SHUTTERSTOCK ©

Belvedere Castle

Véritable folie dans le goût victorien, ce château d'allure néogothique fut construit en 1869 par l'un des deux architectes de Central Park, Calvert Vaux. Le point de vue sur la ville est incomparable.

dominent le nord. Au sud, le réservoir est le terrain de prédilection des joggeurs. Jardins italien, anglais, français, un zoo et de multiples plans d'eau diversifient le paysage. Sous le soleil, Sheep Meadow, "pré" favori du Tout-New York qui vient s'y prélasser, révèle tout son éclat. Central Park est bien plus qu'un espace vert. C'est le vaste jardin particulier d'une ville appelée New York.

FAITS ET CHIFFRES

- Architectes-paysagistes : Frederick Law Olmsted et Calvert Vaux.
- La construction a commencé en 1858.
- Le parc couvre 340 ha.
- Des centaines de films y ont été tournés, de *Chercheuses d'or* (*Gold Diggers* ; 1933), grand succès de l'après-Grande Dépression, au film-catastrophe *Cloverfield* (2008).

Conservatory Water
Aux beaux jours, la surface de cet étang se couvre de petits bateaux, tout comme dans les jardins parisiens de l'époque haussmannienne dont se sont inspirés ses concepteurs. C'est le royaume des courses de bateaux miniatures.

Fontaine Bethesda
Au nombre des plus grandes fontaines de New York, cette œuvre (1868) de la féministe bohème Emma Stebbins est surmontée par l'ange des eaux soutenu par quatre chérubins.

Strawberry Fields
Baptisé du nom de la chanson des Beatles "Strawberry Fields Forever", ce jardin fait face au Dakota Building. Une mosaïque rend hommage à John Lennon, tué de l'autre côté de la rue, en bas de chez lui. Sa veuve, Yoko Ono, a participé financièrement à sa création.

Le Mall/ Literary Walk
Seule ligne droite du parc, cette promenade dans le goût parisien est bordée de statues de figures littéraires (Robert Burns, Shakespeare) et d'ormes américains, devenus fort rares.

Ellis Island National Museum of Immigration (p. 45)

Statue de la Liberté et Ellis Island

Une vue exceptionnelle sur les gratte-ciel de Manhattan, une traversée pittoresque en ferry, le panorama depuis la couronne de Lady Liberty, et un hommage émouvant aux émigrants sur Ellis Island. Les deux sites sont généralement combinés en une même excursion.

Pour ceux qui aiment

☑ Ne ratez pas

La vue à couper le souffle depuis la couronne de la statue (attention, réservez tôt vos billets).

Statue de la Liberté

Un puissant symbole

Depuis 1886, *La Liberté éclairant le monde* est pour tous un symbole de liberté, de démocratie et de l'amitié franco-américaine. Ce cadeau de la France fut imaginé dès 1865 par l'homme politique et intellectuel français Édouard René Lefebvre de Laboulaye (1811-1883), grand admirateur de la Constitution américaine, pour célébrer le centenaire de la Déclaration d'indépendance des États-Unis. À la tête du Comité de l'Union franco-américaine, il organisa une collecte de fonds pour réaliser le projet, notamment via une souscription nationale. Parallèlement, aux États-Unis, un appel de fonds pour le socle fut lancé par l'homme de presse Joseph Pulitzer (1847-1911) et de

Statue de la Liberté

CHRISSEELMAN/BUDGET TRAVEL ©

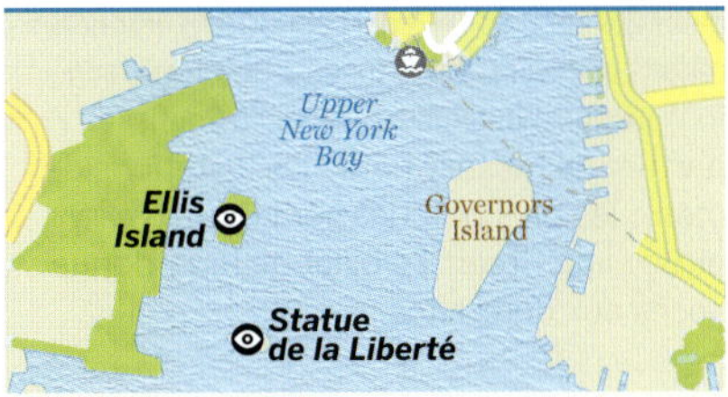

Infos pratiques

201-604-2800 ou 877-523-9849 ; www.nps.gov/stli ; Liberty Island ; statue de la Liberté avec Ellis Island tarif plein/senior/4-12 ans 19,25/14/9 $, plus accès couronne 22,25/17/12 $; 8h30-18h, horaires variables selon les saisons ; jusqu'à Liberty Island S 1 jusqu'à South Ferry, 4/5 jusqu'à Bowling Green puis ferry

Une petite faim ?

Prévoyez un pique-nique ou allez manger dans l'une des aires de restauration gastronomique de Brookfield Place (p. 126) avant la visite.

Bon plan

Tous les billets de ferry pour Liberty Island comprennent l'accès aux visites guidées et aux audioguides.

la poétesse Emma Lazarus (1849-1887), dont l'ode à la statue est désormais gravée sur le piédestal, conçu par l'architecte américain Richard Morris Hunt. À la demande de Laboulaye, le sculpteur Frédéric Auguste Bartholdi (1834-1904) se rendit à New York en 1871 pour choisir le site où la statue colossale s'élèverait, puis passa presque 20 ans à concevoir et réaliser cette œuvre haute de 46,05 m (93 m avec le socle) à Paris – la mère du sculpteur aurait été le modèle du visage de la statue. Sa structure consiste en une ossature métallique interne signée Gustave Eiffel à l'habit de cuivre repoussé. Elle rejoignit ensuite New York par bateau, fut érigée sur une petite île du port (alors appelée Bedloe's Island) et inaugurée en 1886. Laboulaye s'éteignit en 1883 et ne vit jamais la statue.

Visiter la statue

L'accès à la couronne est très limité, et nécessite de réserver le plus tôt possible (jusqu'à 6 mois à l'avance sur statuecruises.com). Les enfants de moins de 1,20 m ne sont pas admis. Obtenir un billet pour la base de la statue est plus aisé, mais mieux vaut réserver ; on vous donnera alors un créneau horaire permettant d'éviter de faire la queue. Il n'y a pas d'ascenseur et l'ascension depuis la base correspond à un immeuble de 22 étages. L'audioguide gratuit, disponible au débarquement sur l'île, fournit des détails historiques et des anecdotes méconnues sur la statue.

La plupart des touristes combinent la visite de Liberty Island avec celle d'Ellis Island. Les **ferrys** (plan p. 260 ; 877-523-9849 ; statuecruises.com ; Battery Park, Lower Manhattan ; tarif plein/réduit/4-12 ans à partir de 19,25/14/9 $; ⌚départs 8h30-17h, horaires réduits en hiver ; S 4/5 jusqu'à Bowling Green, R/W jusqu'à Whitehall St, 1 jusqu'à South Ferry) partent de Battery Park ; les 2 stations de métro les plus proches sont South Ferry et Bowling Green. Le billet de ferry donne accès aux deux sites.

Ellis Island

Ellis Island (☎201-604-2800 ou 877-523-9849 ; nps.gov/elis ; Ellis Island ; Ellis Island Ferry avec statue de la Liberté tarif plein/senior/4-12 ans 19,25/14/9 $; ⌚8h30-18h, horaires variables selon saisons ; ⛴jusqu'à Ellis Island, S 1 jusqu'à South Ferry, 4/5 jusqu'à Bowling Green, puis ferry) est la plus célèbre porte d'entrée de l'Amérique. De 1892 à 1954, plus de 12 millions de personnes ont transité par ce poste d'immigration. On estime que 40% de la population actuelle descend de ces migrants, ce qui confère au lieu – aujourd'hui monument national – une place centrale dans l'histoire des États-Unis.

Architecture du bâtiment principal

Avec ce bâtiment, imposant les architectes Edward Lippincott Tilton et William A. Boring ont signé un digne "prélude" à l'aventure américaine. Le duo décrocha le contrat au lendemain de l'incendie de l'édifice d'origine en bois en 1897. Comme ils avaient fait tous les deux l'École des beaux-arts de Paris, on ne s'étonnera guère qu'ils aient opté pour le style du même nom. Le bâtiment évoque une gare grandiose, avec ses majestueuses entrées, ses briques rouges, ses pierres angulaires et ses belvédères en granit. Après de longs

Salle principale, Ellis Island National Museum of Immigration

travaux de restauration, le bâtiment a réouvert au public en 1990, abritant désormais l'**Ellis Island National Museum of Immigration**.

Au 2e niveau, la Salle d'enregistrement ("**Registry Room**" ou "Great Hall"), d'une longueur de 103 m, est impressionnante. C'est sous ce magnifique plafond voûté que les nouveaux arrivants faisaient la queue pour se soumettre aux contrôles d'identité et que polygames, indigents, criminels et anarchistes se voyaient refouler. Parmi les immigrants qui sont passés par là se trouvaient le Hongrois Erik Weisz (Harry Houdini), l'Italien Rodolfo Guglielmi (Rudolph Valentino), la Française Lily Chauchoin (Claudette Colbert) et le Britannique Archibald Alexander Leach (Cary Grant). De la fin du XIXe siècle à sa fermeture en 1954, 14 millions de personnes ont transité par Ellis Island.

Le plafond est orné de splendides carreaux formant des chevrons signés Rafael Guastavino. L'ingénieur catalan est également l'auteur du splendide plafond du Grand Central Oyster Bar & Restaurant (p. 139), dans la gare de Grand Central.

★ Le saviez-vous ?

La statue à la robe drapée représente Libertas, déesse romaine de la Liberté. La date de la déclaration d'indépendance des États-Unis (4 juillet 1776) est inscrite sur la tablette qu'elle tient à la main.

CONCHI MARTINEZ/SHUTTERSTOCK ©

Musée de l'Immigration

La collection du musée est répartie sur 3 niveaux. Optez pour la visite audioguidée de 50 minutes (gratuite avec le billet du ferry, audioguide à récupérer dans le hall du musée). Au fil des témoignages d'historiens, architectes et immigrants de l'époque, l'imposante collection d'objets personnels, de documents officiels, de photographies et de séquences d'archives prend soudainement vie. On ressent dans les mêmes salles et couloirs ce que les voyageurs ont pu y vivre. Au 2e niveau l'exposition "Through America's Gate" évoque les épreuves auxquelles devaient se soumettre les arrivants, y compris le marquage à la craie des personnes que l'on soupçonnait d'être malades, et les 29 questions posées dans le Great Hall. Quant à l'exposition "Peak Immigration Years", elle s'intéresse aux motivations des immigrants et aux obstacles qu'ils devaient surmonter pour réaliser leur rêve américain. La collection de vieilles photos offre une plongée intime dans le quotidien de ces nouveaux Américains.

★ Un maire dans la place

L'un des plus célèbres maires de New York travailla à Ellis Island avant d'entrer en politique. Maîtrisant l'italien, le croate et le yiddish, Fiorello La Guardia y fut traducteur tout en suivant des cours du soir en droit à la NYU.

Si vous choisissez de vous passer d'audioguide, vous pourrez décrocher les téléphones placés à chaque point d'exposition pour écouter les témoignages d'immigrants, enregistrés dans les années 1980. Autre option, offrez-vous une visite commentée de 45 minutes avec un gardien. La visite est également possible en langue des signes américaine.

Mur d'honneur et ruines du fort Gibson

On accède à l'**American Immigrant Wall of Honor** depuis l'exposition "Journeys: The Peopling of America 1550-1890", au 1er étage. Ce mur porte les noms de plus de 700 000 personnes immigrées. Résultat d'un projet participatif, il permet à tout Américain de faire inscrire le nom d'un parent immigré moyennant un don. La construction de ce mur dans les années 1990 a mis au jour les vestiges d'une structure originelle de l'île, le **fort Gibson**, que l'on aperçoit à l'angle sud-ouest du mémorial. Bâti en 1808, ce fort faisait partie d'un système de défense portuaire contre les Britanniques, avec Castle Clinton, à Battery Park, et Castle Williams, sur Governors Island. À cette époque, la modeste Ellis Island couvrait moins de 1,33 ha de sable et de neige fondue.

À voir dans les environs

Museum of Jewish Heritage Musée

(Plan p. 260 ; 646-437-4202 ; mjhnyc.org ; 36 Battery Pl, Financial District ; tarif plein/réduit 16/12-10 $; 10h-17h mer, jeu et dim ; ; S 4/5 jusqu'à Bowling Green ; R/W jusqu'à Whitehall St). Cet émouvant musée aborde tous les aspects de l'identité et de la culture juives, allant des traditions religieuses aux œuvres d'art. L'exposition principale est répartie sur 3 niveaux à thèmes : *La vie des juifs il y a un siècle*, *Renouveau juif* et *La guerre contre les juifs*. On y découvre une exploration détaillée de l'Holocauste à travers des milliers d'objets personnels, de photographies, de documentaires et de témoignages de survivants. À l'extérieur, le **Garden of Stones**, un étroit sentier bordé de 18 rochers sur lesquels poussent des arbres, commémore également les victimes de la Shoah.

L'édifice hexagonal symbolise les 6 millions de victimes des camps de concentration et figure l'étoile de David. Outre les expositions, le musée organise des projections de films, des concerts, des cycles de conférences et des spectacles célébrant les fêtes religieuses. Des ateliers gratuits pour les familles avec enfants sont régulièrement proposés, et le LOX at Café Bergson sert des en-cas dont du saumon fumé aux arômes étonnants, comme celui au pamplemousse et au gin ou celui aux épices pour pastrami (plats 13-16 $).

Le musée est fermé le samedi et lors des principales fêtes juives ; consultez le site Web avant de vous déplacer.

American Immigrant Wall of Honor

National Museum of the American Indian Musée

(Plan p. 260 ; ☎212-514-3700 ; nmai.si.edu ; 1 Bowling Green, Financial District ; 🚻 ; ⏰10h-17h ven-mer, 10h-20h jeu ; Ⓢ4/5 jusqu'à Bowling Green ; R/W jusqu'à Whitehall St). GRATUIT Affilié à la Smithsonian Institution, ce musée est logé dans l'**ancien bureau des douanes** conçu par Cass Gilbert en 1907. Derrière l'immense rotonde elliptique couronnée d'une verrière, les superbes salles renferment des expositions tournantes consacrées à l'art, la culture, le quotidien et les croyances des Amérindiens. La collection permanente du musée comprend de superbes arts décoratifs, textiles et objets rituels de nombreux peuples indigènes des Amériques, tandis que l'**imagiNATIONS Activity Center** est dédié à leurs technologies.

Le musée propose également des programmes culturels – spectacles de danse, concerts, lectures pour les enfants, démonstrations d'artisanat, projections de films et ateliers. La boutique du musée vend des bijoux amérindiens, des livres, des CD et des objets artisanaux.

★ Info utile

Les billets officiels sont vendus uniquement via Statue Cruises (p. 43) : évitez les vendeurs de rue qui vous diront l'inverse. Il est vivement conseillé d'acheter les billets à l'avance en ligne.

★ Bon à savoir

Étroit et escarpé, l'escalier (162 marches) menant à la couronne est déconseillé aux personnes souffrant de problèmes physiques.

Brooklyn Bridge

Le pont de Brooklyn enjambant l'East River, star des photos d'un séjour à New York, est un superbe exemple d'urbanisme. Il a inspiré nombre d'artistes et continue de nous émerveiller.

Emblème de la ville, le Brooklyn Bridge, avec ses 486 m de long et sa structure à suspension en acier, était respectivement un record et une première mondiale lors de son inauguration en 1883. Une balade à pied ou à vélo offre des vues superbes sur Manhattan, l'East River et les quais de Brooklyn.

Construction

On doit ce pont, qui enjambe l'East River de Manhattan à Brooklyn, à l'ingénieur américain d'origine prussienne John Roebling. Pourtant, il mourut du tétanos avant le début des travaux, après une chute depuis une jetée de Fulton Landing, en juin 1869. Son fils Washington Roebling prit la suite et, malgré les dépassements budgétaires et la mort de 27 ouvriers, supervisa la construction qui dura 14 ans.

Pour ceux qui aiment

☑ Ne ratez pas

Une promenade très matinale sur le pont – le meilleur moment pour admirer la vue.

Infos pratiques

Plan p. 260 ; S 4/5/6 jusqu'à Brooklyn Bridge-City Hall, J/Z jusqu'à Chambers St ; R/W jusqu'à City Hall, S 2/3 jusqu'à Clark St, A/F jusqu'à High St-Brooklyn Bridge Station

Une petite faim ?

Pour de bonnes pizzas cuites au charbon de bois, allez chez Juliana's (p. 143).

Bon à savoir

Il y a du monde. Hormis tôt le matin ou le soir, ne traversez pas le pont à vélo.

Victime d'un accident de décompression (maladie des caissons) après avoir participé à l'excavation du lit du fleuve pour l'érection du pilier ouest, c'est son épouse Emily qui prit le relais. Une dernière tragédie advint à l'ouverture du pont aux piétons en juin 1883. Parmi la foule, une voix s'exclama que le pont s'effondrait. Ce qui n'était qu'une plaisanterie provoqua un mouvement de panique et la mort de 12 personnes.

Traverser le pont

Traverser le Brooklyn Bridge (2 km) tient du rite de passage – dans la voie réservée aux piétons, ne marchez pas à plus de deux personnes de front pour éviter la collision avec les coureurs. Des travaux de maintenance devraient s'achever en 2022 – s'ils rendent les points d'accès difficiles à repérer, la traversée reste possible.

À voir dans les environs

Côté Manhattan, le pont vous fait accéder à **Chinatown**. Côté Brooklyn, vous serez à courte distance de marche du **Brooklyn Bridge Park** (plan p. 272 ; 718-222-9939 ; brooklynbridgepark.org ; East River Waterfront, entre Atlantic Ave et John St, Brooklyn Heights/ Dumbo ; 6h-1h, aires de jeu jusqu'au crépuscule ; ; B63 jusqu'à Pier 6/Brooklyn Bridge Park, S A/C jusqu'à High St-Brooklyn Bridge, 2/3 jusqu'à Clark St), un parc bordant le fleuve et offrant une vue spectaculaire sur Manhattan, des aires de jeu, des sentiers et des pelouses. Vous serez au cœur du quartier nommé **Dumbo** (acronyme de "Down under the Manhattan Bridge overpass", soit "sous le pont routier du Manhattan Bridge") ; cette ancienne zone industrielle est désormais tendance avec ses immeubles d'habitation haut de gamme, ses boutiques, ses cafés et ses galeries d'art. Ses rues pavées comptent des espaces éminents consacrés aux arts de la scène et l'**Empire Fulton Ferry State Park**, près du fleuve, jouit d'une vue incroyable sur Manhattan.

Temple de Dendour

Metropolitan Museum of Art

Le "Met", immense musée encyclopédique, fondé en 1870, possède l'une des plus vastes collections d'art au monde. Même si vous y passez des semaines, vous ne pourrez pas tout voir.

Pour ceux qui aiment

☑ Ne ratez pas

Le temple d'Isis de Dendour, paré de hiéroglyphes, avec son bassin en miroir et vue sur Central Park.

Cet immense musée, inauguré en 1870, a l'une des plus vastes collections d'art du monde : antiquités grecques, étrusques et romaines, égyptiennes, du Proche-Orient, arts d'Afrique, d'Océanie et des Amériques, chefs-d'œuvre de la peinture et de la sculpture européenne, ou peinture américaine. Le "Met" attire plus de 6 millions de visiteurs par an, ce qui en fait le plus grand site touristique de New York. Prévoyez donc d'y passer un certain temps.

Antiquités égyptiennes

Le musée a une collection incomparable d'antiquités égyptiennes, dont certaines datent du néolithique. Les 39 salles qui y sont consacrées s'ouvrent de manière spectaculaire sur l'un des joyaux du Met : le **mastaba de Perneb** (prince et prêtre ayant vécu vers 2300 av. J.-C.), un tombeau

Cour des sculptures grecques et romaines

JFARQ/SHUTTERSTOCK ©

Infos pratiques

Plan p. 270 ; 212-535-7710 ; metmuseum.org ; 1000 5th Ave, au niveau de E 82nd St ; tarif plein/réduit/-12 ans 25/12-17 $/gratuit ; 12h-19h jeu-ven, 10h-17h sam-lun ; ; S 4/5/6, Q jusqu'à 86th St ; 6 jusqu'à 77th St

Une petite faim ?

Au rez-de-chaussée, Petrie Court est un café informel servant un bon déjeuner et des boissons dans un cadre agréable.

Bon plan

Des guides assurent des visites gratuites de galeries spécifiques et l'application pour smarthphone du Met est gratuite – elle comporte nombre d'extraits de l'audioguide disponible pour 7 $ au musée.

en roche calcaire de l'Ancien Empire (2700-2200 av. J.-C.). Il est entouré d'un réseau de salles exposant stèles funéraires, reliefs sculptés et fragments de pyramide (notamment les fascinantes **miniatures de Meketre**, des figurines en argile censées aider le défunt dans l'au-delà, salle 105). On accède ensuite au **temple de Dendour** (salle 131), édifice en grès à la gloire de la déesse Isis offert par l'Égypte aux États-Unis en 1965. Le temple est installé dans un atrium lumineux avec un miroir d'eau.

Antiquités grecques et romaines

Les 27 salles dévolues à l'art grec et à l'art romain sont une autre merveille du Met. Depuis le grand hall, un passage conduit les visiteurs à travers une salle voûtée encadrée par des bustes grecs avant de déboucher sur l'un des plus beaux espaces du musée : la **cour des sculptures grecques et romaines** (salle 162). Remarquez la sculpture en marbre presque animée de la *Vieille femme revenant du marché* (Ier siècle av. J.-C.).

Art de l'Islam

Toujours au 2e niveau, les salles d'art de l'Islam exposent une vaste collection d'art du Moyen-Orient, d'Asie centrale et du Sud. Outre des vêtements, des objets décoratifs profanes et des manuscrits, on y découvre un magnifique mihrab (alcôve de prière) d'Iran (XIVe siècle), orné de superbes mosaïques polychromes aux motifs raffinés (salle 455). Il y a aussi de nombreux textiles ottomans (salle 459), une **cour marocaine** (salle 456) de style médiéval et la **chambre Nur Al-Din** (salle 461), provenant d'une maison syrienne du XVIIIe siècle.

Art moderne et contemporain

Les salles situées à l'extrémité sud-ouest des niveaux 1 et 2 exposent des œuvres postérieures au début du XXe siècle. On y retrouve les grands noms de l'art moderne, au point que le musée rivalise avec les collections du MoMA. Citons les maîtres espagnols Pablo Picasso (*Gertrude Stein* de 1905-1906), Salvador Dalí et Joan Miró, et les peintres américains Georgia O'Keeffe et Edward Hopper. Les 10 panneaux du cycle mural *America Today* (1930-1931) de Thomas Hart Benton occupent la salle 909.

Aile américaine

À l'angle nord-ouest, les 2 étages consacrés aux salles américaines présentent des objets d'art décoratif et des œuvres d'art couvrant toute l'histoire des États-Unis, des portraits de l'époque coloniale aux chefs-d'œuvre de l'Hudson River School en passant par la provocante *Madame X, Madame Pierre Gautreau* (1883-1184), de John Singer Sargent ou l'imposant *Washington traversant le Delaware* d'Emanuel Leutze (salle 760). La salle 746 expose des belles pièces d'art amérindien.

Jardin sur le toit

Admirez le jardin sur le toit (ouvert de mi-avril à octobre). Des installations d'artistes contemporains et du XXe siècle y sont présentées en alternance (Roy Lichtenstein, Andy Goldsworthy et Imran Qureshi y ont été exposés). Et que dire de la vue sur Manhattan et Central Park ! On y trouve aussi le Cantor Roof Garden Bar (p. 175), où il fait bon prendre un verre, notamment au coucher du soleil (d'avril à octobre).

Aile américaine

À voir dans les environs

Le Met a deux musées satellites (accès inclus dans le prix du billet) qui valent le coup d'œil. Le Met Breuer, un mastodonte de béton sur Madison Avenue, renferme des œuvres des XXe et XXIe siècles. Le Met Cloisters, dans Upper Manhattan, abrite les trésors médiévaux du Met.

The Frick Collection — Musée

(Plan p. 270 ; .frick.org ; 1 E 70th St, au niveau de 5th Ave ; tarif plein/réduit 22/12 $, prix libre 14h-18h mer et 1er ven du mois, sauf jan et sept ; 🕙10h-18h mar-sam, 11h-17h dim ; [S] 6 jusqu'à 68th St-Hunter College).

★ Pour les enfants

Nombre d'événements sont dédiés aux enfants (voir site Web) et une brochure et un plan sont distribués gratuitement.

CHECUBUS/SHUTTERSTOCK ©

Cette superbe collection d'art se trouve dans une vaste demeure construite par le magnat de l'acier Henry Clay Frick, l'une des résidences fastueuses de cette portion de 5th Avenue. Nombre de chefs-d'œuvre de Titien, Greco, Johannes Vermeer, Gilbert Stuart, Joshua Reynolds, Antoine Van Dyck ou Rembrandt y sont présentés. Il y a aussi des sculptures, des porcelaines et du mobilier ancien. Les mélomanes apprécient les concerts gratuits de piano et de violon (p. 190). Des travaux de rénovation et d'agrandissement (fin prévue début 2021) concernent l'ouverture de nouvelles salles au 1er étage ainsi que des laboratoires de conservation de pointe, un café, un auditorium et un centre d'éducation. Le musée sera également entièrement accessible aux personnes à mobilité réduite.

Neue Galerie — Musée

(Plan p. 270 ; www.neuegalerie.org ; 1048 5th Ave, au niveau de E 86th St ; tarif plein/senior/réduit 25/16/12 $, entrée libre 17h-20h 1er ven du mois ; 🕙11h-18h jeu-lun ; [S] 4/5/6, Q jusqu'à 86th St). Une maison de ville restaurée de 1914, œuvre du cabinet Carrère & Hastings, sert d'écrin aux œuvres d'artistes autrichiens et allemands tels que Paul Klee et Ernst Ludwig Kirchner, ainsi qu'à une incroyable collection de Gustav Klimt et d'Egon Schiele. Le musée s'enorgueillit de présenter le *Portrait d'Adele Bloch-Bauer* (1907) par Gustav Klimt, acquis pour le musée par le magnat des cosmétiques Ronald Lauder. La fascinante histoire de la conception de cette œuvre est racontée dans le film *La Femme au tableau* (2015), de Simon Curtis.

★ La mascotte du Met

Salle 111 apparaît un petit hippopotame en faïence bleue, déposé dans une tombe égyptienne, il y a 3 900 ans, pour accompagner son propriétaire dans l'au-delà. Surnommé "William", il est la mascotte officieuse du musée, et on le retrouve sous diverses formes à la **boutique du musée** (au 1er niveau).

Metropolitan Museum of Art

PLAN D'ATTAQUE

Depuis le grand hall, traversez les galeries égyptiennes jusqu'au ❶ **temple de Dendour**, présenté dans une vaste galerie aux parois vitrées. Après avoir déambulé dans la Charles Engelhard Court, haut atrium ensoleillé rempli de sculptures américaines, visitez les galeries des Armes et armures et admirez le minutieux travail apporté à l' ❷ **armure d'Henri II de France** (XVIe siècle). Dans la galerie 371 voisine, quatre cavaliers en selle sont cuirassés de pied en cap. De retour dans l'aile américaine, direction le 2e niveau pour s'arrêter devant la toile ❸ **Washington traversant le Delaware**. On y trouve aussi une étourdissante collection de chefs-d'œuvre européens ; notamment ceux du Caravage (galerie 621), comme ❹ **Le Reniement de saint Pierre**. Traversez par la section photo jusqu'aux peintures et sculptures européennes des XIXe et XXe siècles pour voir les Monet, Renoir, Van Gogh et Gauguin. Dans la galerie 822, le ❺ **Champ de blé avec cyprès** a été peint par Van Gogh juste après sa célèbre *Nuit étoilée* (exposée au Museum of Modern Art). À proximité, dans les galeries d'art islamique, on trouve un ❻ **mihrab** (niche de prières) très travaillé, près d'un patio médiéval marocain avec une fontaine gargouillante (salle 456). Descendez l'escalier jusqu'aux trésors grecs et romains antiques. Dans la plus grande galerie, un sarcophage de marbre richement sculpté, ❼ **Le Triomphe de Dionysos et des saisons**. À côté, dans les salles consacrées à l'Océanie, vous pourrez admirer l'art tribal de Nouvelle-Guinée, dont trois ❽ **masques funéraires asmats** ; en levant la tête, vous verrez le plafond peint d'une maison de cérémonie kwoma. Continuez vers les galeries d'art moderne et contemporain pour voir des œuvres d'O'Keeffe, Dalí, Miró, Hopper et autres ; la toile cubiste de Picasso ❾ **La Bouteille de rhum** est dans la galerie 905.

Pour une pause bien méritée, prenez l'ascenseur jusqu'au Cantor Roof Garden Bar, l'été, ou essayez l'élégant Petrie Court Cafe.

Le Reniement de saint Pierre **Galerie 621**
Peint par le Caravage durant les derniers mois de sa courte vie mouvementée, ce tableau magnifique est un chef-d'œuvre narratif.

Champ de blé avec cyprès **Galerie 822**
Van Gogh l'a peint lors d'une période de production enfiévrée, à l'été 1889, au cours d'un séjour volontaire dans un asile proche d'Arles, en France.

Mihrab **Galerie 455**
Composée d'éclats de carreaux vernissés, cette niche à prières en mosaïque richement décorée du VIIIe siècle, provenant d'Iran, est un des ornements architecturaux religieux les plus raffinés au monde.

La Bouteille de rhum **Galerie 905**
Cette toile fut peinte par Picasso en 1911, lorsqu'il développa en compagnie de Georges Braque le style cubiste.

Masque funéraire asmat **Galerie 354**
Porté lors des danses rituelles du peuple Asmat, ce type de costume de Nouvelle-Guinée représentait l'esprit d'une personne morte depuis peu.

Le Triomphe de Dionysos et des saisons **Galerie 162**
Sur ce sarcophage en marbre, le dieu Dionysos, assis sur une panthère, est entouré de quatre sculptures représentant l'hiver, le printemps, l'été et l'automne.

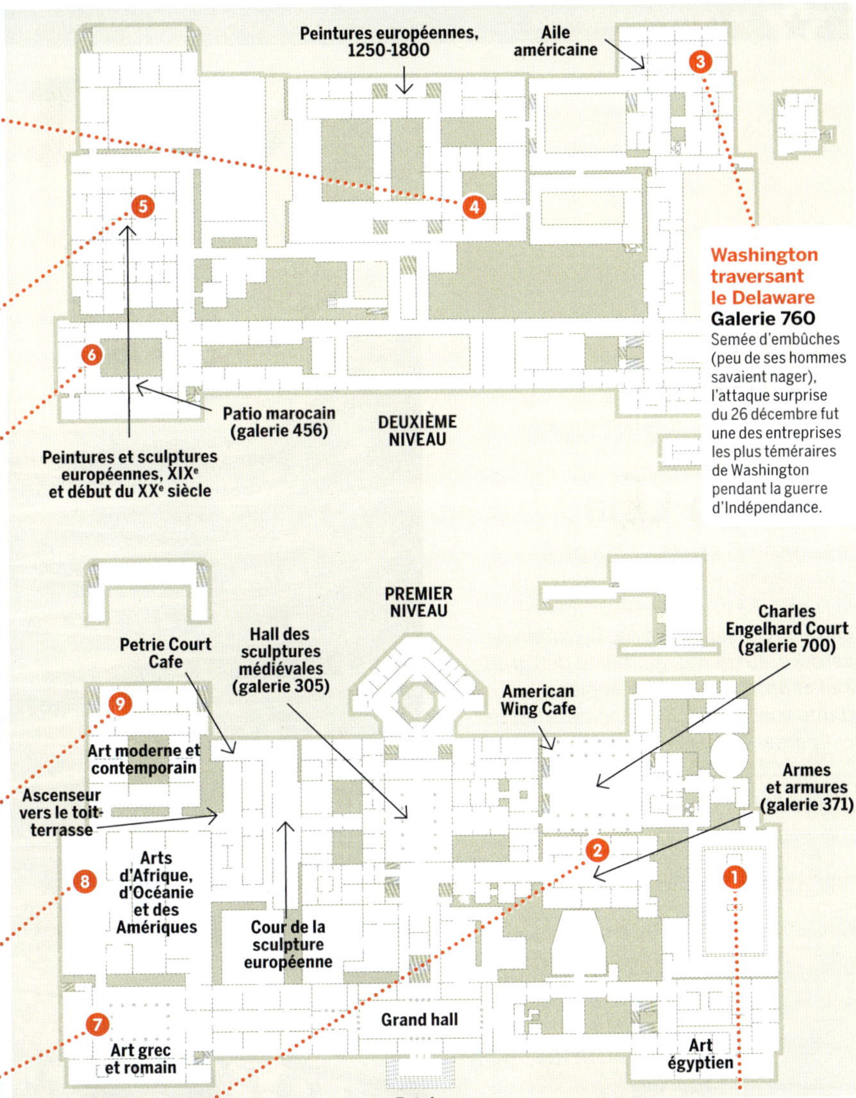

Washington traversant le Delaware **Galerie 760**
Semée d'embûches (peu de ses hommes savaient nager), l'attaque surprise du 26 décembre fut une des entreprises les plus téméraires de Washington pendant la guerre d'Indépendance.

Armure d'Henri II de France **Galerie 374**
De près, les rinceaux touffus dévoilent créatures, dieux et guerriers, dont Apollon enlevant la nymphe Daphné sur ses épaules.

Temple de Dendour **Galerie 131**
Empereur romain et préfet d'Égypte, Auguste fit construire de nombreux temples en l'honneur de divinités égyptiennes, et celui-ci est une des œuvres incontournables du Met.

La High Line

Traversant le Meatpacking District à près de 10 m au-dessus de la rue, la High Line est un bel exemple de reconversion urbaine. Ce ruban de verdure, suspendu au milieu des gratte-ciel et aménagé en lieu et place d'une voie ferrée aérienne désaffectée, est parsemé d'œuvres d'art.

Pour ceux qui aiment

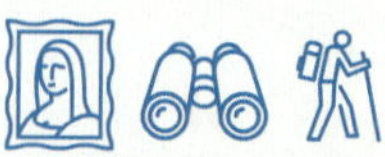

Infos pratiques

Plan p. 262 ; 212-500-6035 ; thehighline.org ; Gansevoort St, Meatpacking District ; 7h-23h juin-sept, 7h-22h avr-mai, oct-nov, 7h-19h déc-mars ; M14 le long de 14th St, M23 le long de 23rd St, S A/C/E, L jusqu'à 8th Ave-14th St, 1, C/E jusqu'à 23rd St, 7 jusqu'à 34th St-Hudson Yards

★ Bon à savoir

Des escaliers mènent à la High Line tous les 2 à 4 *blocks* entre 14th St et 34th St. Pour éviter la foule, commencez tôt aux escaliers de 30th St ou 34th St, puis marchez vers le sud et sortez sur 14th St pour continuer vers Chelsea Market et West Village.

MIA2YOU/SHUTTERSTOCK © DESIGNERS : DILLER SCOFIDIO + RENFRO, JAMES CORNER FIELD OPERATIONS ET PIET OUDOLF

Histoire

Avant de devenir un lieu de promenade pour les touristes et les New-Yorkais cherchant à échapper à la frénésie des rues, la High Line était un viaduc ferroviaire vétuste reliant quartiers industriels et abattoirs. Commandée dans les années 1930, la "West Side Elevated Line" devait remédier aux accidents ferroviaires qui avaient déjà fait plus de 500 victimes le long de "Death Ave" (l'avenue de la mort ; 10th Ave).

La construction de la ligne coûta plus de 150 millions de dollars (équivalent à 2 milliards de dollars d'aujourd'hui) et dura environ 5 ans. Après 2 décennies de bons et loyaux services, l'essor du transport routier mena au déclin progressif du trafic sur la ligne jusqu'aux années 1980. La végétation envahit la voie, désormais obsolète. Les habitants signèrent alors des pétitions pour faire raser cette structure peu esthétique, mais en 1999, le comité Friends of the High Line (*Les Amis de la High Line*), fondé par Joshua David et Robert Hammond, fut constitué afin de transformer les voies désaffectées en jardins suspendus. Le parc a ouvert ses portes en 2009, et les premiers visiteurs découvrirent alors un paradis de fleurs et d'arbres verdoyants. Des projets ultérieurs ont progressivement allongé le parc, qui court désormais du Meatpacking District à Midtown.

Le long de la voie

Bien des plaisirs vous attendent sur la voie, dont une vue superbe sur l'Hudson, des installations d'art réalisées pour l'endroit, des méridiennes pour lézarder au soleil, des étendues verdoyantes (dont une mini-forêt de sumacs), des stands d'en-cas

Coucher de soleil sur l'Hudson

et boissons (les mois les plus chauds), et une perspective unique sur les quartiers et les rues en contrebas – notamment aux différents points de vue, où des sortes de gradins permettent d'observer le trafic, les bâtiments et les passants à travers d'immenses panneaux vitrés formant un cadre pour ces œuvres d'art vivantes. On trouve aussi sur la voie le **Standard** (☎212-645-4646 ; www.standardhotels.com ; 848 Washington St, au niveau de W 13th St), hôtel de luxe d'André Balazs, à cheval sur le parc, ainsi que l'étincelant **Whitney Museum of American Art** (plan p. 262 ; ☎212-570-3600 ; whitney.org ; 99 Gansevoort St, au niveau de Washington St ; tarif plein/réduit/-18 ans 25 $/18/gratuit, 18h-21h ven tarif libre ; 11h30-18h lun et jeu, 13h30-21h ven, 12h-18h sam-dim ; S A/C/E, L jusqu'à 8th Ave-14th St), à l'extrémité sud, où voir une superbe collection d'art américain.

☑ Ne ratez pas

Les plateformes d'observation évoquant des amphithéâtres au niveau de 17th St et 26th St.

PIT STOCK/SHUTTERSTOCK ©

Informations, visites guidées, événements et restaurants

Plus qu'un "simple" parc à l'originalité évidente, la High Line se mue en un lieu de rencontre. Des employés affublés du logo "HH" guident les promeneurs et fournissent des explications sur l'histoire de la voie. Des expositions d'art public et des activités en tous genres sont organisées, notamment l'été. Visites et événements explorent divers thèmes : histoire, design, horticulture, art, gastronomie et astronomie. Programme sur www.thehighline.org.

À voir dans les environs

On trouve à Chelsea la plus grande concentration de galeries d'art de New York. La plupart sont situées entre 20th St et 26th St et dans les *blocks* derrière 10th Ave et 11th Ave, et les vernissages ont généralement lieu le jeudi soir. Un plan des galeries et de leur programmation est disponible sur www.chelseagalleries.nyc.

Pace Gallery Galerie

(Plan p. 266 ; ☎212-421-3292 ; pacegallery.com ; 540 W 25th St, entre 10th Ave et 11th Ave, Chelsea ; 10h-18h mar-sam ; S 1, C/E jusqu'à 23rd St). Avec 7 autres galeries dans le monde, la Pace Gallery, à la réputation bien installée, a exposé des artistes comme Willem De Kooning, Barbara Hepworth et Isamu Noguchi. Son impressionnante façade en pierre volcanique cache un espace de près de 7 000 m² qui comprend une galerie au plafond haut de 5,5 m au rez-de-chaussée, mais aussi une bibliothèque de recherche et une terrasse au 6e étage.

Une petite faim ?

Une myriade de stands gastronomiques sont installés au Chelsea Market (p. 81), à la sortie de 14th St.

Broadway

Broadway est l'usine à rêves de New York – un lieu où l'amour, la trahison, le meurtre et le triomphe s'accompagnent de costumes à paillettes, de chansons entraînantes et de mélodies émouvantes. La gamme de productions est impressionnante, avec toutes sortes de comédies musicales, de drames et de comédies – et un beau flou artistique entre les genres. Les meilleures places partent vite ; réservez tôt.

Pour ceux qui aiment

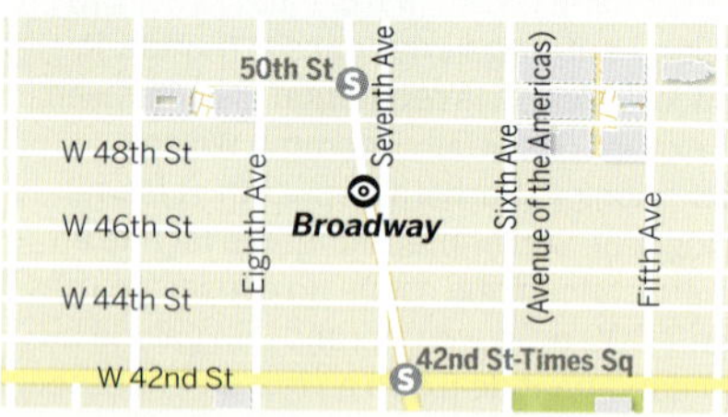

☑ Ne ratez pas

Le splendide Radio City Music Hall (p. 76), datant des années 1930, est la résidence des légendaires Rockettes, et l'une des seules salles de spectacles à proposer des visites guidées.

★ Bon à savoir

Le quartier des théâtres de New York s'étend à peu près de 40th St à 54th St entre Sixth Ave et Eighth Ave, avec des dizaines de salles de Broadway et du Off-Broadway proposant des comédies musicales à succès, mais aussi des pièces récentes et classiques.

MS_PICS_AND_MORE/SHUTTERSTOCK ©

Les débuts de Broadway

La première salle du quartier fut l'Empire (aujourd'hui disparu), inaugurée en 1893 et située sur Broadway entre 40th St et 41st St. Deux ans plus tard, Oscar Hammerstein, fabricant de cigares et auteur de comédies à ses heures, ouvrit l'Olympia, également sur Broadway, avant de lancer en 1900 le Republic – devenu le **New Victory** (plan p. 268 ; ☎646-223-3010 ; newvictory.org ; 209 W 42nd St, entre 7th Ave et 8th Ave ; 👪 ; Ⓢ N/Q/R/W, S, 1/2/3, 7 jusqu'à Times Sq-42nd St ; A/C/E jusqu'à 42nd St-Port Authority Bus Terminal) –, un théâtre pour enfants. S'ensuivit une série de nouvelles salles, parmi lesquelles le **New Amsterdam Theatre** (Aladdin ; plan p. 266 ; ☎866-870-2717 ; newamsterdamtheatre.com ; 214 W 42nd St, entre 7th Ave et 8th Ave ; ⏱billetterie 9h-20h lun-ven, 10h-20h sam, 10h-18h30 dim ; 👪 ; Ⓢ N/Q/R/W, S, 1/2/3, 7 jusqu'à Times Sq-42nd St ; A/C/E jusqu'à 42nd St-Port Authority Bus Terminal) et le **Lyceum Theatre** (plan p. 268 ; www.shubert.nyc/theatres/lyceum ; 149 W 45th St, entre 6th Ave et 7th Ave, Midtown West ; Ⓢ N/Q/R/W jusqu'à 49th St), toujours en activité.

Le Broadway des années 1920 était connu pour ses comédies musicales enlevées associant en général variétés et music-hall, à l'origine d'airs célèbres comme *Let's Misbehave* de Cole Porter. À la même époque, le Theater District devenait une plateforme pour les dramaturges émergents. L'un des plus grands, Eugene O'Neill, né en 1888 à Times Square, dans l'hôtel Barrett (ancien 1500 Broadway, disparu), choisit ce lieu

New Amsterdam Theatre

pour la première de plusieurs de ses œuvres, telles *Derrière l'horizon* et *Anna Christie* (récompensées du prix Pulitzer). Son succès à Broadway ouvrit la voie à d'autres auteurs comme Tennessee Williams, Arthur Miller et Edward Albee – une vague de talents qui conduisit à la création des Tony Awards en 1947.

Obtenir un billet

Broadway coûte cher. À moins de vouloir voir un spectacle en particulier, le moyen le plus avantageux d'acheter des billets est de faire la queue au **kiosque TKTS** (tdf.org/tkts ; Broadway et W 47th St, Midtown ; 15h-20h lun et ven, 14h-20h mar, 10h-14h et 15h-20h mer-jeu et sam, 11h-19h dim ; S N/Q/R/W, S, 1/2/3, 7 jusqu'à Times Sq-42nd St), qui vend des places à moitié prix pour le jour même, pour les grands spectacles de Broadway et d'off-Broadway. L'application gratuite pour smartphone du TKTS indique en temps réel les spectacles disponibles, et permet de bénéficier de réductions. Ayez toujours un second choix au cas où le premier ne serait pas satisfait, et n'achetez jamais de billets à des vendeurs à la sauvette.

Certains spectacles proposent des billets "dernière minute" à prix réduits, disponibles à l'ouverture des billetteries (il faut faire la queue). Quelques-unes des productions les plus courues, comme *Hamilton*, *The Book of Mormon*, *Kinky Boots* ou *Mean Girls*, organisent une loterie en ligne pour des places à prix cassés. Voir le site Internet www.luckyseat.com la veille des représentations.

Une petite soif ?

Avant la représentation, allez prendre un verre dans le décor empreint de nostalgie du bar de l'hôtel **Chatwal New York** (www.thechatwalny.com), véritable merveille Art déco rénovée.

PIT STOCK/SHUTTERSTOCK ©

Au programme

À Broadway, les comédies musicales tiennent le haut du pavé, les plus grandes productions mêlant chansons, danse et vedettes dans des décors fastueux.

Hamilton

La comédie musicale de Lin-Manuel Miranda, saluée par le public et la critique, est toujours l'un des plus gros succès de Broadway. De façon contemporaine, intégrant les rythmes du hip-hop, elle retrace la vie du père fondateur des États-Unis, Alexander Hamilton. Inspirée de la biographie de Ron Chernow, elle a remporté nombre de récompenses, et pas moins de 11 Tony Awards.

☑ Ne ratez pas

À Times Square, la billetterie TKTS est une attraction touristique en soi, avec son toit illuminé recouvert de 27 marches rouges menant 5 m au-dessus du trottoir de 47th St.

Harry Potter et l'Enfant maudit

Harry Potter and the Cursed Child a battu tous les records en devenant le plus grand succès de l'histoire de Broadway. C'est une pièce-marathon en deux parties dont chacune nécessite un billet, que l'on peut voir en une fois ou deux soirs consécutifs. La pièce, qui suit Harry Potter parvenu à l'âge adulte et travaillant au ministère de la Magie, a remporté 6 Tony Awards.

The Book of Mormon

Cette satire musicale est l'œuvre des créateurs de *South Park*, et de Robert Lopez, coauteur de *Avenue Q*. Récompensée par 9 Tony Awards, elle conte l'histoire de deux mormons naïfs en mission pour "sauver" un village ougandais.

Chicago

Il est plus facile d'obtenir des billets pour cette comédie musicale classique, signée Bob Fosse, John Kander et Fred Ebb, que pour les productions plus récentes. Revitalisée par le metteur en scène Walter Bobbie, elle conte l'histoire de Velma Kelly, show girl, Roxie Hart, danseuse ambitieuse, et Billy Flynn, avocat, tous trois évoluant dans le monde trouble des bas-fonds de Chicago. L'impertinence et l'énergie contagieuses du spectacle vous feront oublier l'étroitesse des sièges.

Wicked

Extravagant prologue du *Magicien d'Oz*, cette comédie musicale pop-rock donne la parole aux sorcières d'Oz. Spectacle inspiré du roman de Gregory Maguire de 1995.

Aladdin

Cette comédie musicale tirée des *Mille et Une Nuits* narre l'histoire d'un garçon des rues qui tombe amoureux de la fille d'un sultan. Inspirée du dessin animé de Disney, elle reprend des chansons du film, beaucoup d'autres coupées au montage, ainsi que de nouvelles mélodies spécialement écrites pour la scène.

À voir dans les environs

New York Public Library Édifice historique

(Stephen A Schwarzman Building ; plan p. 266 ; ☎917-275-6975 ; nypl.org ; 476 5th Ave, au niveau de W 42nd St ; ⏰8h-20h lun et jeu, 8h-21h mar-mer, 8h-18h ven, 10h-8h sam, 10h-17h dim, visites guidées 11h et 14h lun-sam, 14h dim ; S B/D/F/M jusqu'à 42nd St-Bryant Park, 7 jusqu'à 5th Ave). GRATUIT Fidèlement gardé par Patience et Fortitude (les célèbres lions en marbre surveillant 5th Ave), ce somptueux édifice de style Beaux-Arts est l'un des meilleurs sites se visitant gratuitement à New York. Lors de son ouverture en 1911, la bibliothèque phare de la ville était le plus grand bâtiment en marbre jamais érigé aux États-Unis. Sa salle de lecture principale, la **Rose Main**

New York Public Library

Reading Room, dont l'immense plafond à caissons est à couper le souffle, a été récemment rénovée. Tout le monde peut venir y travailler.

Admirez les autres salles, comme la **DeWitt Wallace Periodical Room** (1er niveau). Cet extraordinaire édifice renferme des manuscrits précieux de tous les grands auteurs anglo-saxons, ainsi qu'un exemplaire original de la Déclaration d'indépendance et une bible de Gutenberg. L'exceptionnel **département des Cartes** (Map Division) a une collection de quelque 431 000 cartes, et 16 000 atlas et livres de cartographie dont les plus anciens datent du XVe siècle. Pour découvrir comme il se doit, participez à l'une des **visites gratuites** qui partent d'Astor Hall, ou demandez un **audioguide gratuit** à l'accueil (également dans Astor Hall).

Les multiples annexes de la bibliothèque publique de la ville proposent des conférences et des ateliers. Les plus intéressants se tiennent sur le site principal de 42nd St. Consultez le site Web de la bibliothèque pour en savoir plus.

★ Le saviez-vous ?

Le terme "off-Broadway" se réfère simplement aux théâtres de petite taille (200 à 500 places assises) dont le budget de production est plus modeste que les pointures de Broadway.

★ Tony Awards

Pour les Tony Awards (tonyawards.com) , il existe plusieurs catégories de récompenses (mise en scène, musique, costumes, etc.).

SPATULETAIL/SHUTTERSTOCK ©

Times Square

Qu'on l'aime ou qu'on la déteste, l'intersection de Broadway et de 7th Ave, plus connue sous le nom de Times Square, constitue le cœur hyperactif de New York. C'est un torrent incessant et hypnotique de lumières scintillantes, de panneaux d'affichage gigantesques et d'énergie urbaine à l'état brut.

Pour ceux qui aiment

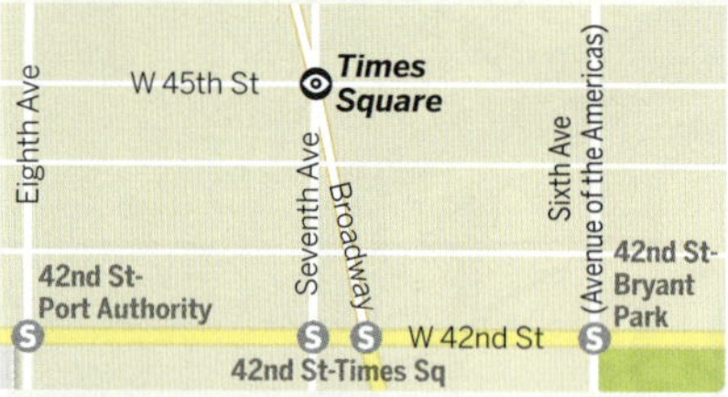

Infos pratiques

Plan p. 268 ; www.timessquarenyc.org ; Broadway et 7th Ave ; S N/Q/R/W, S, 1/2/3, 7 jusqu'à Times Sq-42nd St

★ Bon à savoir

Les célèbres néons de Times Square en ont fait le plus grand piège à touristes de la ville. N'y venez pas pour faire du shopping, et encore moins pour manger.

SINA ETTMER PHOTOGRAPHY/SHUTTERSTOCK ©

Icônes new-yorkaises

Times Square n'est ni branché ni à la mode et s'en moque éperdument. Avec ses taxis jaunes, ses gratte-ciel vertigineux et les enseignes de Broadway, c'est le New York des fantasmes collectifs – où Al Jolson rencontre le succès dans *Le Chanteur de jazz* (1927) et où le photojournaliste Alfred Eisenstaedt a immortalisé un marin embrassant une infirmière le jour de la capitulation du Japon en 1945.

Longtemps, le rêve fut un cauchemar sordide. Avec la crise économique du début des années 1930 et la Seconde Guerre mondiale, des enseignes lumineuses s'éteignirent, des commerces mirent la clé sous la porte et de grands hôtels furent convertis en immeubles d'habitation peu vertueux. Bien que le Theater District voisin ait survécu, ses théâtres jouxtaient dans les années 1970 des cinémas pornos et des boîtes de strip-tease. Times Square était devenu un quartier malfamé, où régnait une forte criminalité. La situation changea radicalement sous le mandat du maire Rudolph Giuliani, connu pour son franc-parler : dans les années 1990, il augmenta les effectifs de police et favorisa l'installation de nombreux magasins, restaurants et nouvelles attractions. Times Square est ainsi redevenu un lieu fréquentable, qui accueille aujourd'hui 40 millions de visiteurs par an.

Les vœux du New York Times

Au début du XXe siècle, Times Square, alors appelé Longacre Square, n'est qu'une intersection comme une autre. Tout change lorsqu'un arrangement est passé entre August Belmont, pionnier du métro new-yorkais, et Adolph Ochs, éditeur du *New York*

Diamond District

Times. En charge du chantier de la première ligne de métro de la ville (reliant Lower Manhattan à Harlem), Belmont réalise d'emblée qu'un centre d'affaires à Midtown permettrait à la ligne d'être bien plus rentable. Il convainc Ochs de déménager ses locaux à l'angle de Broadway et de 42nd St, et persuade le maire George B. McClellan Jr de renommer la place en l'honneur du journal. Pendant l'hiver 1904-1905, la station de métro et le nouveau QG du *Times* à One Times Square sont inaugurés. Pour célébrer l'événement, le *Times* organise pour la Saint-Sylvestre 1904 une fête avec un feu d'artifice tiré du toit du gratte-ciel. En 1907, les nouvelles constructions interdisant l'usage de la pyrotechnie, le journal cherche un nouveau moyen d'attirer la foule au Nouvel An. Ce sera une sphère en bois et métal de plus de 300 kg, descendue depuis le toit du One Times Square qui célébrera la venue de 1908. Aujourd'hui, plus d'un million de personnes se rassemblent chaque année pour voir la sphère – en cristal Waterford – entamer sa descente juste avant minuit.

☑ Ne ratez pas

Profitez d'une vue panoramique en prenant un verre au **R Lounge** (marriott.com) de l'hôtel Renaissance.

À voir dans les environs

Museum of Arts & Design — Musée

(MAD ; plan p. 270 ; .madmuseum.org ; 2 Columbus Circle, entre 8th Ave et Broadway ; tarif plein/réduit/-18 ans 18/12-14 $/gratuit, don libre 18h-21h jeu ; 11h-18h jeu-dim ; ; S A/C, B/D, 1 jusqu'à 59th St-Columbus Circle). Le MAD a une riche collection de design et d'artisanat. Des artistes résidents ont leurs ateliers au 6e étage, où l'on peut discuter avec eux. Durant les "Studio Sundays" ("dimanche à l'atelier"), des artistes professionnels proposent des visites de galeries adaptées aux familles, suivies d'ateliers pratiques inspirés par les expositions. Dans la boutique du musée, on trouve de fabuleux bijoux. Le restaurant-bar **Robert** permet de boire un cocktail face à une vue panoramique.

Diamond District — Quartier

(Plan p. 268 ; diamonddistrict.org ; W 47th St, entre 5th Ave et 6th Ave ; S B/D/F/M jusqu'à 47th St-50th St-Rockefeller Center). Le Diamond District, plus agréable en semaine que le week-end, fourmille de marchands, de colporteurs infatigables et d'amoureux à la recherche du diamant parfait. Il compte plus de 2 600 enseignes qui taillent, polissent, estiment ou exposent des diamants. Des lampadaires géants en forme de diamants délimitent le quartier à chaque bout de la rue.

Une petite faim ?

Teeny Totto Ramen (p. 137), à 10 minutes à pied, sert un excellent bouillon de nouilles comme au Japon.

Empire State Building

Oui, le Chrysler Building est plus beau. Oui, One World Trade Center est plus haut. Mais l'Empire State Building restera à jamais le gratte-ciel fétiche de New York. L'immeuble vedette apparaît d'ailleurs dans près de 100 films, de King Kong à Independence Day.

Pour ceux qui aiment

Infos pratiques

Plan p. 266 ; www.empirestatebuilding.com ; 20 W 34th St, entre 5th Ave et 6th Ave ; plateforme du 86e ét, tarif plein/réduit/enfant 42/40/36 $, avec plateforme du 102e ét 72/70/66 $; 8h-2h, dernier ascenseur 1h15 ; S 6 jusqu'à 33rd St ; B/D/F/M, N/Q/R/W jusqu'à 34th St-Herald Sq

COCOZERO/SHUTTERSTOCK ©

★ **Bon plan**

Pour éviter les files d'attente, achetez votre billet en ligne (les 2 $ valent largement le coup) et venez dès l'ouverture, à 8h.

Plateformes d'observation

Il y a deux **plateformes d'observation**, la première en plein air, au **86e étage**, et la seconde, intérieure et un peu exiguë, au **102e étage** (la plus haute après celle du One World Trade Center). Jusqu'en 2017, on accédait au 102e étage par un ascenseur d'époque actionné manuellement. Aujourd'hui, dépenser plus pour atteindre la 2e plateforme a perdu de son intérêt.

La vue sur les 5 *boroughs* est exceptionnelle. Vous pouvez télécharger l'appli de l'Empire State Building ou vous servir des télescopes (gratuits). Le Chrysler Building est du côté nord.

Des chiffres édifiants

Avant de rejoindre le 86e étage, la visite débute par l'exposition "Dare to Dream" (Osez rêver), qui retrace la construction du gratte-ciel à l'aide de photos d'archives, de plans architecturaux et de correspondances. Les chiffres sont ahurissants : 10 millions de briques, 60 000 tonnes d'acier, 6 400 fenêtres et 30 472 m² de marbre. La construction, sur le site d'origine du Waldorf-Astoria, fut achevée en un temps record de 410 jours, nécessita 7 millions d'heures de main-d'œuvre et coûta 41 millions de dollars, bien en deçà du budget alloué de 50 millions. Une chance puisqu'il fut construit durant la crise économique de 1929. Haut de 102 étages et culminant à 443 m, ce phallus de grès a ouvert ses portes le 1er mai 1931. Bien des années plus tard, les mots de Deborah Kerr s'adressant à Cary Grant dans *Elle et lui*

Madison Square Park

sont toujours d'actualité : "C'est l'endroit le plus proche du paradis à New York."

Code couleur

Depuis 1976, les 30 étages supérieurs de la tour sont illuminés selon le calendrier : orange, blanc et vert pour la Saint-Patrick ; bleu et blanc pour Hanoucca ; blanc, rouge et vert pour Noël ; couleurs de l'arc-en-ciel pour la Gay Pride en juin. Consultez le site Internet pour plus d'informations.

À voir dans les environs

Morgan Library & Museum Musée

(Plan p. 266 ; ☎212-685-0008 ; www.themorgan.org ; 225 Madison Ave, au niveau de E 36th St, Midtown East ; tarif plein/réduit/-12 ans 22/13-14 $/gratuit, ven 15h-17h entrée libre ; ⏲10h30-17h mer-dim ; Ⓢ6 jusqu'à 33rd St). Occupant notamment une demeure qui appartint au magnat de l'acier J. P. Morgan, ce somptueux centre culturel et musée renferme une extraordinaire collection de manuscrits, de tapisseries et de livres (dont trois bibles de Gutenberg). Le bureau de J. P. Morgan, orné d'œuvres d'art de la Renaissance italienne et hollandaise, n'est surpassé que par sa bibliothèque personnelle (East Room), une extraordinaire salle voûtée arborant des rayonnages en noyer, une tapisserie hollandaise du XVIe siècle et un plafond où sont représentés les signes du zodiaque. Les expositions temporaires sont souvent passionnantes, tout comme les événements culturels régulièrement organisés sur place. Audioguides gratuits.

☑ Ne ratez pas

Concerts de jazz en soirée du jeudi au samedi, entre 21h et 1h, au 86e étage.

WARREN EISENBERG/SHUTTERSTOCK ©

Madison Square Park Parc

(Plan p. 266 ; ☎212-520-7600 ; www.madisonsquarepark.org ; E 23rd St à 26th St, entre 5th Ave et Madison Ave, Flatiron District ; ⏲6h-23h ; 👪 ; ⓈR/W, F/M, 6 jusqu'à 23rd St). Ce parc marquait la limite nord de Manhattan avant l'explosion démographique que connut l'île au lendemain de la guerre de Sécession. Aujourd'hui, on y trouve une populaire aire de jeux pour enfants et le premier des restaurants de burgers **Shake Shack** (plan p. 266 ; ☎646-889-6600 ; www.shakeshack.com ; à l'angle de E 23rd St et Madison Ave ; burger 6-11 $; ⏲9h-23h). Il accueille nombre de manifestations culturelles et, aux beaux jours, diverses activités, comme des concerts. Voir le site Internet pour plus d'informations.

✕ Une petite faim ?

Dégustez raviolis, grillades ou *kimchi* dans les restaurants bordant le proche quartier de **Koreatown** (32nd St entre 5th Ave et 6th Ave).

Museum of Modern Art

Avec son exceptionnelle collection d'art moderne, le MoMA constitue une véritable terre promise culturelle, et propose un voyage à travers ce que l'art a de plus fascinant. Attention à l'addiction artistique !

Depuis sa création en 1929, le MoMA a rassemblé près de 200 000 œuvres témoignant de l'émergence des idées et mouvements créatifs de la fin du XIXe siècle jusqu'à nos jours. Un véritable paradis pour les amateurs d'art, et une passionnante formation accélérée pour les non-initiés.

Pour ceux qui aiment

☑ Ne ratez pas

Le jardin de sculptures offre un répit agréable si vous avez besoin de prendre l'air (fermé en cas de mauvais temps).

Visite du MoMA

Il est facile de se perdre en explorant l'immense collection du musée. La collection permanente occupe 4 niveaux, mais une extension de 3 700 m^2 a ajouté 30% d'espaces d'exposition en plus en 2019. La direction du musée en a profité pour réorganiser les œuvres chronologiquement plutôt que par discipline, mélangeant ainsi peintures, photographies et autres médias comme

OSCITY/SHUTTERSTOCK ©

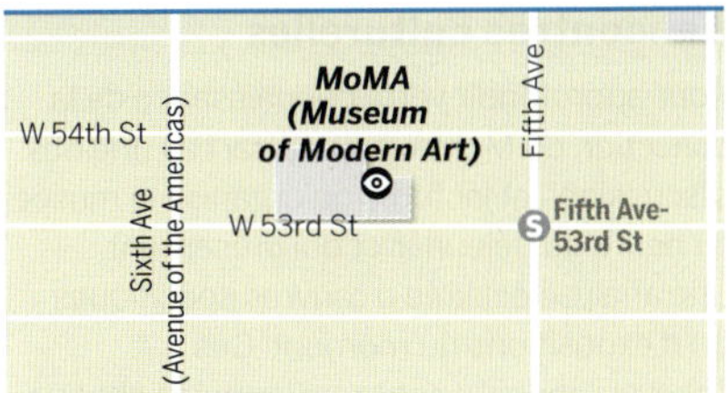

Infos pratiques

MoMA ; plan p. 268 ; ☎212-708-9400 ; moma.org ; 11 W 53rd St, entre 5th Ave et 6th Ave ; tarif plein/réduit/-16 ans 25/14-18 $/ gratuit, entrée libre ven 17h30-21h ; ⏲10h30-17h30 tlj ; 🚻 ; S E, M jusqu'à 5th Ave-53rd St ; F jusqu'à 57th St

Une petite faim ?

Une occasion spéciale à célébrer ? Prévoyez votre visite du MoMA le jour de votre réservation au restaurant étoilé du musée, le Modern (p. 137).

★ Bon plan

Pour optimiser votre temps et élaborer un plan d'attaque, téléchargez l'application du musée, disponible en plusieurs langues, sur votre smartphone avant la visite.

jamais auparavant et augmentant la diversité des œuvres dans chaque salle. Un espace scénique de pointe a aussi été aménagé afin de présenter plus d'art expérimental.

Les œuvres exposées sont en rotation constante et il est difficile de prévoir ce que l'on pourra voir, mais la popularité phénoménale de *La Nuit étoilée* de Van Gogh lui garantit pratiquement une place, derrière un mur d'admirateurs qui la prennent en photo. Autres incontournables : *Les Demoiselles d'Avignon* (1907) de Picasso, *Le Rêve* (1910) d'Henri Rousseau et *La Persistance de la mémoire* (1931) de Dalí, ainsi que les œuvres américaines cultes comme les émouvants clichés de la Grande Dépression de Dorothea Lange, les *Campbell's Soup Cans* (1962) de Warhol, *Christina's World* (1948) de Wyeth et l'envoûtante *Maison au bord de la voie ferrée* (1925) d'Edward Hopper.

L'expressionnisme abstrait

L'un des points forts de la collection du MoMA est l'expressionnisme abstrait, un mouvement né à New York dans les années 1940 qui connut son apogée une décennie plus tard. Définie par son penchant pour l'individualisme irrévérencieux et les œuvres monumentales, l'"école de New York" a contribué à faire de la métropole l'épicentre de l'art contemporain occidental. Parmi les œuvres qui l'incarnent figurent *Magenta, Noir, Vert sur orange* de Mark Rothko, *One* (*Numéro 31*, 1950) de Jackson Pollock, *Gaea* de Lee Krasner et *Peinture* de Willem De Kooning.

Rencontres culturelles

Pour approfondir votre connaissance de la collection du MoMA, prenez part à l'une des discussions et lectures qu'organise le musée à l'heure du déjeuner et qui présentent une analyse éclairée d'œuvres spécifiques ou d'expositions du moment. Ces "conversations" sont programmées chaque jour à 11h30 et 13h30. Plus d'informations sur le programme sur le site Internet.

Projections de films

En plus d'être un palais d'arts visuels, le MoMA projette une sélection de joyaux en celluloïd issus de sa collection de plus de 22 000 films, comprenant aussi bien les œuvres des frères Maysles que chacune des animations Pixar. Entrée incluse dans le billet du musée (il faut néanmoins prendre un billet pour la séance souhaitée).

À voir dans les environs

Radio City Music Hall Édifice historique

(Plan p. 268 ; radiocity.com ; 1260 6th Ave au niveau de 50th St ; visites guidées tarif plein/réduit 31/27 $; ⏲visites guidées 9h30-17h ; S B/D/F/M jusqu'à 47th St-50th St-Rockefeller Center). Ce superbe cinéma moderne est né d'une idée du producteur de music-hall Samuel Lionel Rothafel, dit "Roxy". Ce dernier lança sa nouvelle salle en 1932 avec un spectacle outrancier qui comportait une *Symphonie des rideaux* et la chorégraphie kitsch de jeté de jambes des Roxyettes (troupe de danseuses qui sera ensuite rebaptisée les Rockettes). Des visites guidées (1 heure 15)

Radio City Music Hall

de l'intérieur comprennent le magnifique auditorium, la fresque d'inspiration *The History of Cosmetics* de Witold Gordon dans le salon des Dames au rez-de-chaussée, et la *très* exclusive VIP Roxy Suite, où furent diverties des éminences telles qu'Elton John et Alfred Hitchcock.

Si vous désirez assister à un concert, soyez prévenu : de nos jours, le décor surpasse l'acoustique du théâtre. Pourtant, les artistes qui se produisent ici sont souvent fabuleux : Lauryn Hill, Rufus Wainwright, Aretha Franklin, Dolly Parton... Et même si la plupart des New-Yorkais lèvent les yeux au ciel en entendant le mot "Rockettes", les amateurs de kitsch et de paillettes seront emballés par les chorégraphies parfaitement synchronisées du **spectacle de Noël** joué par la troupe.

ELEPHOTOS/SHUTTERSTOCK © ARCHITECT: EDWARD DURELL STONE

Des billets pour le jour même sont disponibles à la billetterie de l'entrée sur 6th Ave. Que vous réserviez sur place ou en ligne, une longue file d'attente vous attend pour voir le spectacle, d'une popularité phénoménale. Des billets pour les visites guidées le jour même sont généralement disponibles, et les visites partent de l'entrée située sur W 50th St.

St Patrick's Cathedral — Édifice religieux

(Plan p. 268 ; ☎212-753-2261 ; saintpatrickscathedral.org ; 5th Ave entre 50th St et 51st St ; ⏲6h30-20h45 ; **S** B/D/F/M jusqu'à 47th St-50th St-Rockefeller Center ; E/M jusqu'à 5th Ave-53rd St). La plus grande cathédrale catholique du pays se dresse de toute sa magnificence néogothique sur la Cinquième Avenue. Elle fut construite entre 1858 et 1879, et les deux flèches de la façade ajoutées en 1888 ; elle resplendit plus que jamais depuis les travaux de restauration de 2015. Parmi ses principales merveilles figurent l'autel dessiné par Tiffany & Co et, au-dessus de l'entrée sur 5th Avenue, la rosace de Charles Connick, qui resplendit au-dessus d'un orgue de 7 000 tuyaux. Visites guidées possibles ; consultez le site Web pour en savoir plus.

Une **crypte** derrière l'autel abrite les dépouilles des cardinaux de New York et les restes de Pierre Toussaint, qui a beaucoup œuvré pour la cause des pauvres et des anciens esclaves, et déclaré vénérable par le pape Jean Paul II.

★ Bon à savoir

Votre billet d'entrée au musée donne également accès à des projections de films et au **MoMA PS1** (☎718-784-2084 ; momaps1.org ; 22-25 Jackson Ave, Long Island ; don suggéré tarif plein/réduit/-16 ans 10/5 $/gratuit, entrée libre avec billet MoMA, Warm Up party en ligne/au guichet 18/22 $; ⏲12h-18h jeu-lun, Warm Up parties 12h-21h sam juil-début sept ; **S** G, 7 jusqu'à Court Sq, E/M jusqu'à Court Sq-23rd St), le fleuron de l'art contemporain situé de l'autre côté de la rivière, dans le Queens.

Balade dans Chinatown

Voyagez en Asie sans quitter le sol américain, en flânant dans les rues étroites de Chinatown. Tous vos sens seront assaillis, entre les vendeurs volubiles, les néons des restaurants de nouilles et les devantures colorées, véritables délices visuels d'Extrême-Orient.

Départ Chatham Sq
Distance 1,6 km ; **Durée** 1 heure 30

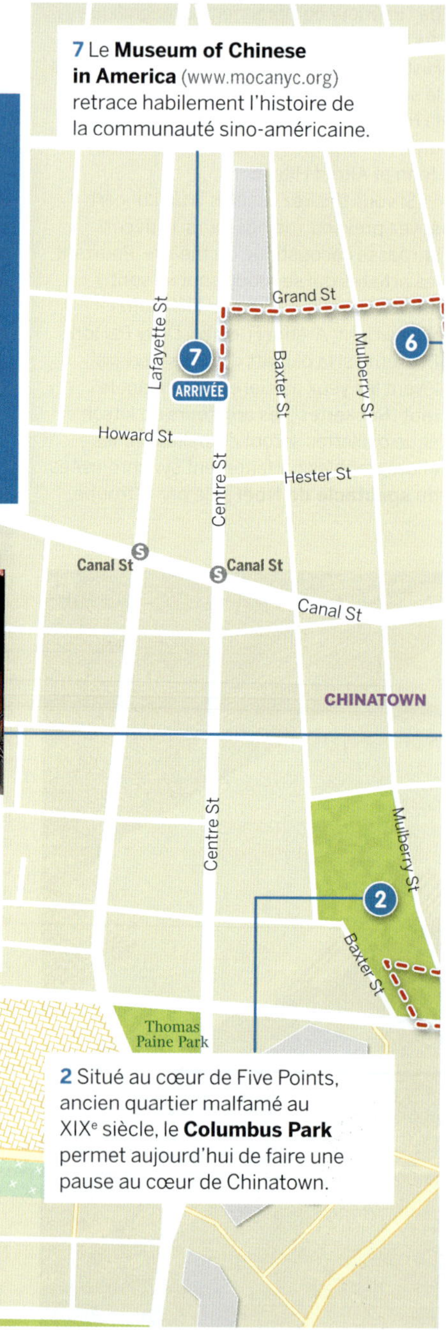

7 Le **Museum of Chinese in America** (www.mocanyc.org) retrace habilement l'histoire de la communauté sino-américaine.

3 Au début des années 1900, la rue en coude de **Doyers Street** était le théâtre de batailles entre tongs (sociétés secrètes) rivaux, ce qui lui valut le surnom de "Bloody Angle" ("Angle sanglant").

2 Situé au cœur de Five Points, ancien quartier malfamé au XIXe siècle, le **Columbus Park** permet aujourd'hui de faire une pause au cœur de Chinatown.

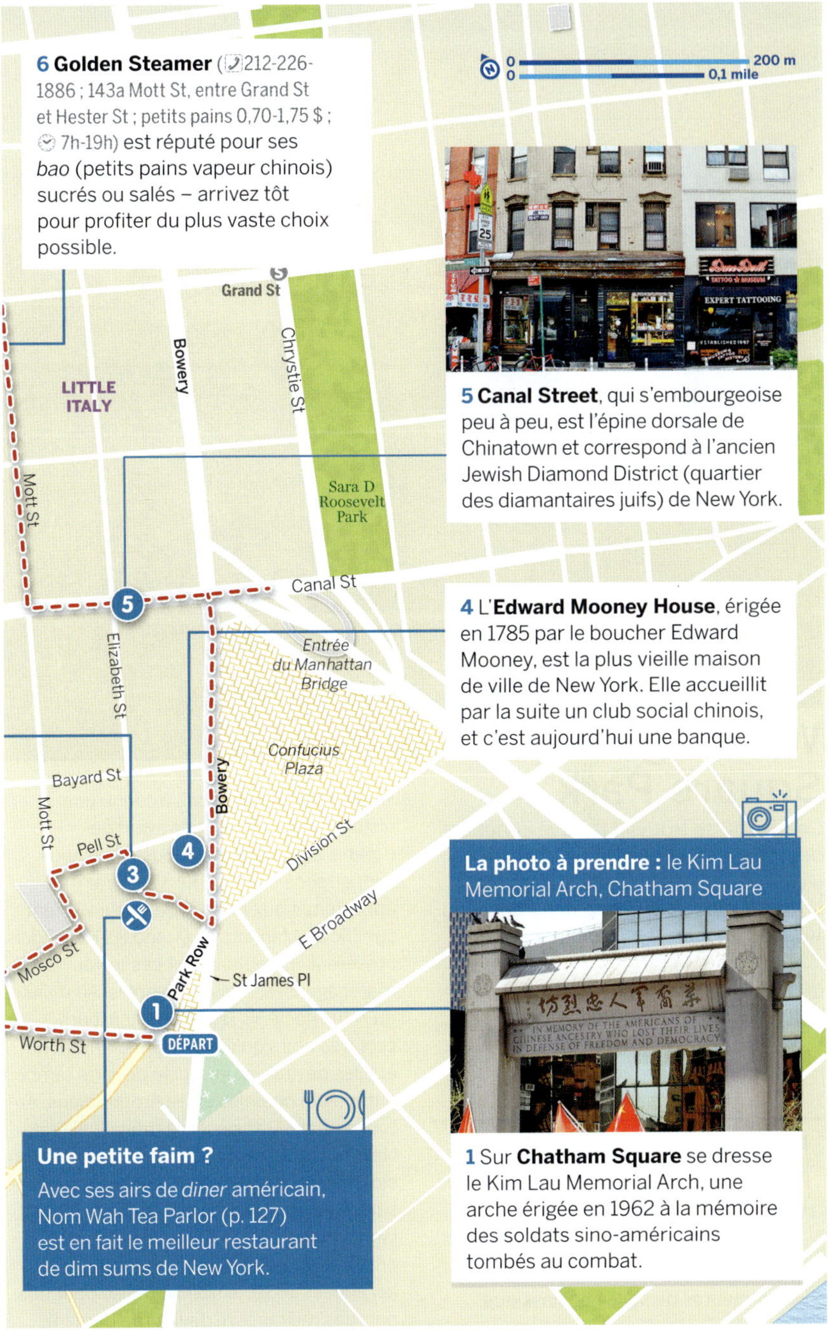

6 Golden Steamer (☎212-226-1886 ; 143a Mott St, entre Grand St et Hester St ; petits pains 0,70-1,75 $; ⏲ 7h-19h) est réputé pour ses *bao* (petits pains vapeur chinois) sucrés ou salés – arrivez tôt pour profiter du plus vaste choix possible.

5 Canal Street, qui s'embourgeoise peu à peu, est l'épine dorsale de Chinatown et correspond à l'ancien Jewish Diamond District (quartier des diamantaires juifs) de New York.

4 L'**Edward Mooney House**, érigée en 1785 par le boucher Edward Mooney, est la plus vieille maison de ville de New York. Elle accueillit par la suite un club social chinois, et c'est aujourd'hui une banque.

La photo à prendre : le Kim Lau Memorial Arch, Chatham Square

1 Sur **Chatham Square** se dresse le Kim Lau Memorial Arch, une arche érigée en 1962 à la mémoire des soldats sino-américains tombés au combat.

Une petite faim ?

Avec ses airs de *diner* américain, Nom Wah Tea Parlor (p. 127) est en fait le meilleur restaurant de dim sums de New York.

PAWEL GAUL/GETTY IMAGES ©

Washington Square Park

Ce lieu, où se trouvait jadis le cimetière des indigents et qui était le théâtre d'exécutions publiques, est désormais la grand-place officieuse de Greenwich Village : un superbe jardin encadré de riches brownstones – *maisons de ville en grès rouge – et d'édifices d'architecture moderne.*

Pour ceux qui aiment ...

☑ Ne ratez pas

Les demeures de style néoclassique.

Washington Square Park a connu une histoire longue et sordide avant de devenir le jardin public modèle que nous connaissons aujourd'hui. Ce terrain appartenait aux Amérindiens qui vivaient sur l'île de Manhattan. Quand les Hollandais arrivèrent, ils exploitèrent ces terres marécageuses, mais cultivables. Au milieu du XVIIe siècle, ils les cédèrent à leurs esclaves noirs qu'ils venaient d'affranchir et elles devinrent une sorte de zone tampon entre leurs colonies et les Amérindiens. Au tournant du XIXe siècle, la municipalité de New York acheta le terrain afin d'en faire un cimetière pour ouvriers indigents. Il fut vite saturé au cours d'une épidémie de fièvre jaune. Plus de 20 000 corps demeurent enterrés sous le parc aujourd'hui. Dans les années 1830, le site fut utilisé pour des parades militaires. Il devint rapidement

Chelsea Market

ALREDOSAZ/SHUTTERSTOCK ©

un jardin public pour l'élite qui faisait construire d'imposants hôtels particuliers dans les rues avoisinantes. Washington Square Park est depuis longtemps un lieu d'expression politique, qu'il s'agisse de rassemblements de New-Yorkais contre des projets tendant à modifier le parc, ou de mouvements d'ampleur nationale tels que les manifestations de 1912 pour de meilleures conditions de travail.

Stanford White Arch

Le Stanford White Arch, communément appelé Washington Square Arch, domine le parc du haut de ses 22 m. Édifié à l'origine en bois pour célébrer le centenaire en 1889 de l'investiture de George Washington, cet arc de triomphe devint si populaire qu'on le remplaça par un arc en marbre blanc de Douvres six ans plus tard, orné de statues du général en temps de guerre et de paix. En 1916, Marcel Duchamp grimpa au sommet de l'arc par l'escalier intérieur et proclama la "République libre et indépendante de Washington Square".

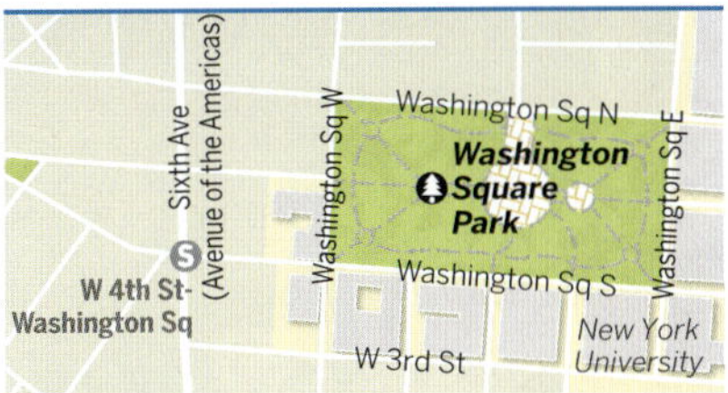

Infos pratiques

Plan p. 262 ; nycgovparks.org ; 5th Ave, au niveau de Washington Sq N, West Village ; fermeture minuit ; ; S A/C/E, B/D/F/M jusqu'à W 4th St-Washington Sq, R/W jusqu'à 8th St-NYU

Une petite faim ?

Red Bamboo (212-260-7049 ; redbamboo-nyc.com ; 148 W 4th St, entre 6h Ave et MacDougal St ; 12h-21h tlj). L'adresse numéro un pour les végétariens.

★ Bon plan

Sur washingtonsquareparkconservancy.org vous trouverez des renseignements sur les visites gratuites, les concerts, les projections de films, etc.

À voir dans les environs

Chelsea Market Marché

(Plan p. 266 ; 212-652-2110 ; chelseamarket.com ; 75 Ninth Ave, entre W 15th St et W 16th St, Chelsea ; 7h-2h lun-sam, 8h-22h dim ; S A/C/E, L jusqu'à 8th Ave-14th St). Le Chelsea Market résulte de la transformation d'une ancienne usine en marché gastronomique. Nombre de vendeurs sauront tenter vos papilles, dont **Mokbar** (ramen aux accents coréens), **Takumi** (mélange d'ingrédients japonais et mexicains), **Very Fresh Noodles** (nouilles tirées à la main), **Bar Suzette** (crêpes), **Num Pang** (sandwichs cambodgiens), **Ninth Street Espresso**, **Doughnuttery** (mini-doughnuts) et **Fat Witch Bakery**.

Hall principal

Grand Central Terminal

Joyau d'architecture du XXe siècle, Grand Central Terminal est l'un des plus emblématiques édifices d'inspiration Beaux-Arts de New York. Son tourbillon de lustres, de marbre, de bars et de restaurants historiques est une fenêtre sur une époque où voyages en train et romantisme allaient de pair.

Pour ceux qui aiment

☑ Ne ratez pas

Le Grand Central Market (p. 159), pour ses bons produits.

42nd St Facade

Revêtue de granit de Stony Creek (Connecticut) dans sa partie basse et de calcaire de l'Indiana dans sa partie haute, la splendide façade de Grand Central est surmontée par la plus grande sculpture du pays, *Transportation*. Conçue par le sculpteur français Jules Félix Coutan (1848-1939), l'œuvre de 15 m fut exécutée à Long Island City par les artisans Donnelly et Ricci. Une fois achevée, en 1914, elle fut hissée morceau par morceau. Elle représente Mercure, dieu romain des Voyageurs et du Commerce, coiffé de son casque ailé. À sa gauche, Hercule est dans une pose inhabituellement placide, tandis que Minerve, la gardienne antique des villes, observe le tumulte de 42nd St. L'horloge sous les pieds de Mercure renferme le plus grand vitrail Tiffany au monde.

MURAT TANER/GETTY IMAGES ©

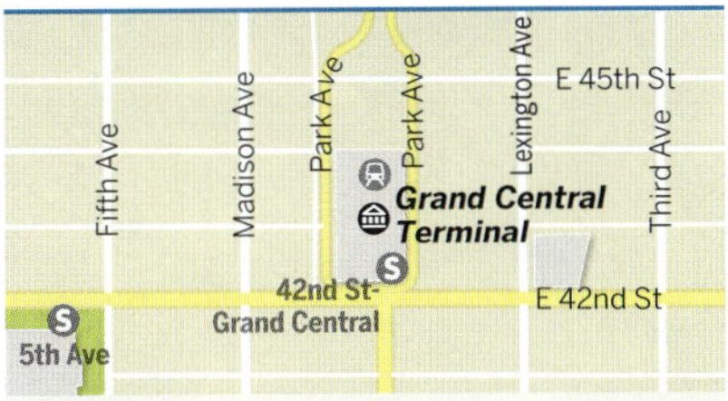

Infos pratiques

Plan p. 268 ; grandcentralterminal.com ; 89 E 42nd St et Park Ave ; 5h30-2h ; S S, 4/5/6, 7 jusqu'à Grand Central-42nd St, Metro North jusqu'à Grand Central

Une petite soif ?

Le bar Campbell (p. 173) pour un cocktail dans un cadre fastueux.

★ Bon plan

Revenez le soir, quand le calme confère aux lieux une tout autre atmosphère.

Hall principal

Joyau de Grand Central, le hall tient plus d'une salle de bal que d'un lieu de transit, avec ses sols en marbre rose du Tennessee et ses guichets d'époque en marbre italien de Botticino. Le plafond voûté est (littéralement) d'une beauté céleste, avec sa fresque turquoise et dorée à la feuille représentant 8 constellations… à l'envers. Une erreur ? Apparemment non ; son créateur, le peintre français Paul César Helleu, voulait figurer les étoiles du point de vue de Dieu – vues d'en haut. La peinture de la fresque d'origine fut réalisée par les artistes new-yorkais J. Monroe Hewlett et Charles Basing. Abîmée par l'humidité, elle fut repeinte (hélas sans utiliser la technique de la fresque) par Charles Gulbrandsen en 1944. Dans les années 1990, elle fut de nouveau endommagée. Le cabinet d'architectes Beyer Blinder Belle la restaura, mais laissa une tache de suie rectangulaire (à l'angle nord-ouest, sous la constellation du Cancer) pour témoigner de l'excellence de son travail.

À voir dans les environs

Chrysler Building Édifice historique

(Plan p. 268 ; 405 Lexington Ave et E 42nd St ; hall 7h-18h30 lun-ven ; S S, 4/5/6, 7 jusqu'à Grand Central-42nd St). Haut de 77 étages, le Chrysler Building éclipse la plupart des autres gratte-ciel. Dessiné par William Van Alen en 1930, c'est l'exemple le plus spectaculaire d'architecture Art déco new-yorkaise, avec ses aigles stylisés en acier et sa splendide flèche à 7 arches symbolisant le soleil levant. L'édifice fut construit pour abriter le siège de l'empire automobile de Walter P. Chrysler ; incapable de rivaliser avec des concurrents comme Ford et General Motors sur la chaîne de production, Chrysler prit sa revanche sur la skyline, avec en outre l'un des plus beaux halls d'entrée de la ville.

BEN BRYANT/SHUTTERSTOCK ©

St Marks Place

Chaque rue de New York raconte une histoire, et St Marks Place est particulièrement riche en la matière. Chaque bâtiment ou presque de cette rue mythique frémit d'anecdotes remontant à une époque où l'East Village incarnait un esprit bien plus rebelle.

Pour ceux qui aiment...

☑ **Ne ratez pas**

Un cocktail "sake bomb"dans l'un des bars japonais en sous-sol.

Astor Place

À l'ouest de St Marks Place, **Astor Place** (plan p. 262 ; 8th St, entre 3rd Ave et 4th Ave, East Village ; S N/R jusqu'à 8th St-NYU, 6 jusqu'à Astor Pl) est un enchevêtrement de rues qui s'articule autour de cette sculpture que les New-Yorkais surnomment le Cube. Point de rendez-vous du quartier, cette œuvre de Tony Rosenthal intitulée *Alamo* (1967) pèse plus de 815 kg et se compose exclusivement d'acier Corten.

À l'origine, Astor Place abritait l'Astor Opera House (disparu), dont les spectacles drainaient les classes aisées de la ville dans les années 1800. La place fut aussi le théâtre d'échauffourées entre immigrants et partisans du nativisme – mouvement politique s'opposant à toute nouvelle immigration – au sujet de deux acteurs shakespeariens rivaux, sur fond de lutte

Immeubles de l'album *Physical Graffiti* de Led Zeppelin

TRAVELPIX / ALAMY STOCK PHOTO ©

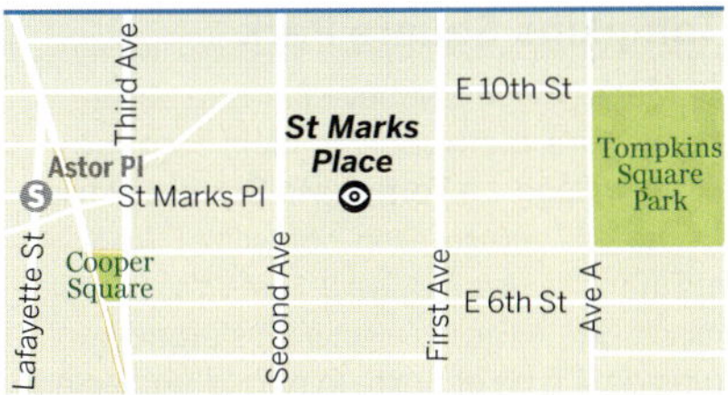

Infos pratiques

Plan p. 262 ; St Marks Pl, Ave A jusqu'à 3rd Ave, East Village ; S 6 jusqu'à Astor Pl, L jusqu'à 3rd Ave ou 1st Ave, F jusqu'à 2nd Ave

Une petite faim ?

Les falafels de Mamoun's (p. 132) sont parmi les mets les plus prisés de St Marks.

★ Bon plan

Commencez votre balade à Astor Pl afin de terminer dans le calme de Tompkins Square Park (p. 86).

des classes. La police tira sur la foule, faisant une vingtaine de morts et une centaine de blessés. Aujourd'hui, la place est surtout connue pour avoir hébergé la rédaction du journal *Village Voice* et la Cooper Union, établissement d'enseignement supérieur spécialisé en architecture, ingénierie et art.

De 3rd Ave à Ave A

Si St Marks Place est l'une des rues les plus célèbres de New York, c'est aussi l'une des plus courtes, avec ses trois blocks entre Astor Pl et Tompkins Square Park, et l'une des plus riches en anecdotes. Le bar situé au 2 St Marks Place fut autrefois le célèbre Five-Spot, où l'immense jazzman Thelonious Monk fit ses débuts dans les années 1950. Elizabeth, la veuve d'Alexander Hamilton (premier Secrétaire du Trésor des États-Unis), vécut au 4 St Marks Pl dans les années 1830, l'écrivain James Fenimore Cooper (*Le Dernier des Mohicans*) juste à côté au n°6, avant que Yoko Ono et ses acolytes de Fluxus n'y prennent leurs quartiers dans les années 1960. Plus loin, les n°s 96 et 98 furent immortalisés sur la pochette de l'album *Physical Graffiti* de Led Zeppelin. Enfin, malgré sa fermeture dans les années 1990, le n°122 reste lié au populaire café Sin-é, où se produisait souvent Jeff Buckley, entre autres. Durant votre balade, repérez les divers poteaux ornés de mosaïques. Ensemble, ils forment le **Mosaic Trail** (plan p. 262 ; mosaicmannyc.com ; St Marks Pl, entre Astor Pl et Ave A, East Village ; S 6 jusqu'à Astor Pl). Dans les années 1980, un vétéran de la guerre du Vietnam, Jim Power, entreprit de décorer les lampadaires à l'aide d'éclats de miroirs, de carreaux, de céramiques, de perles et de pièces de monnaie. Il tentait ainsi de soulager son stress post-traumatique, donnant aux rues une touche artistique colorée (et à dimension politique). On y devine des symboles ou personnalités d'East Village : le club punk CBGB, Patti Smith, le bar PDT (Please Don't Tell).

Tompkins Square Park

St Marks Place s'achève par une oasis de verdure, bienvenue en plein cœur de l'East Village. Le **Tompkins Square Park** (plan p. 262 ; nycgovparks.org ; entre E 7th St et E 10th St et Ave A et Ave B, East Village ; ⏲6h-minuit ; 🚻; Ⓢ6 jusqu'à Astor Pl) s'étend sur plus de 4,5 ha et porte le nom d'un ancien gouverneur de New York (1807-1817) qui devint vice-président des États-Unis sous James Monroe. Les habitants du quartier s'y retrouvent pour jouer aux échecs sur des tables en béton, pique-niquer, faire du sport et promener leur chien. Toutefois, ce parc n'a pas toujours été un lieu de détente. Dans les années 1980, c'était un campement de sans-abri, jonché de détritus et de seringues, où il était impensable de se hasarder. La rupture intervint en 1988, quand la police rasa le kiosque à musique et chassa une centaine de squatteurs qui vivaient sous des tentes. Après cette première éviction brutale, appelée Tompkins Square Riot, suivie d'une autre en 1991, les yuppies commencèrent à investir les lieux. De nos jours, le calme y règne, sauf à l'occasion d'un festival de musique ou d'art qui tente brièvement de faire revivre les heures bohèmes du passé.

À voir dans les environs

La Plaza Cultural de Armando Perez Community Garden Jardin

(Plan p. 262 ; laplazacultural.com ; 674 E 9th St et Ave C, East Village ; ⏲10h-19h sam-dim avr-oct ; ⓈF jusqu'à 2nd Ave, L jusqu'à 1st Ave). Trois magnifiques saules pleureurs agrémentent la Plaza Cultural, l'un des plus jolis jardins publics de l'East Village. Aux beaux jours, cet espace verdoyant et fleuri sert d'écrin

Tompkins Square Park

à des installations artistiques et à des spectacles de théâtre, danse et musique. Ne manquez pas le ravissant belvédère et la mare aux carpes koï (qui abrite une tortue serpentine), entourée de sentiers ombragés où volettent des papillons.

Merchant's House Museum Musée

(Plan p. 262 ; ☎212-777-1089 ; merchantshouse.org ; 29 E 4th St, entre Lafayette St et Bowery, NoHo ; adulte/enfant 15 €/gratuit ; ⏰12h-17h ven-lun, 12h-20h jeu, visites guidées 14h jeu-lun et 18h30 jeu ; Ⓢ6 jusqu'à Bleecker St, B/D/F/M jusqu'à Broadway-Lafayette St). Construite en 1832 et achetée par le marchand Seabury Tredwell trois ans plus tard, cette maison de brique rouge reste la demeure de style fédéral la plus authentique de New York, témoignant autant du passé marchand de la ville que du raffinement de l'ameublement du XIXe siècle : portes coulissantes en acajou, lustres en bronze, manteaux de cheminée en marbre, sans oublier les élégantes chaises du salon attribuées au célèbre concepteur de mobilier Duncan Phyfe. Même le système de cloches de service sur plusieurs niveaux fonctionne encore.

Depuis 2014, des militants s'opposent à la construction d'un hôtel de 8 étages juste à côté de Merchant's House, qui pourrait fragiliser les fondations du vénérable bâtiment. Son statut d'icône de la ville, de l'État et de la nation a permis de gagner une bataille : l'hôtel ne pourra pas dépasser six étages. Si les promoteurs ont gain de cause, le musée pourrait fermer pour au moins deux ans, le temps des travaux.

Selon la croyance populaire, la demeure serait hantée par Gertrude Tredwell, cadette des enfants de Seabury et ultime résidente de la maison, auteure de furtives apparitions en fin de soirée ou lors d'événements publics. Par conséquent, le musée organise une "visite fantôme" en soirée, ainsi que des conférences, des rencontres spéciales et des balades historiques dans NoHo.

☑ Quand y aller

Le soir, St Marks est souvent prise d'assaut par des étudiants en goguette ; si vous craignez de ne pas apprécier l'ambiance, mieux vaut venir en journée.

NIELSKLIIM/SHUTTERSTOCK ©

✕ Une petite faim ?

Le brunch du **Cafe Mogador** (plan p. 262 ; ☎212-677-2226 ; cafemogador.com ; 101 St Marks Pl, entre 1st Ave et Ave A, East Village ; plats 17-24 $; ⏰9h-23h30 dim-jeu, 9h-minuit ven-sam ; Ⓢ6 jusqu'à Astor Pl) est un mélange de classiques américains et de spécialités du Moyen-Orient.

Guggenheim Museum, conçu par Frank Lloyd Wright

Guggenheim Museum

Véritable sculpture à part entière, ce bâtiment blanc en spirale de l'architecte Frank Lloyd Wright est l'un des musées les plus photogéniques de New York. Sa collection permanente est restreinte, mais il accueille des expositions exceptionnelles des plus grands artistes des XXe et XXIe siècles.

Pour ceux qui aiment

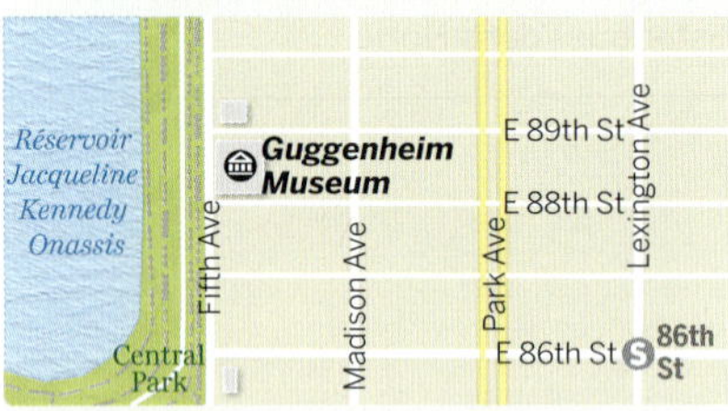

Infos pratiques

Plan p. 270 ; 212-423-3500 ; guggenheim.org ; 1071 5th Ave à l'angle de E 89th St ; tarif plein/réduit/-12 ans 25/18 $/gratuit, prix libre 16h-18h ven et sam ; 11h-18h jeu-lun ; ; S 4/5/6, Q jusqu'à 86th St

★ **Bon plan**

Les files d'attente peuvent décourager ; gagnez du temps en réservant vos billets en ligne, ou venez dès l'ouverture.

ANNA WOLTERS/SHUTTERSTOCK © SOLOMON R. GUGGENHEIM MUSEUM, NEW YORK © SRGF

Le bâtiment en spirale conçu par l'architecte Frank Lloyd Wright (1867-1959) éclipse presque la collection qu'il abrite. Dès son inauguration, il fut tourné en ridicule par certains critiques, mais acclamé par d'autres, qui virent en lui une icône architecturale.

Des origines abstraites

Le Guggenheim est né de la collection de Solomon R. Guggenheim, un magnat et mécène new-yorkais qui acquit des œuvres d'art abstrait sur les recommandations de sa conseillère artistique, Hilla von Rebay. En 1939, Guggenheim ouvrit un musée temporaire dirigé par celle-ci dans 54th St, baptisé musée de la Peinture non figurative. Quatre ans plus tard, le duo chargea Wright de construire un lieu permanent pour accueillir la collection.

Des années de réalisation

Le projet mit longtemps à se concrétiser et fut retardé de presque 13 ans à cause des contraintes budgétaires, de la Seconde Guerre mondiale et de voisins sceptiques à l'idée qu'un ovni architectural se pose près de chez eux. Il fut achevé en 1959, après la mort de Guggenheim et de Wright. Quand le musée ouvrit enfin ses portes en octobre, l'entrée coûtait 50 ¢ et les œuvres exposées comprenaient des pièces de Vassily Kandinsky, Alexander Calder et d'expressionnistes abstraits comme Franz Kline et Willem De Kooning.

Le musée aujourd'hui

La rénovation des années 1990 ajouta une tour de 8 niveaux offrant plus de 4 750 m² d'espace d'exposition supplémentaire.

Cooper-Hewitt Smithsonian Design Museum

Les salles présentent des expositions tirées de la collection du musée, tandis que la rampe de la rotonde sert aux expositions temporaires. Le musée possède notamment des œuvres de Pablo Picasso et Jackson Pollock. Au fil des années, il a acquis des peintures de Claude Monet, Vincent Van Gogh et Edgar Degas, des sculptures de Constantin Brancusi et Louise Bourgeois, des photographies de Robert Mapplethorpe et Carrie Mae Weems, et des œuvres surréalistes majeures léguées par la nièce de Guggenheim, Peggy.

☑ Ne ratez pas

Dans le musée, le Guggenheim Store est incontournable si vous êtes féru d'art et de design et en quête d'ouvrages originaux, d'affiches, de cadeaux ou d'objets décoratifs.

RADHARC IMAGES/ALAMY STOCK PHOTO ©

À voir dans les environs

Jewish Museum Musée

(Plan p. 270 ; ☎212-423-3200 ; thejewishmuseum.org ; 1109 5th Ave entre 92nd St et 93rd St ; adulte/enfant 18 $/gratuit, entrée libre sam, prix libre 17h-20h jeu ; 11h-17h45 lun-mar et ven, 11h-20h jeu, 10h-17h45 sam-dim ; ; S Q, 6 jusqu'à 96th St). Installé dans un hôtel particulier néogothique de 1908, ce superbe musée renferme 30 000 objets relatifs au judaïsme, dont des étuis pour versets de la Torah et des lampes de Hanoucca, ainsi que des sculptures, peintures et pièces d'arts décoratifs. À défaut de présenter une exposition historique dédiée à la communauté juive new-yorkaise, le musée organise d'excellentes expositions dont des rétrospectives consacrées à des personnalités majeures comme Art Spiegelman ou Leonard Cohen et des manifestations d'ampleur internationale centrées sur des sommités telles que Marc Chagall et Amedeo Modigliani.

Cooper Hewitt Smithsonian Design Museum Musée

(Plan p. 270 ; ☎212-849-2950 ; cooperhewitt.org ; 2 E 91st St au niveau de 5th Ave ; tarif plein/enfant 18 $/gratuit, prix libre 18h-21h sam ; 10h-18h dim-ven, 10h-21h sam ; S 4/5/6 jusqu'à 86th St). Géré par la Smithsonian Institution de Washington DC, ce musée unique est dédié à la fois à l'histoire du design et au design contemporain. Il occupe la demeure de 64 pièces construite pour le milliardaire Andrew Carnegie entre 1899 et 1902. La collection de 210 000 pièces couvre 3 000 ans d'histoire. Le beau **jardin** est ouvert au public et accessible depuis 90th St ou depuis l'intérieur du musée. Visites guidées gratuites en semaine à 11h30 et 13h30, et le week-end à 13h et 15h.

Une petite faim ?

Dans le Guggenheim, le restaurant Wright (p. 140) sert brunchs, plats de saison et cocktails dans un superbe cadre d'architecture moderne.

RAFAEL XAVIER/SHUTTERSTOCK ©

Rockefeller Center

Mastodonte Art déco et point de repère incontournable, le Rockefeller Center est en constante ébullition. On y trouve certaines des meilleures boutiques de New York, une vertigineuse plateforme d'observation, une célèbre patinoire en hiver et le roi des sapins de Noël en décembre.

Pour ceux qui aiment

☑ Ne ratez pas

FAO Schwarz (p. 159), magasin de jouets légendaire de New York, connaît une seconde vie dans le Rockefeller Center.

Cette "ville dans la ville" de 9 ha, et dont la construction dura 9 ans, fut inaugurée au plus fort de la crise économique de 1929. Ce fut le premier endroit du pays où étaient associés commerces, espaces de loisirs et bureaux – un ensemble moderne de 19 immeubles (dont aujourd'hui 14 sont les bâtiments Art déco d'origine). L'ensemble fut déclaré monument historique en 1987.

Top of the Rock

Au sommet du 30 Rockefeller Plaza (ex-GE Building), 70 étages au-dessus de Midtown, la plateforme de **Top of the Rock** (plan p. 268 ; ☎212-698-2000, n° gratuit 877-692-7625 ; topoftherocknyc.com ; 30 Rockefeller Plaza, entrée dans 50th St entre 5th Ave et 6th Ave ; tarif plein/réduit/6-12 ans 38/36/32 $, aube/crépuscule 56/45 $; ⏰8h-minuit, dernier ascenseur 23h) offre une vue magique sur

JEFF WHYTE/SHUTTERSTOCK ©

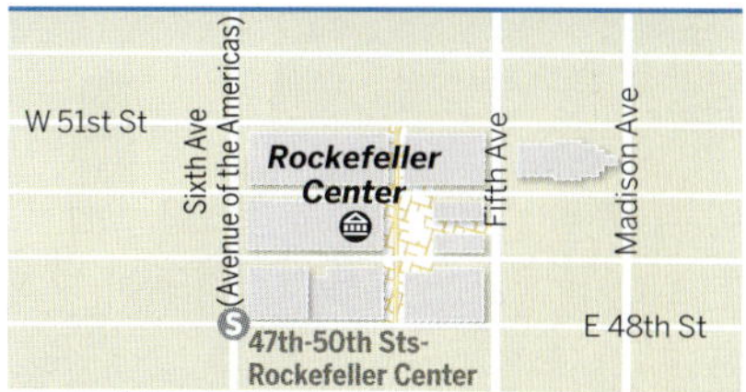

Infos pratiques

Plan p. 268 ; 212-588-8601 ; www.rockefellercenter.com ; de 5th Ave à 6th Ave et de 48th St à 51st St ; S B/D/F/M jusqu'à 47th St-50th St-Rockefeller Center

Une petite faim ?

Mangez un morceau au Burger Joint (p. 138), bien caché dans l'hôtel Parker Meridien.

Bon plan

Pour échapper à la foule de patineurs, venez à la première session à 8h30.

l'Empire State Building. Si possible, allez-y juste avant le coucher du soleil pour voir la ville revêtir son habit de lumière. Achetez votre billet plus tôt dans la journée pour éviter la bousculade de fin d'après-midi. Les plus de 21 ans feront une halte au 65e étage pour un cocktail au Bar SixtyFive (p. 174) ; la vue est incomparable et l'accès est gratuit, mais à moins d'avoir réservé une table, il est difficile de s'approcher des fenêtres. Le mieux est de venir en été, quand la terrasse est ouverte (mais un minimum de 65 $ de consommations est requis pour bénéficier d'une table extérieure).

Œuvres d'art publiques

Le Rockefeller Center est orné des œuvres commandées à 30 artistes, autour du thème "L'homme à la croisée des chemins regarde l'avenir avec incertitude mais espoir".

Prometheus, statue de 6 m de Paul Manship, orne la Rockefeller Plaza, tandis que l'*Atlas* en bronze de Lee Lawrie se dresse du haut de ses 9 m devant l'International Building (630 5th Ave). *News* d'Isamu Noguchi est situé au-dessus de l'entrée de l'Associated Press Building (50 Rockefeller Plaza).
La peinture murale *American Progress* de José Maria Sert trône dans le hall du 30 Rockefeller Plaza à la place de la fresque originale de l'artiste mexicain Diego Rivera, car elle comportait un portrait de Lénine ce qui suscita une vive controverse et fut détruite (une copie est exposée au Palacio de Bellas Artes à Mexico).

Rockefeller Plaza

Pour les fêtes de fin d'année, un arbre de Noël est installé sur Rockefeller Plaza, et illuminé lors d'une cérémonie. Cette tradition remonte aux années 1930, quand les ouvriers dressaient un petit sapin sur le chantier. Il domine la patinoire du Rockefeller Center (p. 198). L'endroit est magique, mais relativement petit et bondé. En été, la patinoire se mue en café.

FILIPPO MARIA BIANCHI/GETTY IMAGES ©

National September 11 Memorial & Museum

Ce musée évocateur et les plus grandes cascades artificielles d'Amérique du Nord sont autant un symbole d'espoir et de renouveau qu'un hommage aux victimes du terrorisme.

Pour ceux qui aiment

☑ Ne ratez pas

Santiago Calatrava s'est inspiré de l'image d'un enfant lâchant une blanche colombe pour concevoir l'Oculus, la spectaculaire gare du WTC (WTC Transportation Hub), voisine du musée.

Le National September 11 Memorial & Museum rend hommage aux victimes de la pire attaque terroriste jamais perpétrée sur le sol américain le 11 septembre 2001. Baptisés *Reflecting Absence* ("le reflet de l'absence"), les deux énormes miroirs d'eau du mémorial sont autant un symbole d'espoir et de renouveau qu'un hommage aux milliers de personnes disparues. À leurs côtés, trône le Memorial Museum, espace à la solennité saisissante reconstituant les événements de ce jour tragique.

Miroirs d'eau

Conçus par Michael Arad et Peter Walker et entourés par une place plantée de plus de 400 chênes blancs, les **miroirs d'eau du mémorial du 11-Septembre** occupent la base des anciennes tours jumelles. Le long des parois, des chutes d'eau de 9 m

National September 11 Memorial Museum

PIT STOCK/SHUTTERSTOCK © ARCHITECT: DAVIS BRODY BOND

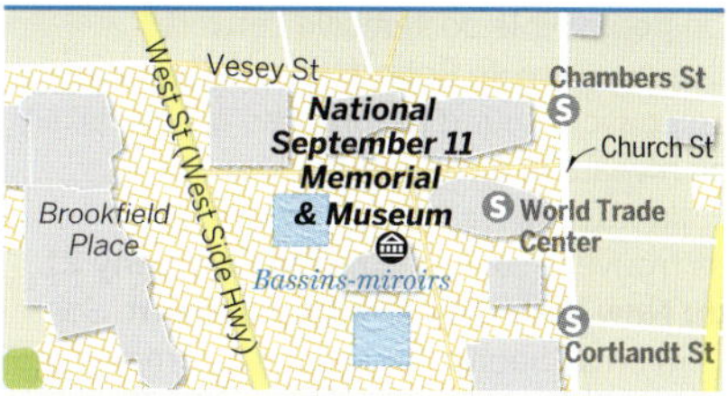

Infos pratiques

Plan p. 260 ; 212-312-8800 ; 911memorial.org/museum ; 180 Greenwich St, Lower Manhattan ; mémorial entrée libre, musée tarif plein/réduit/7-12 ans 26/20/15 $, 17h-20h mar entrée libre ; 9h-20h dim-jeu, 9h-21h ven-sam ; S E jusqu'à World Trade Center, 2/3 jusqu'à Park Pl, R/W jusqu'à Cortlandt St

Une petite faim ?

Tribeca abrite d'excellents restaurants tels que Locanda Verde (p. 126).

★ Bon plan

Pour réduire l'attente, prenez vos billets en ligne ou à l'une des machines à l'extérieur du musée ; dernière entrée 2 heures avant la fermeture.

s'écoulent vers un orifice central. De façon symbolique, des milliers de ruisseaux se rejoignent pour entamer une lente descente vers l'abysse. Ces bassins sont entourés de panneaux en bronze portant les noms des victimes de l'attaque du 11 septembre 2001, ainsi que de l'attentat du World Trade Center du 26 février 1993.

Musée du Mémorial

Le **National September 11 Memorial Museum** renforce la puissance méditative du monument. Logé entre les bassins, le pavillon d'entrée vitré évoque une tour effondrée. À l'intérieur, une rampe glisse vers le principal hall souterrain du musée. Les visiteurs descendent à l'ombre de **deux tridents d'acier**, initialement scellés dans les fondations de la tour nord. Hauts de 24 m et pesant 50 tonnes chacun, ils formaient la structure qui permettait aux tours de s'élever à plus de 415 m de hauteur. Dans l'océan de décombres lié à l'effondrement des tours, ils sont restés debout et sont devenus des symboles de résilience.

Les tridents sont deux éléments parmi les quelque 10 300 pièces que compte la collection du musée, aux côtés notamment du dénommé "**escalier des Survivants**", emprunté par des centaines d'employés pour fuir le site du WTC. Au bas de ces marches se trouve l'émouvante **galerie In Memoriam**, dont les murs sont tapissés des photos et des noms des disparus. Des écrans tactiles et une salle de réflexion s'attardent sur les vies des victimes. Leur humanité est encore un peu plus incarnée par les nombreux effets personnels exposés.

On peut voir le portefeuille couvert de poussière de Robert Joseph Gschaar, un souscripteur d'assurances qui travaillait au niveau 92 de la South Tower.

Juste après la galerie In Memoriam se trouve la caserne **Engine Company 21 du New York City Fire Department**. Son camion à l'habitacle carbonisé, témoignage du brasier qu'ont affronté les soldats du feu, trône à l'entrée de l'Historical Exhibition, principale exposition du musée. Organisée en 3 sections – *Events of the Day*, *Before 9/11* et *After 9/11* –, sa collection de vidéos, enregistrements audio, images, objets et témoignages donne à réfléchir sur la tragédie, les événements qui l'ont précédée (dont l'attentat à la bombe du WTC de 1993) et les histoires de deuil, de résilience et d'espoir qui l'ont suivie.

L'Historical Exhibition est installée dans le monumental **Foundation Hall**, flanqué d'un vaste pan de la paroi moulée d'origine, érigée pour retenir les eaux de l'Hudson pendant la construction des tours. Ce hall abrite la dernière colonne d'acier extraite des décombres, ornée de messages et de souvenirs des reconstructeurs, des premiers secouristes et des proches des victimes.

À voir dans les environs

Trinity Church — Église

(Plan p. 260 ; www.trinitywallstreet.org ; 75 Broadway, au niveau de Wall St, Lower Manhattan ; 7h-18h ; S 1, R/W jusqu'à Rector St ; 2/3, 4/5 jusqu'à Wall St). Achevée en 1846, Trinity Church dominait alors le ciel de New York. Elle est ornée d'un clocher de 84 m et d'un saisissant vitrail

Foundation Hall

au-dessus de l'autel. Dans son cimetière reposent l'un des pères fondateurs du pays, premier secrétaire du Trésor : Alexander Hamilton. Dotée d'une excellente programmation musicale, Trinity Church accueille les *Pipes at One* (récitals d'orgue, à 13h le vendredi) et des spectacles de chorale, dont des nouvelles œuvres commandées par Trinity et une interprétation annuelle du *Messie* de Haendel, en décembre.

★ Angel of 9/11

Surnommée "L'Ange du 11-Septembre", l'une des pièces les plus étonnantes et les plus célèbres du Memorial Museum est un visage de femme en souffrance apparu comme par miracle sur une poutre métallique qui se serait trouvée au point d'impact du vol n°11 d'American Airlines dans la North Tower. Les experts ont une explication plus prosaïque : simple coïncidence due à la corrosion naturelle.

PIT STOCK/SHUTTERSTOCK ©

St Paul's Chapel — Église

(Plan p. 260 ; www.trinitywallstreet.org ; 209 Broadway et Fulton St, Lower Manhattan ; 10h-18h lun-sam, à partir de 7h dim ; S A/C, J/Z, 2/3, 4/5 jusqu'à Fulton St, R/W jusqu'à Cortlandt St). Après son investiture en 1789, George Washington est venu se recueillir dans cette chapelle néoclassique en grès brun. Érigée en 1766, elle a manqué d'être détruite par un incendie en 1776. Le 11 septembre 2001, alors que le World Trade Center s'écroulait à quelques rues de là, elle a une nouvelle fois échappé à la catastrophe. Surnommée la "Petite Chapelle qui a tenu bon", St Paul est restée ouverte 24h/24 pour proposer refuge, soutien psychologique et spirituel et repas aux secouristes et aux pompiers.

African Burial Ground National Monument — Mémorial

(Plan p. 262 ; 212-637-2019 ; www.nps.gov/afbg ; 290 Broadway, entre Duane St et Reade St, Lower Manhattan ; 10h-16h mar-sam tte l'année ; S J/Z jusqu'à Chambers St ; R/W jusqu'à City Hall ; 4/5/6 jusqu'à Brooklyn Bridge-City Hall). GRATUIT En 1991, des ouvriers du bâtiment découvrirent ici plus de 400 cercueils en bois, enfouis à quelques mètres à peine du sol. Ils contenaient les restes d'Afro-Américains des XVIIe et XVIIIe siècles, esclaves et hommes libres, que la Trinity Church, juste à côté, avait refusé, dès 1697, d'inhumer dans son cimetière. Un **mémorial** et un **centre d'information** offrant des expositions instructives rendent hommage aux quelque 15 000 femmes, hommes et enfants ensevelis.

Une petite faim ?

Le Financial District souffre d'une pénurie de bons restaurants, mais on trouve à Brookfield Place (p. 126) des aires de restauration où officient des chefs.

One World Observatory

One World Trade Center

Cette tour étincelante, symbole de la renaissance de Lower Manhattan, s'élève au-dessus des toits de la ville. Sa plateforme d'observation réserve une vue fascinante sur la vaste métropole (et les États voisins).

Comblant le trou béant et douloureux dans la *skyline* de Manhattan, le One World Trade Center symbolise la renaissance, la détermination et la résilience de la ville. Cette gigantesque tour est porteuse de nombreux symboles, consciente du passé et résolument tournée vers l'avenir. Pour les amoureux de New York, elle offre également l'une des vues les plus spectaculaires sur la ville.

Pour ceux qui aiment

☑ Ne ratez pas

La vue renversante en levant les yeux vers le ciel depuis la base de la tour.

L'édifice

S'élançant depuis l'angle nord-ouest du site du World Trade Center, la tour de 104 étages est la nouvelle version, signée David M. Childs, du concept mis au point par Daniel Libeskind en 2002. Cette tour fuselée est actuellement la plus haute tour du continent américain, et la quatrième du monde, antenne

One World Trade Center

ARZI/SHUTTERSTOCK ©

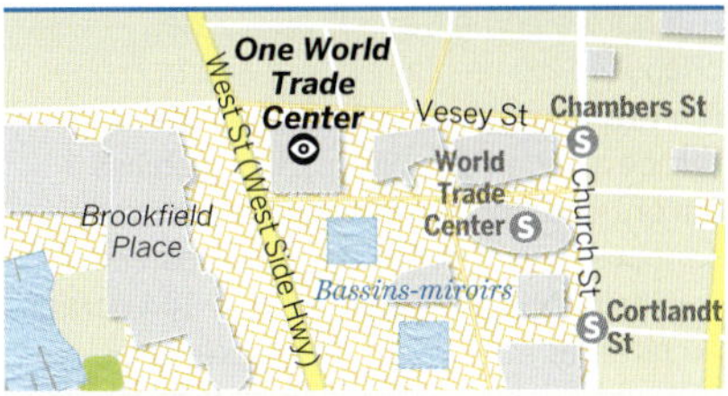

Infos pratiques

One WTC ; plan p. 260 ; www.onewtc.com ; angle West St et Vesey St, Lower Manhattan ; S E jusqu'à World Trade Center, 2/3 jusqu'à Park Pl, A/C, J/Z, 4/5 jusqu'à Fulton St, R/W jusqu'à Cortlandt St

Une petite faim ?

Marchez un *block* vers l'ouest pour rejoindre Brookfield Place (p. 126) et les aires de restauration gastronomique Hudson Eats et Le District.

Bon plan

Achetez vos billets en ligne (www.oneworldobservatory.com/tickets) pour éviter de patienter. C'est au coucher du soleil qu'il y a les plus longues files d'attente.

comprise. Ses angles biseautés forment plusieurs triangles isocèles qui, vus du sol, semblent pointer vers l'infini.

La structure est couronnée d'une antenne à haubans culminant à 124 m. Conçue en collaboration avec le sculpteur Kenneth Snelson, elle donne à l'édifice une hauteur totale de 1 776 pieds (541 m), référence à la date de l'indépendance américaine. Ce bâtiment est chargé de symboles : l'empreinte de la tour au sol est égale à celle des tours jumelles, et les terrasses panoramiques sont situées aux mêmes hauteurs que celles de l'ancien complexe. Le One WTC a été édifié avec une immense attention portée aux questions de sécurité, avec un socle de 61 m de haut résistant aux explosions et serti de plus de 2 000 facettes de verre prismatiques scintillantes, ainsi que des murs de béton de 1 m d'épaisseur entourant tous les ascenseurs, escaliers et systèmes de communication et de sécurité.

Une chose que les architectes et les ingénieurs n'avaient pas prévue : la disposition de l'antenne, qui la rend très bruyante ; les vents qui soufflent à travers son treillis produisent un mugissement qui trouble le sommeil des riverains.

One World Observatory

Le gratte-ciel abrite le **One World Observatory** (plan p. 260 ; 212-602-4000 ; www.oneworldobservatory.com ; 285 Fulton St, angle West St et Vesey St, Lower Manhattan ; tarif plein/réduit/6-12 ans/-5 ans 38/36/32 $/gratuit ; 9h-21h sept-avr, 8h-21h mai-août ; S E jusqu'à World Trade Center, 2/3 jusqu'à Park Pl, A/C, J/Z, 4/5 jusqu'à Fulton St, R/W jusqu'à Cortlandt St), la plus haute terrasse panoramique de la ville. L'observatoire occupe les niveaux 100 à 102, mais l'expérience débute dès l'accueil

(*Global Welcome Center*) au rez-de-chaussée, où un planisphère électronique marque le pays d'origine des visiteurs (grâce au scan des billets). Les bisbilles qui ont entaché la mise au point du projet sont presque oubliées dans l'exposition voisine baptisée "Voices" où, sur 144 écrans, architectes et ouvriers ne tarissent pas d'éloges sur la construction de la tour.

Après un compte rendu sur la géologie du site, vous pénétrerez dans l'un des **5 ascenseurs Sky Pod**, qui comptent parmi les plus rapides au monde. Alors qu'ils entament leur ascension de 381 m, les parois tapissées de LED entrent en action. Vous voilà soudain dans une véritable machine à remonter le temps, témoin de l'évolution de Manhattan qui passe, sous vos yeux, d'île boisée à jungle de béton. En 47 secondes (et 500 ans), vous voici au 102e étage, où une présentation se conclut sur une révélation spectaculaire.

Passez les restaurants du 101e étage et descendez vers le véritable point d'orgue : le **100e étage**, où vous attend un époustouflant panorama à 360°. Brooklyn, les ponts, la statue de la Liberté, le Woolworth Building, l'Empire State Building et le Chrysler Building : tout est là. Besoin d'aide ? Des tablettes interactives programmées en 8 langues sont disponibles pour 15 $. La vue est, bien sûr, extraordinaire (essayez d'y aller par temps clair), dominant les 5 *boroughs* et même les 3 États voisins. Mais pour admirer de près les gratte-ciel de Midtown, préférez l'Empire State Building (p. 70) ou le Top of the Rock, au Rockefeller Center (p. 92).

South Street Seaport District

À voir dans les environs

Woolworth Building — Édifice remarquable

(Plan p. 260 ; ☎203-966-9663 ; woolworthtours.com ; 233 Broadway et Park Pl, Lower Manhattan ; visites 30/60/90 min 20/30/45 $; Ⓢ R/W jusqu'à City Hall, 2/3 jusqu'à Park Pl, 4/5/6 jusqu'à Brooklyn Bridge-City Hall). Cette merveille néogothique signée Cass Gilbert était, avec 60 étages pour 241 m, la plus haute tour du monde en 1913 (avant d'être dépassée par le Chrysler Building en 1930).

★ Le saviez-vous ?

Le One World Trade Center bénéficie d'une conception écologique, avec notamment un système qui collecte les eaux de pluie et traite les eaux usées, et des matériaux de construction majoritairement recyclés.

ASIASTOCK/SHUTTERSTOCK ©

Son hall classé, dont les mosaïques évoquent les splendeurs byzantines, est accessible dans le cadre d'une visite guidée (sur réservation) qui offre des surprises, comme la découverte d'une entrée de métro dédiée et d'une piscine secrète. Lors de son inauguration, le building fut surnommé la “cathédrale du commerce”. Le terme se voulait insultant, mais Franklin Winfield Woolworth, dirigeant de la chaîne de bazars *five-and-dimes*, le prit pour un compliment et le propagea autour de lui. Aujourd'hui les 30 derniers étages ont été transformés en habitations luxueuses, avec notamment une “Pinnacle Penthouse” qui comprend les *sept* derniers étages.

South Street Seaport District — Quartier

(Plan p. 260 ; seaportdistrict.nyc ; Lower Manhattan ; Ⓢ 2/3, 4/5, A/C, J/Z jusqu'à Fulton St). S'il suffit de longer le fleuve vers l'est depuis le Financial District pour rejoindre le Seaport District, l'ambiance, elle, est à des années-lumière de Wall Street. Ce quartier tout en pavés et immeubles anciens préserve fièrement l'héritage de son passé nautique, qui débuta dès le début du XVIIe siècle avec la colonie néerlandaise de New Amsterdam. Une atmosphère décontractée règne dans les bars et les restaurants, un marché se tient le dimanche quand le temps s'y prête, et la reconstruction du **Pier 17** (plan p. 260 ; pier17ny.com ; 89 South St) se traduit par un retour de la cuisine, du commerce et de la culture dans le quartier.

Découvrez l'histoire du quartier au **South Street Seaport Museum** (plan p. 260 ; ☎212-748-8600 ; southstreetseaportmuseum.org ; 12 Fulton St, entre Water St et Front St ; expos et navires tarif plein/enfant 20 $/gratuit, presse d'imprimerie et boutique gratuites ; ⏲navires et centre d'accueil des visiteurs 11h-17h mer-dim, atelier d'impression 11h-19h mar-dim ; 👪).

★ Résidents célèbres

En 2014, le groupe Condé Nast Publications a quitté le 4 Times Square pour s'installer dans le One World Trade Center.

Lower East Side Tenement Museum

Ce musée extrêmement bien fait occupe deux anciens immeubles du XIXe siècle au cœur du Lower East Side, quartier aujourd'hui en pleine gentrification.

Pour ceux qui aiment

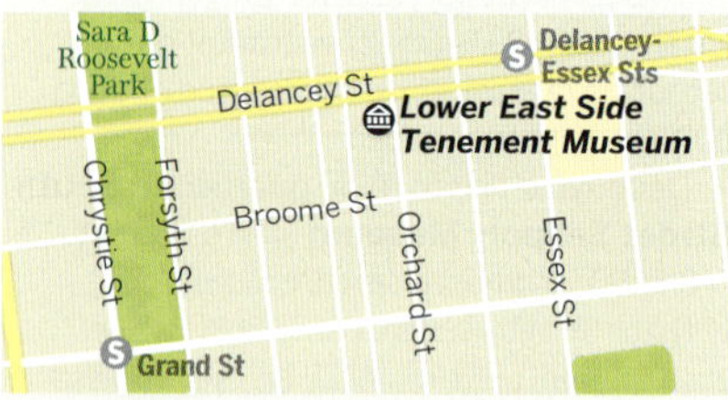

Infos pratiques

Plan p. 262 ; ☎877-975-3786 ; www.tenement.org ; 103 Orchar St, entre Broome St et Delancey St, Lower East Side ; tarif plein/réduit 29/24 $; ⏲centre d'accueil des visiteurs 10h-18h30 ven-mer, jusqu'à 20h30 jeu ; 👪 ; Ⓢ B/D jusqu'à Grand St, J/M/Z jusqu'à Delancey St-Essex St

★ Bon à savoir

Achetez vos billets bien à l'avance pour choisir votre circuit préféré, car les places partent vite.

DW LABS INCORPORATED/SHUTTERSTOCK ©

Visite des logements collectifs

Une vaste gamme de circuits entraîne le visiteur dans le bâtiment où vivaient et travaillaient des centaines d'immigrants au fil des ans. "Hard Times" (la vie dure), l'un des plus populaires, propose la visite d'appartements datant des années 1870 et 1930, deux périodes difficiles. Le visiteur découvre dans quelles conditions sordides – sans électricité ni eau courante, avec de misérables toilettes collectives sur le palier – vivaient locataires et familles. Le témoignage enregistré d'un membre de la famille Baldizzi, qui vivait ici pendant la Grande Dépression, permet de mieux s'imprégner de l'histoire des lieux. D'autres visites mettent l'accent sur les immigrés irlandais, sur les ouvriers ou encore sur la vie commerçante.

103 Orchard St

Le centre d'accueil des visiteurs du 103 Orchard St (datant de 1888) possède une boutique et une petite salle où est projeté un film sur l'histoire et l'impact de l'immigration sur Lower East Side. Plusieurs soirs par mois, le musée y organise des conférences. Le bâtiment était lui-même un immeuble de logements collectifs – demandez au personnel de vous raconter l'histoire des familles européennes qui l'habitaient jadis.

À la rencontre de Victoria

Remontez le temps jusqu'en 1916 et rencontrez Victoria Confino, 14 ans, membre d'une famille séfarade grecque. Interprétée par une actrice en costume, Victoria "vit" au 97 Orchard St et répond

97 Orchard Street

aux questions des visiteurs sur le quotidien de l'époque. Cette visite est recommandée aux enfants car les visiteurs ont le droit de toucher les objets domestiques. La visite dure 1 heure et a lieu 4 fois par jour le week-end toute l'année (et tous les jours en été).

Découverte du quartier

Les visites pédestres sont une excellente façon de comprendre la vie des immigrants. Ces circuits (1 heure 15 à 2 heures) explorent plusieurs thématiques : "Foods of the Lower East Side" étudie la façon dont les mets traditionnels ont façonné la cuisine américaine ; "Outside the Home" et "Building on the Lower East Side" s'intéressent au quotidien des immigrants hors de leur logement – la banque Jarmulowsky où ils déposaient leurs économies –, les églises et synagogues, et l'immeuble du Daily Forward, où les ouvriers se réunissaient et luttaient pour de meilleures conditions de travail.

☑ Ne ratez pas

Le musée organise des dîners à prix fixes, les "Tasting at the Tenements" (45 $), le jeudi à 18h30.

ED ROONEY / ALAMY STOCK PHOTO ©

À voir dans les environs

New Museum of Contemporary Art — Musée

(Plan p. 262 ; ☎212-219-1222 ; .newmuseum.org ; 235 Bowery, entre Stanton St et Rivington St, Lower East Side ; tarif plein/réduit/-18 ans 18/12-15 $/gratuit, entrée sur don jeu 19h-21h ; 11h-18h mar-mer et ven-dim, 11h-21h jeu ; ; S F jusqu'à 2nd Ave, R/W jusqu'à Prince St, J/Z jusqu'à Bowery, 6 jusqu'à Spring St). Le New Museum of Contemporary Art est un édifice (œuvre des architectes Kazuyo Sejima et Ryue Nishizawa de SANAA, à Tokyo, et du cabinet new-yorkais Gensler) formé d'un empilement de blocs de hauteurs distinctes et enveloppés d'une résille uniforme d'aluminium anodisé, offrant un contraste frappant avec les bâtiments en brique et les escaliers de secours en métal alentour. Désormais bien établi, il a fait des émules, et plusieurs édifices voisins ont adopté le même style aérien.

Fondé en 1977 par l'historienne de l'art et conservatrice Marcia Tucker, ce musée, qui a connu cinq emplacements différents, s'est donné pour mission d'innover et de se consacrer uniquement aux artistes émergents. L'institution a offert de la visibilité aux artistes Keith Haring, Joan Jonas, Mary Kelly ou Andres Serrano, au début de leur carrière, et continue de présenter les grands noms de l'art contemporain. Il ferme parfois pour installer de nouvelles expositions ; consultez le site Web.

Une petite faim ?

Croquez un morceau d'histoire dans la fameuse épicerie Russ & Daughters (p. 154), ouverte en 1914.

À la découverte de West Village

Des quartiers de New York, West Village est celui qui se prête le plus à la promenade, avec ses zones pavées bien loin du quadrillage de Manhattan. Offrez-vous cet interlude au cours d'un après-midi, entre trésors cachés et confortables cafés.

Départ Commerce St
Distance 1,9 km ; **Durée** 1 heure

5 Au Christopher Park, faites un tour au **Stonewall National Monument** et au Stonewall Inn – où les émeutes de 1969 donnèrent naissance au mouvement LGBT.

4 Autre site remarquable du petit écran, les marches du **66 Perry St** figuraient à l'entrée de l'immeuble de Carrie Bradshaw dans *Sex and the City*.

3 Faites une pause à la **Buvette** (p. 172), un café façon France d'autrefois, où prendre un noisette ou un galopin.

2 L'immeuble au **90 Bedford** était celui (fictif) de la bande de *Friends*.

6 La **Jefferson Market Library** (1885) fut également un palais de justice et une tour de guet contre les incendies.

Une petite soif ?
Près de Washington Square, **Stumptown Coffee Roasters** (www.stumptowncoffee.com) sert l'un des meilleurs cafés de New York.

La photo à prendre :
le Washington Square Arch

7 Washington Square Park (p. 80) est le point de convergence du Village. Tous s'y retrouvent, étudiants,musiciens, couples enlacés et rois des échecs.

1 Fondé en 1924, le **Cherry Lane Theatre** est le plus ancien établissement off-Broadway de la ville toujours en activité.

Union Square

Union Square est un melting-pot grouillant d'activité. Entre les marches de pierre et le jardin se pressent aussi bien des cadres en costume-cravate prenant l'air pendant leur pause déjeuner, que des joueurs de percussions et de jeunes skateurs s'entraînant dans les escaliers côté sud-est.

Pour ceux qui aiment ...

☑ Ne ratez pas

Le fonctionnement de l'installation artistique *Metronome*.

Opulence et protestation

Ouverte en 1839, cette place est vite devenue un lieu de ralliement pour les habitants des demeures environnantes. La création de salles de concerts et de sociétés artistiques a renforcé l'atmosphère culturelle, et les boutiques de luxe ont rapidement envahi Broadway, surnommé "The Ladies' Mile".

Lorsque la guerre de Sécession éclata, ce vaste lieu public devint le théâtre de manifestations en tous genres, des syndicalistes aux militants politiques. Au plus fort de la Première Guerre mondiale, il n'était plus guère utilisé, permettant à de nombreuses organisations à vocation politique et sociale d'occuper le terrain, parmi lesquelles l'American Civil Liberties Union (ACLU ; Union américaine pour les libertés civiles),

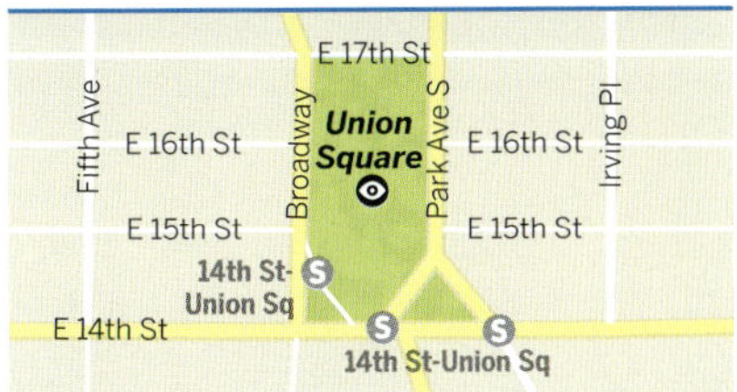

Infos pratiques

Plan p. 266 ; www.unionsquarenyc.org ; 17th St, entre Broadway et Park Ave S, Union Square ; S 4/5/6, N/Q/R, L jusqu'à 14th St-Union Sq

Une petite soif ?

Un cocktail ou un verre de vin chez **Lillie's Victorian Establishment** (plan p. 266 ; ☎ 212-337-1970 ; www.lilliesnyc.com ; 13 E 17th St, entre Broadway et 5th Ave ; ⏲ 11h45-4h lun-ven, 11h-4h sam-dim).

★ Bon plan

Pour un point de vue inouï sur Union Square et l'Empire State Building en arrière-plan, rendez-vous à DSW, un magasin de chaussures installé au 3e niveau d'un bâtiment à l'extrémité sud de la place, ou au café à l'étage du supermarché Whole Foods, juste à côté.

les Partis communiste et socialiste et le Ladies' Garment Workers Union (Syndicat des travailleuses de l'industrie textile). Bien des décennies plus tard, Union Square est toujours un lieu populaire de rassemblements à caractère politique et social, en plus d'accueillir l'un des meilleurs marchés fermiers réguliers de la ville, l'**Union Square Greenmarket** (plan p. 266 ; ☎ 212-788-7476 ; www.grownyc.org/unionsquaregreenmarket ; E 17th St, entre Broadway et Park Ave S ; ⏲ 8h-18h lun, mer, ven et sam) 🍃.

Art public

En vous promenant sur Union Square, vous remarquerez des sculptures temporaires fantaisistes. Parmi les monuments permanents : une imposante statue équestre de George Washington (une des plus anciennes œuvres d'art public de New York) et une statue de Gandhi.

Du côté sud-est de la place, une énorme installation artistique attire les regards dubitatifs des passants, quand elle n'est pas simplement ignorée. Représentation symbolique du temps, le *Metronome* se compose de deux éléments : un dispositif qui crache de la vapeur à midi et minuit à travers des cercles concentriques ; et une horloge digitale affichant 14 chiffres orange à décomposer en deux séries de sept – en partant de la gauche, l'heure actuelle (heures, minutes, secondes et dizième de seconde) et, en partant de la droite, en sens inverse, le temps restant de la journée.

Lullwater

Prospect Park

Inauguré en 1867, le parc préféré des résidents de Brooklyn est un Éden de 237 ha doté d'une splendide prairie, d'un grand lac, de sentiers forestiers et d'un ravin sinueux entouré de collines. Frederick Olmsted et Calvert Vaux, les architectes du parc, le considéraient comme une version améliorée de Central Park, leur autre grand projet new-yorkais.

Pour ceux qui aiment

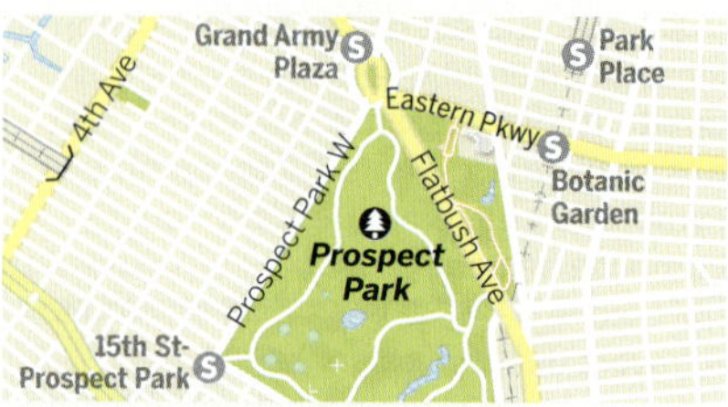

Infos pratiques

Plan p. 272 ; ☎718-965-8951 ; www.prospectpark.org ; Grand Army Plaza ; 🕒5h-1h ; Ⓢ2/3 jusqu'à Grand Army Plaza, G jusqu'à 15th St-Prospect Park, B, Q jusqu'à Prospect Park, Q jusqu'à Parkside Ave

★ Bon à savoir

Les berges de Lullwater, près du pavillon nautique, offrent l'une des plus jolies promenades du parc.

METHA1819/SHUTTERSTOCK ©

Grand Army Plaza

Inspirée de la place de la Concorde à Paris, cette place à l'angle de Flatbush Ave et Prospect Park West marque le début d'Eastern Pkwy et l'entrée de Prospect Park. Elle est dominée par un arc de triomphe, élevé dans les années 1890 en hommage aux combattants de l'Union engagés dans la guerre de Sécession. Une fontaine est ornée d'une statue en bronze de Pomona, déesse de l'Abondance et un **marché de produits fermiers** se tient chaque samedi (8h-16h), à l'angle de Flatbush Ave.

Long Meadow

Cette prairie de 36 ha, plus grande que la Great Lawn de Central Park, se trouve au sud de l'entrée officielle du parc sur Grand Army Plaza. Elle est idéale pour se balader, s'allonger dans l'herbe, jouer au football, promener son chien ou faire du cerf-volant. Au sud, **Picnic House** dispose d'un snack et de toilettes publiques.

Children's Corner

Près de Flatbush Ave, le Children's Corner compte un **carrousel** (1912), autrefois installé à Coney Island et le **Prospect Park Zoo** (plan p. 272 ; ☎718-399-7339 ; prospectparkzoo.com ; 450 Flatbush Ave ; tarif plein/enfant 10/7 $; ⏲10h-17h lun-ven, 10h-17h30 sam-dim avr-oct, 10h-16h30 nov-mars ; 👪) héberge otaries, pandas roux, wallabies et une mini-ferme. On peut aussi visiter la **Lefferts Historic House** (☎718-789-2822 ; prospectpark.org/lefferts ; adulte/enfant 3 $/entrée libre ; ⏲12h-17h jeu-dim avr-juin, sept-oct, 12h-18h juil-août, 12h-16h sam-dim nov-déc ; 👪), une maison d'époque du XVIIIe siècle de

The Boathouse

fermiers néerlandais de Brooklyn ; un régal pour les enfants. La maison est fermée depuis le printemps 2020 pour rénovation.

The Boathouse

Situé sur un bras nord du Prospect Park Lake, ce pavillon nautique (qui abrite le Prospect Park Audubon Center) offre un large choix d'activités (observation des oiseaux, cours de yoga gratuits, expos artistiques sur le thème de la nature, activités manuelles pour enfants, etc.). Alentour, se déroulent 4 km de **sentiers bucoliques** (celui qui longe Lullwater Creek est très agréable). Téléchargez un plan sur le site Web.

☑ Ne ratez pas

Les concerts en plein air du Prospect Park Bandshell.

ELZBIETA SEKOWSKA/SHUTTERSTOCK ©

LeFrak Center at Lakeside

Voici 10 ha pour s'amuser en toutes saisons. **LeFrak Center** (plan p. 272 ; ☎718-462-0010 ; lakesideprospectpark.com ; 171 East Dr, près de Ocean Ave et Parkside Ave ; skate 7,25-10 $, location skate 7 $, location bateau 16-36 $/heure, location vélo 13-38 $/heure ; ⏲horaires variables ; 👪) propose des activités et compte un café, des sentiers et un espace pour des concerts.

À voir dans les environs

Brooklyn Museum — Musée

(Plan p. 272 ; ☎718-638-5000 ; brooklynmuseum.org ; 200 Eastern Pkwy ; tarif plein/réduit/-19 ans 16/10 $/gratuit ; ⏲11h-18h mer et ven-dim, 11h-22h jeu ; 👪 ; S 2/3 jusqu'à Eastern Pkwy-Brooklyn Museum). Imaginé comme l'élément phare du Brooklyn Institute (XIXe siècle), ce musée encyclopédique occupe un édifice de style éclectique conservant plus de 1,5 million de pièces – sarcophages de l'Égypte antique, mobilier du XIXe siècle et innombrables œuvres d'art. Cette institution élégante et spacieuce est très agréable à explorer. Outre la collection permanente, vous pourrez voir des expositions temporaires suscitant la réflexion, sur des sujets divers, des rétrospectives d'art européen à l'art contemporain.

Brooklyn Botanic Garden — Jardin

(Plan p. 272 ; ☎718-623-7200 ; bbg.org ; 150 Eastern Pkwy ; tarif plein/réduit/-12 ans 18/12 $/gratuit, entrée libre 8h-12h ven et mar-ven déc-fév ; ⏲8h-18h mar-ven, 10h-18h sam-dim mars-oct, horaires restreints nov-fév ; 👪 ; S 2/3 jusqu'à Eastern Pkwy-Brooklyn Museum, B, Q jusqu'à Prospect Park). Ce jardin de 21 ha, ouvert en 1911, compte des milliers de plantes et d'arbres. Dans le **jardin japonais**, des tortues nagent dans un bassin près d'un sanctuaire shinto.

✕ Une petite faim ?

D'avril à octobre, un marché de cuisine de rue en plein air appelé Smorgasburg (p. 144) s'installe tous les dimanches, juste au sud du pavillon nautique.

Metropolitan Opera House (p. 116)

Lincoln Center

Cet ensemble étincelant de temples modernes est dédié à la musique, au spectacle vivant et au cinéma. Il offre les salles de spectacles les plus renommées de Manhattan, comme le Metropolitan Opera, le New York City Ballet et l'Orchestre philharmonique de New York.

Pour ceux qui aiment

☑ Ne ratez pas

La boutique du Met Opera propose tout éventail d'objets pour mélomanes et un vaste choix de CD et de DVD de musique classique.

Construction et reconstruction

Ce vaste campus artistique a été construit dans les années 1960 en lieu et place d'un quartier résidentiel, majoritairement afro-américain, afro-caribéen et portoricain, appelé San Juan Hill (rasé sans ménagement par l'urbaniste Robert Moses) et immortalisé dans la comédie musicale *West Side Story*.

Sur le plan architectural, le Lincoln Center reçut nombre de critiques, portant sur son aspect de forteresse, son classicisme et son acoustique très moyenne. Le cinquantenaire du centre en 2009-2010 a fourni l'occasion à Diller Scofidio + Renfro, entre autres agences d'architecture, de redessiner un Lincoln Center plus contemporain, bien accueilli.

Infos pratiques

Plan p. 270 ; 212-875-5456, visites guidées 212-875-5350 ; www.lincolncenter.org ; Columbus Ave, entre 62nd St et 66th St ; visites tarif plein/réduit 25/20 $; visites guidées 11h30 et 13h30 lun-sam, 15h dim ; ; S 1, 2, 3 jusqu'à 66th St-Lincoln Center, A/C ou B/D jusqu'à 59th St-Columbus Circle

Une petite soif ?

Le bar sur le toit de l'Empire Hotel (p. 177) est l'un des plus grands et des plus séduisants de la ville.

★ Bon plan

Le New York Philharmonic, le New York City Ballet et le Metropolitan Opera proposent des billets de dernière minute à prix cassés en ligne.

Incontournables

Ne manquez pas les trois édifices d'inspiration classique du **Metropolitan Opera** – dont le hall principal est orné de fresques signées Marc Chagall –, du **David Geffen Hall**, et du **David H Koch Theater**, conçu par Philip Johnson. Ils bordent la place centrale, sur Columbus Ave, entre 62nd St et 65th St. Au centre de celle-ci, la **fontaine Revson** est un spectacle à elle seule, quand elle se pare de son éclairage nocturne (à 18h environ).

Plusieurs édifices rénovés méritent le coup d'œil notamment l'**Alice Tully Hall**, avec sa façade anguleuse translucide contemporaine, et le **David Rubenstein Atrium** (plan p. 270 ; 212-721-6500 ; atrium.lincolncenter.org ; 61 W 62nd St, à Broadway ; atrium 8h-22h lun-ven, 9h-22h sam et dim, billetterie 12h-19h lun-sam, 12h-17h dim), espace public à l'arrière de l'Empire Hotel avec un espace salon (Wi-Fi gratuit), un café et un kiosque d'information. Des événements gratuits y sont organisés le jeudi soir, au moment où débutent les visites du Lincoln Center.

Représentations et projections

Chaque soir, le Lincoln Center donne au moins 10 spectacles, et davantage en été, lorsque le **Lincoln Center Out of Doors** (série de spectacles de danse et de concerts) et le **Midsummer Night Swing** (bal sous les étoiles) invitent la culture dans les parcs. Pour des détails sur les billets et la programmation – qui réunit opéra, danse, théâtre et ballet –, consultez le site Internet.

Metropolitan Opera

Résidence de la principale compagnie d'opéra de New York, le **Metropolitan Opera** (plan p. 270 ; ☎billets 212-362-6000, circuits 212-769-7028 ; www.metopera.org ; Columbus Ave au niveau de W 64th St ; billet 25-480 $; ⏲guichet 10h-22h lun-sam, 12h-18h dim ; S1 jusqu'à 66th St-Lincoln Center) est une référence internationale pour le répertoire lyrique classique. On vient y écouter *La Bohème*, *Madame Butterfly* ou *Macbeth*. Il accueille aussi les premières et les reprises d'œuvres plus contemporaines telles que *The Death of Klinghoffer* de John Adams. La saison s'étend de septembre à avril.

Les billets coûtent de 32 à 500 $. Notez que les places en loge sont parfois peu chères mais, à moins d'être situé juste au-dessus de la scène, la vue est très mauvaise. Vous devrez vous asseoir et pencher la tête par-dessus la rambarde.

New York City Ballet

Le **New York City Ballet** (plan p. 270 ; ☎212-496-0600 ; www.nycballet.com ; Columbus Ave et W 63rd St ; billets 39-204 $; ⏲billetterie 10h-19h30 lun, 10h-20h30 mar-sam, 11h30-19h30 dim ; 👪 ; S1 jusqu'à 66th St-Lincoln Center) prestigieuse compagnie, fut dirigée dans les années 1940 par le célèbre chorégraphe d'origine russe George Balanchine. C'est aujourd'hui la plus grande formation permanente de danse du pays. Elle se produit 23 semaines par an sur la scène du David H. Koch Theater. Pour les -30 ans, des billets à 30 $ sont proposés à la dernière minute. Chaque fin d'année, la représentation du *Casse-Noisette* de George Balanchine est extrêmement

American Museum of Natural History

populaire (billets en vente à partir de septembre : réservez tôt).

New York Philharmonic

Le plus ancien **orchestre** (plan p. 270 ; 212-875-5656 ; www.nyphil.org ; Colum-bus Ave au niveau de W 65th St ; billets 29-125 $; ; S 1 jusqu'à 66 St-Lincoln Center) professionnel des États-Unis (1842) se produit en saison au David Geffen Hall ; le chef d'orchestre Jaap van Zweden a remplacé Alan Gilbert en 2017. L'orchestre joue des classiques (Tchaïkovski, Mahler, Haydn) et des œuvres contemporaines, et propose des concerts pour les enfants. Si vos moyens sont limités, des répétitions publiques ont lieu plusieurs fois par mois et débutent le jour du concert à 9h45, pour 22 $.

★ En coulisses

Visites guidées du Lincoln Center (25 $), 2 fois par jour du lundi au samedi, plus une visite le dimanche, qui débutent au David Rubenstein Atrium. Visites des coulisses de la Metropolitan Opera House (30 $) en semaine à 15h et le dimanche à 10h30 et 13h30 en saison.

DIEGO GRANDI/SHUTTERSTOCK ©

À voir dans les environs

American Museum of Natural History — Musée

(Plan p. 270 ; www.amnh.org ; Central Park West, au niveau de 79th St ; tarif plein/réduit/3-12 ans 23/18/13 $; 10h-17h45 ; S C jusqu'à 81st St-Museum of Natural History, 1 jusqu'à 79th St). Fondé en 1869, ce musée possède une collection de plus de 34 millions de pièces – dont d'impressionnants squelettes de dinosaures –, ainsi que le **Rose Center for Earth & Space** et un planétarium ultramoderne. D'octobre à mai, on y découvre le **Butterfly Conservatory**, où volettent plus de 500 papillons du monde entier.

Mais le musée est avant tout connu pour sa section **Fossil Halls**, de vastes salles lumineuses présentant près de 600 spécimens de fossiles, dont un apatosaure, un titanosaure et un terrifiant *Tyrannosaurus rex*.

De nombreuses autres salles sont dédiées aux animaux (l'ours brun d'Alaska et l'orignal géant empaillés font toujours sensation), aux pierres précieuses ou aux minéraux, et le cinéma IMAX programme des films sur les phénomènes naturels. Au niveau de 77th St, la Grand Gallery vous accueillera avec un canoë de 19 m.

Pour voir les spectacles du planétarium, une séance en IMAX ou certaines expositions (payantes), vous devrez payer le prix du billet d'entrée combiné à une exposition (tarif plein/réduit/3-12 ans 28/22,50/16,50 $) ou à toutes les expositions (33/27/20 $).

En 2019, le musée a entrepris des travaux d'extension. Le projet devrait s'achever en 2022 et comprend le Richard Gilder Center for Science, Education and Innovation.

Coney Island

Coney Island est l'un des parcs d'attractions les plus populaires de New York. En été, une foule de visiteurs vient profiter de ses hot dogs, ses montagnes russes, ses matchs de base-ball et pour déambuler le long de sa promenade.

Pour ceux qui aiment

☑ Ne ratez pas

Faites un tour sur Cyclone, puis gagnez la promenade pour savourer une bière bien fraîche.

Le jour sur la plage...

Jadis, Coney Island évoquait dans la culture américaine la plage et les promenades au bord de l'eau. Le lieu est devenu renommé au début du XXe siècle pour ses parcs d'attractions et son complexe balnéaire. Après des décennies de déclin, son charme suranné connaît aujourd'hui un regain d'intérêt. Bien que l'endroit ne soit plus la grande attraction de la péninsule, il continue d'attirer des foules de touristes et d'habitants qui viennent profiter des montagnes russes, des hot dogs et d'une bière sur la promenade.

Luna Park (☎718-373-5862 ; www.lunaparknyc.com ; 1000 Surf Ave, au niveau de W 10th St ; ⏲avr-oct) est l'un des parcs d'attractions les plus populaires de Coney Island. Il compte la mythique montagne russe en bois : Cyclone (10 $) qui atteint

Deno's Wonder Wheel

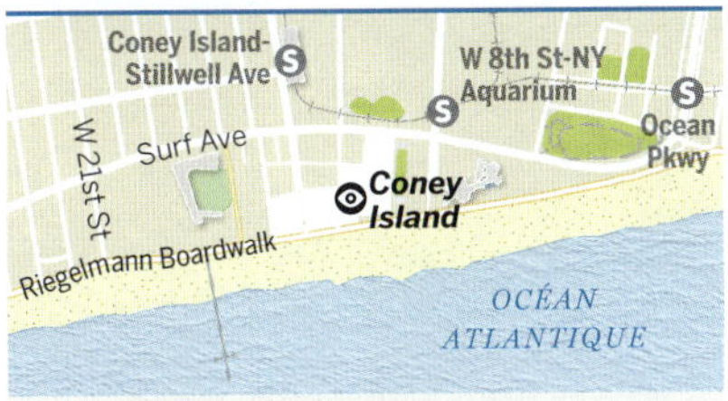

Infos pratiques

Surf Ave et Boardwalk, entre W 15th St et W 8th St ; S D/F, N/Q jusqu'à Coney Island-Stillwell Ave

Une petite faim ?

Totonno's (☎718-372-8606 ; www.totonnosconeyisland.com ; 1524 Neptune Ave, au niveau de W 16th St, Coney Island ; pizzas 20-23 $, garnitures en supp 2,50 $; ⌚12h-20h jeu-dim ; ✎) est l'une des plus anciennes et des plus authentiques pizzerias de Brooklyn.

Bon plan

Allez-y en semaine dans la journée pour éviter la foule et les longues files d'attente.

la vitesse de 95 km/h et chute presque à la verticale. Rose et vert menthe, la grande roue **Deno's Wonder Wheel** (☎718-372-2592 ; www.denoswonderwheel.com ; 1025 Riegelmann Boardwalk, au niveau de W 12th St ; tour de grande roue 10 $; ⌚à partir de 12h tlj juil-août, sam-dim avr-juin et sept-oct ; 👪) ravit les New-Yorkais depuis 1920. C'est de là qu'on a le meilleur point de vue sur Coney Island.

Le hot dog aurait été inventé à Coney Island en 1867, et le meilleur endroit pour en déguster est **Nathan's Famous** (☎718-333-2202 ; www.nathansfamous.com ; 1310 Surf Ave, au niveau de Stillwell Ave ; hot dogs à partir de 5 $; ⌚10h-23h lun-jeu, 10h-minuit ven, 9h-minuit sam, 10h-23h dim ; 📶), fondé en 1916. Pour se désaltérer, **Ruby's** (☎718-975-7829 ; www.rubysbar.com ; 1213 Riegelmann Boardwalk, entre Stillwell Ave et W 12th St ; ⌚10h30-22h lun-jeu, jusqu'à 1h ven, jusqu'à minuit sam-dim avr-sept, sam-dim oct) est un troquet légendaire sur la promenade.

... et la nuit au stade

Terminez votre journée par un match de base-ball en encourageant les **Brooklyn Cyclones** (☎718-372-5596 ; www.brooklyncyclones.com ; 1904 Surf Ave et W 17th St ; billets 10-19 $, mer 10 $), surtout s'ils affrontent l'équipe rivale des Staten Island Yankees. Sinon, sirotez une bière sur la promenade en contemplant le coucher de soleil. Chaque vendredi soir en juillet-août, on peut admirer un feu d'artifice à partir de 21h30.

THE BUTCHER'S DAUGHTER
JUICE BAR & CAFE NEW YORK
THE BUTCHER'S DAUGHTER
BROOKLYN

SE RESTAURER

Cuisine gastronomique, pizzas et repas bon marché

Se restaurer

Des cuisines du monde aux petites habitudes éminemment new-yorkaises, la scène culinaire de la Grosse Pomme est un hommage à la diversité de sa population. Que vous soyez ou non un fin gourmet en quête de cuisines ethniques ou à l'affût des dernières créations du chef à la mode, sachez que des repas inoubliables se présenteront à chaque coin de rue.

Dans ce chapitre

Échelle de prix et pourboire

Les symboles ci-dessous correspondent à un plat principal, hors taxes et pourboire.

$ moins de 15 $
$$ 15-25 $
$$$ plus de 25 $

Les New-Yorkais majorent généralement l'addition de 18 à 20%. Lorsqu'on commande à emporter, il est bien vu de déposer quelques dollars dans le récipient prévu à cet effet (ou ajouter 10% à 15% lors de la commande sur Internet).

Page précédente : Butcher's Daughter (p. 129)

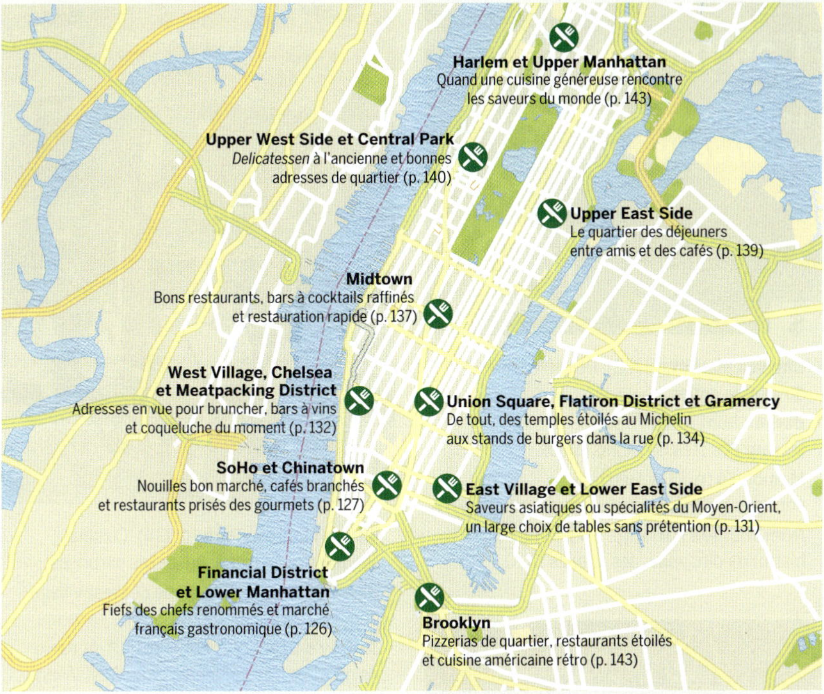

Sites Web et blogs

Yelp (yelp.com). Contenus et critiques d'utilisateurs ; très complet.

Open Table (opentable.com). Service de réservation de restaurants.

Tasting Table (tastingtable.com). Informations sur les meilleures tables et les plus récentes.

The Infatuation (theinfatuation.com/new-york). Épluche guides et comptes-rendus pour conseiller des restaurants.

Eater (ny.eater.com). Actualités culinaires et critiques de restaurants.

Les spécialités

Bagel Parfait pour commencer la journée, et encore meilleur avec du fromage à tartiner.

Pizza L'en-cas idéal à tout moment de la journée, servi dans les pizzerias partout en ville.

Hot dog Simple ou plus raffiné, il est meilleur avec de la moutarde brune et des oignons caramélisés.

New York-Style Cheesecake Dessert légendaire avec une base biscuitée surmontée de fromage frais.

Les meilleurs...

Le top des restaurants et cafés de New York

$

Chelsea Market (p. 132). Des spécialités du monde entier.

Burger Joint (p. 138). Un lieu dissimulé servant des steaks hachés juteux.

Mamoun's (p. 132). Lieu réputé pour ses sandwichs *chawarma* épicés.

Nom Wah Tea Parlor (p. 127). Authentique bistrot de dim sums des années 1920.

$$

Upstate (p. 131). Pour un festin de fruits de mer dans East Village.

Ivan Ramen (p. 131). Succulents bols de nouilles au bouillon préparés avec art.

Roberta's (photo ; p. 144). Pizzeria branchée de Williamsburg, avec un bar dans le jardin.

Butcher's Daughter (p. 129). Café-bar végétalien très couru, avec une ambiance.

$$$

Eleven Madison Park (p. 134). Cuisine avant-gardiste truffée de belles surprises.

Blue Hill (p. 132). Une icône de West Village dont les ingrédients sont issus de sa ferme.

Jeffrey's Grocery (photo ; p. 132). Adresse de quartier très appréciée dans West Village.

Locanda Verde (p. 126). Un cadre moderne pour une cuisine gastronomique italienne.

Asiatique

Uncle Boons (p. 128). Cuisine thaïlandaise pleine d'originalité étoilée au Michelin.

Zenkichi (p. 145). Temple du sushi éclairé aux bougies.

Totto Ramen (p. 137). Sans doute les meilleurs ramen (photo) de New York.

Végétarien et végétalien

Nix (p. 134). Cuisine végétarienne étoilée au Michelin, dans West Village.

Blossom on Columbus (p. 141). Tofu bénédicte, risotto aux shiitakés et autres délices.

Modern Love (p. 144). Classiques réconfortants et plats végans à se damner.

Brunchs

Cookshop (photo ; p. 133). Bonne adresse de Chelsea pour s'asseoir dedans ou dehors.

BLVD Bistro (p. 143). Incontournable à Harlem pour ses spécialités du Sud.

Five Leaves (photo ; p. 145). Les pancakes à la ricotta et la tarte Bloody Mary sont un must.

Adresses immuables

Barney Greengrass (p. 140). Saumon fumé et esturgeons préparés à la perfection depuis plus de 100 ans.

Russ & Daughters Cafe (photo ; p. 131). Le café haut de gamme de la famille Russ s'approvisionne dans l'épicerie juive familiale.

Margon (p. 139). Snack-bar cubain indémodable et sans chichis, dans Midtown.

★ La sélection de Lonely Planet

Chefs Club (p. 130). Des chefs du monde entier présentent leurs recettes savoureuses.

Modern (p. 137). Cuisine étoilée au Michelin au bord du jardin de sculptures du MoMA.

RedFarm (p. 133). Cuisine chinoise raffinée aux saveurs audacieuses, qui ne se prend pas au sérieux.

Wayan (p. 129). Un espace chaleureux à NoLita et une cuisine balinaise de haut vol, mâtinée de saveurs françaises.

Uncle Boons (p. 128). Restaurant thaïlandais étoilé, ambiance festive et cocktails d'inspiration asiatique.

Financial District et Lower Manhattan

Bluestone Lane Café $

(Plan p. 260 ; ☎718-374-6858 ; bluestonelaneny.com ; 30 Broad St, Financial District ; ⌚7h-17h lun-ven, 8h-16h sam-dim ; S J/Z jusqu'à Broad St, 2/3, 4/5 jusqu'à Wall St). Deuxième antenne new-yorkaise de cette chaîne australienne bien implantée aux États-Unis, ce petit établissement niché au coin d'un immeuble Art déco déborde d'objets évoquant Melbourne. Outre une poignée de traders, s'y retrouvent des Australiens soignant leur mal du pays avec un café "flat white" et des en-cas comme le toast à l'avocat (8 $), un classique australien.

Brookfield Place Restaurants $$

(Plan p. 260 ; ☎212-978-1673 ; bfplny.com ; 230 Vesey St, West St, Lower Manhattan ; Wi-Fi ; S E jusqu'à World Trade Center ; 2/3 jusqu'à Park Pl ; R/W jusqu'à Cortlandt St ; 4/5 jusqu'à Fulton St ; A/C jusqu'à Chambers St). Outre des bureaux et des magasins, ce complexe chic abrite deux superbes zones de restauration. Les amateurs de cuisine hexagonale se retrouvent dans **Le District** (plan p. 260 ; ☎212-981-8588 ; ledistrict.com ; plats marché 12-30 $, plats dîner Beaubourg 19-36 $; ⌚horaires variables), un marché où l'on salive devant les stands et les restaurants vendant de tout, des fromages odorants au bœuf bourguignon. À l'étage, l'**Hudson Eats** (plan p. 260 ; ☎212-978-1698 ; bfplny.com/directory/food ; plats à partir de 7 $; ⌚8h-21h lun-sam, 8h-19h dim ; Wi-Fi) est un espace branché pour des en-cas : sushis, tacos, salades, burgers, etc.

Locanda Verde Italien $$$

(Plan p. 262 ; ☎212-925-3797 ; locandaverdenyc.com ; 377 Greenwich St, au niveau de Moore St, Tribeca ; plats déj 25-36 $, dîner 27-65 $; ⌚7h-23h lun-jeu, 7h-23h30 ven, 8h-23h30 sam, 8h-23h dim ; S 1 jusqu'à Franklin St, A/C/E jusqu'à Canal St). Donnant sur la rue au Greenwich Hotel, ce restaurant italien gastronomique tenu par Andrew Carmellini a un cadre superbe où est attablée une clientèle venue en nombre pour l'excellente cuisine – espadon et salade de farro, *orecchiette* et saucisses de canard ou encore *rigatoni* accompagnées d'une bolognaise de veau.

Nom Wah Tea Parlor

GUILLAUME GAUDET/LONELY PLANET ©

Tiny's & the Bar Upstairs Américain $$$

(Plan p. 262 ; ☎212-374-1135 ; tinysnyc.com ; 135 W Broadway, entre Thomas St et Duane St, Tribeca ; plats déj 13-19 $, dîner 25-34 $; 8h-minuit ; S 1 jusqu'à Franklin St, A, C jusqu'à Chambers St). L'intérieur de cette maison de ville de Tribeca datant de 1810 (papier peint ancien, plafond étamé d'origine, comptoir en marbre et cuivre pressé, carreaux peints à la main) vaut à lui seul une visite, mais vous ne regretterez pas de rester pour un cocktail ou un repas. La cuisine américaine moderne a des accents français, comme avec le canard poêlé aux navets et échalotes ou les moules au safran.

Bâtard Européen $$$

(Plan p. 262 ; ☎212-219-2777 ; batardtribeca.com ; 239 W Broadway, entre Walker St et White St, Tribeca ; menu 2/3/4 plats 65/89/99 $; 17h30-22h lun-mer, 17h30-22h30 jeu-sam ; S 1 jusqu'à Franklin St, A/C/E jusqu'à Canal St). Le chef autrichien Markus Glocker est à la tête de ce chaleureux établissement étoilé dont la décoration épurée ne viendra pas détourner l'attention du contenu de votre assiette. Les plats de Glocker sont un parfait exemple de cuisines française et italienne traditionnelles. Au menu (à prix fixe) : succulent bar rayé avec ses chanterelles ou encore délicieuses tagliatelles avec filet d'agneau rôti, olives et pecorino.

SoHo et Chinatown

Nom Wah Tea Parlor Chinois $

(Plan p. 262 ; ☎212-962-6047 ; nomwah.com ; 13 Doyers St, Chinatown ; dim sum à partir de 4 $; 10h30-22h dim-mer, 10h30-23h ven-sam ; S J/Z jusqu'à Chambers St ; 4/5/6 jusqu'à Brooklyn Bridge-City Hall). Niché au fond d'une ruelle depuis les années 1920, le Nom Wah Tea Parlor est le plus ancien restaurant de dim sums de la ville. Installez-vous sur une des banquettes rouges ou au comptoir et cochez sur le menu ce que vous souhaitez manger : petits pains au porc rôti, raviolis à la soupe de Shanghai, crevettes Siu Maï… tout est délicieux.

L'assiette dans les étoiles

New York est dans le peloton de tête des villes étoilées au Michelin, avec 75 adresses. Si l'addition y est souvent salée, nombre de ces adresses n'acceptent les réservations qu'une à deux semaines à l'avance

Dans Midtown, **Le Bernardin** (le-bernardin.com), avec ses 3 étoiles, sert de fantastiques produits de la mer préparés par le célèbre chef français Éric Ripert. Auréolé de 2 étoiles, le Modern (p. 137) domine le jardin de sculptures du MoMA. Avec 3 étoiles, Eleven Madison Park (p. 134), élu meilleur restaurant du monde en 2017, est désormais plus accessible grâce à l'ajout de tables au bar où l'on peut tester le menu dégustation, pour 175 $.

Il existe des tables à une étoile moins onéreuses. À Tribeca, le restaurant franco-italien Bâtard autorise à apporter sa propre bouteille le lundi, sans supplément, tandis qu'Agern (p. 137) propose des menus au déjeuner de nouvelle cuisine nordique à prix imbattables. Côté Asie, essayez Uncle Boons (p. 128), charmante adresse de SoHo, ou le JeJu Noodle Bar (p. 132), dans West Village. Végétarien ou végétalien ? Filez chez Nix (p. 134).

Dominique Ansel Bakery Pâtisserie $

(Plan p. 262 ; ☎212-219-2773 ; dominiqueansel.com ; 189 Spring St, entre Sullivan St et Thompson St, SoHo ; desserts 5-8 $; 8h-19h lun-sam, 9h-19h dim ; S C/E jusqu'à Spring St). Réputée pour ses cronuts (croisement entre le croissant et le donut), l'une des meilleures pâtisseries de New York vend d'autres douceurs, dont du kouign-amann breton, des tartes ou encore un paris-new york, en fait un paris-brest revisité (chocolat-caramel-cacahuètes). Pour un cronut, présentez-vous avant 7h30 en semaine (plus tôt le week-end), avant qu'ils ne soient tous vendus.

Où est passé le vrai Little Italy ?

À l'apogée de l'immigration italienne à New York, entre les années 1880 et 1920, le quartier situé entre SoHo et Chinatown est devenu un nid de micro-communautés : les Siciliens vivaient dans Elizabeth St, les Napolitains dans Mulberry St et les Calabrais dans Mott St. La mafia new-yorkaise est née dans ces rues. Martin Scorsese a grandi dans Elizabeth St. Il était enfant de chœur à l'ancienne cathédrale Saint-Patrick, située dans Mulberry St, où il a tourné des années plus tard une scène de *Mean Streets*.

Mais depuis près de 50 ans, cet authentique quartier italien est progressivement devenu une parodie de lui-même. Si l'on trouve toujours quelques restaurants aux nappes à carreaux rouges et blancs autour de Mulberry St, dont **Lombardi's** (la plus vieille pizzeria d'Amérique, ouverte en 1905), ils sont surtout fréquentés par les touristes et la cuisine laisse à désirer. Pour déguster une véritable cuisine italo-américaine, trouver les meilleures boulangeries de cannolis ou observer le pétrissage des pâtes, l'étirage de la mozzarella et la confection des paninis dans des boutiques artisanales, il faut se rendre dans le Bronx, dans **Arthur Avenue**, considérée aujourd'hui comme le "véritable Little Italy". Prendre le Metro North à destination de Fordham au Grand Central Terminal, ou les lignes B/D du métro jusqu'à la station Fordham Rd.

Lombardi's
DAN HERRICK/LONELY PLANET ©

Two Hands Café $

(Plan p. 262 ; twohandsnyc.com ; 164 Mott St, entre Broome St et Grand St, Nolita ; plats 11-16 $; 8h-17h ; B/D jusqu'à Grand St, J/Z jusqu'à Bowery). Cet établissement restitue l'ambiance à la fois détendue et sophistiquée des cafés australiens. Laissez-vous transporter au pays des kangourous grâce aux breuvages de petits producteurs et aux en-cas originaux comme les beignets de maïs (14 $) sur lit de pousses d'épinards, servis avec avocat, crème fraîche, pickles de betterave et piment, ou le on-ne-peut-plus-sain *açai bowl*.

Canal Street Market Marché $

(Plan p. 262 ; canalstreet.market ; 265 Canal St, entre Broadway et Lafayette St ; alimentation 10h-22h lun-sam, 10h-18h dim, boutiques 11h-19h lun-sam, 11h-18h dim ; 6, N/Q/R/W jusqu'à Canal St). Dans ce marché, à la frontière entre Chinatown et SoHo, l'espace gastronomique aux airs de hangar offre un tour du monde des saveurs (glaces râpées japonaises, ceviche, produits fermiers de saison, etc.), tandis que l'espace mode vend notamment des skateboards vintage, des vêtements K-pop et des bijoux fabriqués à New York.

Uncle Boons Thaïlandais $$

(Plan p. 262 ; 646-370-6650 ; uncleboons.com ; 7 Spring St, entre Elizabeth St et Bowery, Nolita ; petite assiette 15-18 $, grande assiette 25-31 $; 17h30-23h dim-jeu, 17h30-minuit ven-sam ; J/Z jusqu'à Bowery, 6 jusqu'à Spring St). Uncle Boons sert une cuisine étoilée au milieu de panneaux de bois rétro, d'affiches de films thaïlandais et de vieilles photos de famille. Les plats copieux et créatifs mêlent tradition et innovation, comme le *kob woonsen* (cuisses de grenouilles marinées à l'ail et au soja), le *koong* (crevettes grillées) et le *kaduuk* (moelle rôtie au saté).

Charlie Bird Italien $$$

(Plan p. 262 ; 212-235-7133 ; charliebirdnyc.com ; 5 King St, entrée sur la 6th Ave, SoHo ; petites assiettes 12-21 $, plats 21-36 $; 12h-23h lun-jeu, 12h-minuit ven, 11h30-minuit sam, 11h30-23h dim ; C/E jusqu'à Spring St, 1 jusqu'à Houston St). Tout à l'ouest de SoHo, cet étroit restaurant fait la part belle aux produits locaux, au savoir-faire italien et aux détournements créatifs. Installez-vous au bar ou dans un fauteuil, et savourez les plats (bar à la sauce verte, foie de poulet à la mostarda pomme-crabe, etc.). Belle carte des vins.

Butcher's Daughter Végétarien $$

(Plan p. 262 ; ☎212-219-3434 ; thebutchersdaughter.com ; 19 Kenmare St, au niveau d'Elizabeth St, Nolita ; salades et sandwichs 13-15 $, plats dîner 15-18 $; ⌚8h-22h ; ✎ ; Ⓢ J jusqu'à Bowery, 6 jusqu'à Spring St). La "fille du boucher" s'est définitivement émancipée et ne sert plus que des plats végétariens. La cuisine y est saine et divine : muesli bio, salade César au chou kale avec parmesan d'amande (végétalien), ou *Butcher's burger* (steak de haricots rouges).

Rubirosa Pizzeria $$

(Plan p. 262 ; ☎212-965-0500 ; rubirosanyc.com ; 235 Mulberry St, entre Spring St et Prince St, Nolita ; pizzas 20-32 $, plats 13-34 $; ⌚11h30-23h dim-mer, 11h30-minuit jeu-sam ; Ⓢ N/R jusqu'à Prince St ; B/D/F/M jusqu'à Broadway-Lafayette St ; 6 jusqu'à Spring St). Préparées selon une infaillible recette de famille, les pizzas extrafines du Rubirosa attirent un flot constant de New-Yorkais. Dans un cadre chaleureux, assis au bar ou à une table, enchaînez les parts après quelques antipasti et autres entrées.
Le lieu sert aussi des pâtes (la "petite" portion rassasie la plupart des ventres).
Il y a même une carte de plats sans gluten.

Wayan Balinais $$$

(Plan p. 262 ; ☎917-261-4388 ; wayan-nyc.com ; 20 Spring St, Nolita ; petites assiettes 16-19 $, plats 22-66 $; ⌚11h30-15h30 et 17h30-22h30 lun, 17h30-23h mar-jeu, 17h30-minuit ven, 11h-15h30 et 17h30-minuit sam, 17h30-22h dim ; Ⓢ J/Z jusqu'à Bowery ; 4/6 jusqu'à Spring St). Pour son premier restaurant (wayan signifie "premier-né" en balinais), le chef Cédric Vongerichten – fils du célèbre chef français Jean-Georges Vongerichten – mêle saveurs balinaises et savoir-faire français. Dans Nolita, ce lieu chaleureux sert de savoureux plats : des *satay* (brochettes), des palourdes à l'oignon doux et à la noix de coco ou encore les très appréciées nouilles avec homard au beurre et gruyère.

Canal Street Market

ASIASTOCK/SHUTTERSTOCK ©

Katz's Delicatessen

Chefs Club — Fusion $$$

(Plan p. 262 ; 212-941-1100 ; chefsclub.com ; 275 Mulberry St, Nolita ; menu prix fixe 85-125 $; 17h30-22h30 lun-sam ; S R/W jusqu'à Prince St, B/D/F/M jusqu'à Broadway-Lafayette St). Occupant un édifice qui fut en partie utilisé pour le tournage de la série *Will & Grace*, le Chefs Club tient plus de l'entrepôt que d'un restaurant spectaculaire. Des chefs de passage y officient pendant 3 semaines, voire 3 mois, préparant des mets exquis qui exhalent les saveurs du globe.

Il Buco Alimentari & Vineria — Italien $$$

(Plan p. 262 ; 212-837-2622 ; ilbucovineria.com ; 53 Great Jones St, entre Bowery et Lafayette St, NoHo ; plats déj 14-34 $, dîner 34-70 $; 8h-23h lun-jeu, 8h-minuit ven, 9h-minuit sam, 9h-23h dim ; ; S 6 jusqu'à Bleecker St ; B/D/F/M jusqu'à Broadway-Lafayette St). Que vous optiez pour un expresso au comptoir, du fromage au *deli* ou un festin de délices d'Italie dans la salle en contrebas, vous ne serez pas déçu. Le minimalisme branché du décor (brique, lampes industrielles géantes) se reflète dans le menu. Au déjeuner, les énormes paninis sont divins.

Peking Duck House — Chinois $$$

(Plan p. 262 ; 212-227-1810 ; www.pekingduckhousenyc.com ; 28 Mott St, Chinatown ; canard laqué 35-56 $/pers ; 11h30-22h30 dim-jeu, 11h30-23h30 ven-sam ; S J/Z jusqu'à Chambers St, 6 jusqu'à Canal St). Sans doute le meilleur canard laqué pékinois de la région : peau croustillante et viande moelleuse. Présente dans diverses formules, cette spécialité de la maison est parfaite avec pancakes, julienne de poireaux et sauce. Le lieu est idéal pour une soirée à deux.

Gelso & Grand — Italien $$

(Plan p. 262 ; 212-226-1600 ; gelsoandgrand.com ; 186 Grand St, au niveau de Mulberry St, SoHo ; plats 17-31 $; 11h-1h dim-jeu, 11h-2h ven-sam ; S 6 jusqu'à Canal St/Spring St, J/Z jusqu'à Bowery). "Gelso" signifie mûre en italien (*mulberry* en anglais) – un clin d'œil à l'emplacement de ce restaurant italien raffiné à l'intersection entre Grand St et Mulberry St, dans Little Italy. S'il y a bien sûr les classiques pâtes et pizzas, c'est le regard neuf porté à la cuisine italienne qui fait de Gelso & Grand un établissement d'exception.

East Village et Lower East Side

Ivan Ramen Ramen $$

(Plan p. 262 ; 646-678-3859 ; ivanramen.com ; 25 Clinton St, entre Stanton St et E Houston St, Lower East Side ; plats 15-21 $; 12h30-22h dim-jeu, 12h30-23h ven-sam ; S F, J/M/Z jusqu'à Delancey-Essex Sts, F jusqu'à 2nd Ave). Satisfait du succès rencontré par ses deux restaurants de ramen de Tokyo, Ivan Orkin, originaire de Long Island, est de retour au pays. Si chaque New-Yorkais ne jure que par son propre spot de ramen secret, tous reconnaissent que cet établissement est l'un des meilleurs. Le *tsukumen* ("nouilles trempées"), avec chou vinaigré et poitrine de porc mariné à la sauce soja, est divin.

Upstate Fruits de mer $$

(Plan p. 262 ; 646-791-5400 ; upstatenyc.com ; 95 1st Ave, au niveau de E 6th St, East Village ; plats 16-20 $; 17h-22h30 dim-mer, 17h-23h jeu-sam ; S F jusqu'à 2nd Ave). Upstate sert d'excellents fruits de mer et bières artisanales. La brève carte sans cesse renouvelée pourra comporter des moules à la bière, du ragoût de fruits de mer, des Saint-Jacques sur lit de risotto aux champignons, de l'*uni* (œufs d'oursin) et un vaste choix d'huîtres.

Russ & Daughters Cafe Juif $$

(Plan p. 262 ; russanddaughterscafe.com ; 127 Orchard St, entre Delancey St et Rivington St, Lower East Side ; plats 18-23 $; 9h-22h lun-ven, 8h-22h sam-dim ; S F, J/M/Z jusqu'à Delancey-Essex Sts). Installez-vous pour un festin de bagels dorés garnis d'un saumon fumé parmi les meilleurs en ville dans le confort de ce *diner* à l'ancienne, antenne du légendaire traiteur juif Russ & Daughters, situé non loin sur Orchard Street. Outre les belles portions de poisson fumé, on peut savourer *latkes* aux pommes de terre, bortsch et œufs en tous genres.

Essex Market Marché $

(Plan p. 262 ; essexmarket.nyc ; 115 Delancey St, au niveau de Essex St, Lower East Side ; 8h-20h lun-sam, 10h-20h dim ; ; S F, J/M/Z jusqu'à Delancey-Essex Sts). Fondé en 1940 dans un bâtiment étriqué de l'autre côté de Delancey St, ce marché a déménagé en 2019 et pris de l'ampleur. Faites votre choix parmi les fruits de mer, les viandes et les fromages avant de vous installer à l'étage entièrement vitré pour profiter au soleil de poisson fumé scandinave, de cuisine dominicaine, de bentos japonais, de poulet thaï, de sandwichs et de glaces artisanales.

Supermoon Bakehouse Boulangerie $

(Plan p. 262 ; www.supermoonbakehouse.com ; 120 Rivington St, au niveau d'Essex St, Lower East Side ; pâtisseries 4-9,50 $; 8h-22h lun-jeu, 8h-11h ven, 9h-23h sam, 9h-22h dim ; S F jusqu'à Delancey St). Le propriétaire australien a imaginé une boutique dans laquelle on peut voir les boulangers à l'œuvre derrière les cloisons vitrées. Leurs créations sucrées et salées figurent parmi les plus imaginatives de Manhattan : croissants, tarte aux pommes chaude et sandwichs jambon-fromage ou Reuben (corned-beef, choucroute, emmental et sauce russe). Glaces et doughnuts aux saveurs variées.

Momofuku Noodle Bar Nouilles $$

(Plan p. 262 ; 212-777-7773 ; momofukunoodlebar.com ; 171 First Ave, entre E 10th St et E 11th St, East Village ; plats 17-27 $; déj 12h-16h30 lun-ven, 12h-16h sam-dim, dîner 17h30-23h dim-jeu, 17h30-minuit ven-dim ; ; S L jusqu'à 1st Ave, 6 jusqu'à Astor Pl). Quelques tables, pas de réservation : il faut attendre, mais cela en vaut la peine. Ce bar à nouilles est un petit phénomène. Elles se dégustent épicées avec de la viande, au gingembre et pickles de shiitaké, froides à la saucisse du Sichuan et au basilic thaï... Tout est délicieux. Le menu change constamment et comporte également des petits pains fourrés (au bœuf ou au raifort par exemple), des plats sur le pouce et des desserts.

Katz's Delicatessen Traiteur $$

(Plan p. 262 ; 212-254-2246 ; www.katzsdelicatessen.com ; 205 E Houston St, au niveau de Ludlow St, Lower East Side ; sandwichs 12-23,50 $; 8h-22h45 lun-mer, 8h-2h45 jeu, non-stop ven 8h-dim 22h45 ; S F jusqu'à 2nd Ave).

S'il reste peu de restaurants juifs classiques dans le Lower East Side, quelques glorieux bastions demeurent. Katz's Delicatessen est l'un d'eux. Vous y trouverez les classiques de *deli* comme le pastrami ou le sandwich de pain de seigle au salami.

Mamoun's Moyen-oriental $

(Plan p. 262 ; ☎646-870-5785 ; mamouns.com ; 30 St Marks Pl, entre 2nd Ave et 3rd Ave, East Village ; sandwichs 5-9 $, assiettes 9-13 $; ⏰11h-1h lun-jeu, 11h-4h ven-sam, 11h-minuit dim ; 🌶 ; S 6 jusqu'à Astor Pl ; L jusqu'à 3rd Ave). Ce petit établissement de la chaîne de falafels new-yorkaise bien connue s'est agrandi avec plus d'espace à l'intérieur comme en terrasse. Tard le week-end, les noctambules font la queue pour déguster un sandwich *chawarma* juteux nappé de la fameuse sauce de Mamoun's. Si vous ne mangez pas d'agneau, optez pour un sandwich aux falafels ou un copieux bol de *fool mudammas* (haricots bouillis).

Luzzo's Pizza $$

(Plan p. 262 ; ☎212-473-7447 ; luzzosgroup.com/luzzos-group-restaurants/luzzos ; 211 First Ave, entre E 12th St et 13th St, East Village ; pizzas 18-20 $; ⏰12h-23h ; S L jusqu'à 1st Ave). Bondée tous les soirs, cette pizzeria occupe un petit local à la décoration rustique, dans l'East Village. Les convives se régalent de pizzas garnies de tomates bien mûres et cuites au feu de bois. Espèces uniquement.

West Village, Chelsea et Meatpacking District

Chelsea Market Marché $

(Plan p. 266 ; chelseamarket.com ; 75 Ninth Ave, entre W 15th St et W 16 St, Chelsea ; plats 10-15 $; ⏰7h-2h lun-sam, 8h-22h dim ; S A/C/E, L jusqu'à 8th Ave-14th St). Reconversion urbaine réussie, le Chelsea Market a transformé une fabrique de biscuits du XIXe siècle en une halle de 240 m de long. Là où fut inventé le biscuit Oreo, on salive désormais devant les 35 stands proposant une variété de produits, des nouilles *dandan* étirées à la main à la viande séchée de Jamaïque en passant par de bons fromages ou des homards entiers. La chaîne télévisée **Food Network**, lanceuse de tendances gastronomiques, a son siège ici. Vous trouverez aussi des cavistes, des friperies, des boutiques d'ustensiles de cuisine, des barbiers branchés et autres.

Jeffrey's Grocery Américain $$$

(Plan p. 262 ; ☎646-398-7630 ; jeffreysgrocery.com ; 172 Waverly Pl, au niveau de Christopher St, West Village ; plats 21-35 $; ⏰8h-23h lun-mer, jusqu'à 1h jeu-ven, 9h30-1h sam, jusqu'à 23h dim ; S 1 jusqu'à Christopher St-Sheridan Sq). Les produits de la mer tiennent la vedette dans cette institution de West Village, notamment le bar à huîtres et des plats magnifiquement exécutés tels que les moules et curry vert, lait de coco et fines herbes, sandwich de raie panée au panko et toast de caviar. Côté viande, vous pourrez savourer une hampe de bœuf aux rattes et une sauce chimichurri.

Blue Hill Américain $$$

(Plan p. 262 ; ☎212-539-1776 ; bluehillfarm.com ; 75 Washington Pl, entre 6th Ave et Washington Sq W, West Village ; formules 95-108 $; ⏰17h-23h ; S A/C/E, B/D/F/M jusqu'à W 4th St-Washington Sq). Avis aux adeptes de Slow Food, le Blue Hill a été l'un des pionniers du mouvement locavore. Le chef Dan Barber, originaire d'une famille de fermiers du Massachusetts, utilise les produits de sa région.

JeJu Noodle Bar Nouilles $$

(Plan p. 262 ; ☎646-666-0947 ; jejunoodlebar.com ; 679 Greenwich St, au niveau de Christopher St, West Village ; nouilles 18-19 $; ⏰17h-22h dim-mer, 17h-23h jeu-sam ; 🚌M8 jusqu'à Greenwich St-Christopher St, S 1 jusqu'à Christopher St-Sheridan Sq). Maintenant que le ramen commence à être connu à travers le monde entier, il est peut-être temps d'explorer ses différentes déclinaisons, comme le *ramyun* coréen servi dans ce restaurant convivial installé dans un quartier tranquille à l'ouest de Christopher Street. Commencez par un *toro ssam bap* (thon gras, algues grillées, riz *tobiko* et œufs brouillés) avant de goûter au *ramyun* (nouilles et poitrine de bœuf dans un bouillon de veau).

Jun-Men — Ramen $$

(Plan p. 266 ; ☎646-852-6787 ; junmenramen.com ; 249 9th Ave, entre 25th St et 26th St, Chelsea ; ramen 16-19 $; ⏰11h30-15h et 17h-22h lun-jeu, jusqu'à 23h ven-sam ; S1, C/E jusqu'à 23rd St). Ce petit restaurant de ramen ultramoderne sert de délicieux bols de nouilles à l'épaule de porc, au miso épicé ou aux champignons (avec oursins). Ne manquez pas les amuse-gueules : le ceviche de sériole du Japon et les petits pains au porc grillé sont exceptionnels. On profite aussi du spectacle de l'habileté des cuisiniers.

Cookshop — Américain $$

(Plan p. 266 ; ☎212-924-4440 ; cookshopny.com ; 156 10th Ave, au niveau de W 20th St, Chelsea ; plats brunch 14-18 $, déj 16-25 $, dîner 23-34 $; ⏰8h-23h30 lun-ven, 8h-10h sam, 10h-22h dim ; 🍴 ; S1, C/E jusqu'à 23rd St). Idéal pour prendre un brunch avant (ou après) une promenade sur la High Line (p. 56) de l'autre côté de la rue, Cookshop est un endroit animé. Le lieu est très apprécié à Chelsea pour son excellent service, ses cocktails énergisants (le Blushing Monk vous mettra un coup de fouet), son pain frais, son agréable terrasse et ses inventives recettes aux œufs.

Foragers Table — Américain $$$

(Plan p. 266 ; ☎212-243-8888 ; foragersmarket.com/restaurant ; 300 W 22nd St, angle 8th Ave, Chelsea ; plats 20-39 $; ⏰dîner 17h30-22h lun-sam, 17h30-21h dim, brunch 9h-15h sam-dim ; 🍴 ; S1, C/E jusqu'à 23rd St). Les propriétaires de ce restaurant utilisent les produits de leur ferme de la vallée de l'Hudson dans la composition de leurs menus de saison. La carte change régulièrement ; magret de canard poêlé et poires pochées, papardelles aux champignons, au sherry et aux amandes grillées, steak de chou-fleur avec tahini de patate douce et oignons rouges.

RedFarm — Fusion $$$

(Plan p. 262 ; ☎212-792-9700 ; redfarmnyc.com ; 529 Hudson St, entre 10th St et Charles St, West Village ; plats 20-58 $, ravioles 14-20 $; ⏰dîner 17h-22h45 dim-mer, 17h-23h30 jeu-sam, brunch 11h-14h30 sam-dim ; S1 jusqu'à Christopher St-Sheridan Sq, A/C/E, B/D/F/M jusqu'à W 4th St-Washington Sq). Ici la cuisine chinoise est élevée au rang d'œuvre d'art. La bruschetta de thon en dés et aubergine, le poulet fumé à la peau croustillante et à l'ail, ainsi que les nems au pastrami figurent parmi les plats les plus surprenants. Citons également

Mon beau marché

À New York les marchés fleurissent sous de multiples formes. L'Union Square Greenmarket (p. 109) est l'un des plus importants ; il est ouvert 4 jours par semaine tout au long de l'année. Consultez le site Grow NYC (grownyc.org/greenmarket) pour une liste de la cinquantaine de marchés new-yorkais.

Parfaits pour grignoter, ces lieux souvent branchés sont d'excellents endroits pour tester la cuisine d'établissements qui n'ont pas encore les moyens d'ouvrir leur restaurant. En haut de la liste – et l'un des premiers – figure le Chelsea Market, truffé de délices en tout genre. Certains des meilleurs marchés sont situés à Brooklyn, comme le Smorgasburg (p. 144), qui rassemble plus de 100 stands de restauration artisanale. Citons aussi le Gansevoort Market (p. 134) dans le Meatpacking District, l'Essex Market (p. 131) qui vient de déménager dans le Lower East Side, le Canal Street Market (p. 128) à Chinatown, Le District (p. 126) à Lower Manhattan et le nouveau Mercado Little Spain (p. 139) dans les Hudson Yards.

Gansevoort Market (p. 134)

le homard sauté aux œufs et au porc haché, les tartelettes de filet mignon de Kowloon et les ravioles de canard et de crabe.

Nix Végétarien $$$

(Plan p. 262 ; ☎212-498-9393 ; nixny.com ; 72 University Pl, entre E 10th St et E 11th St, West Village ; plats 26-28 $; ⏰17h30-22h30 lun-jeu, 17h-23h ven, 10h30-14h30 et 17h-23h sam, 10h30-14h30 et 17h-22h30 dim ; ; S4/5/6, N/Q/R/W, L jusqu'à 14th St-Union Sq). D'apparence modeste et pourtant étoilé au Michelin, ce restaurant est tenu par les chefs John Fraser et Garrett Eagleton qui font de leur palette de légumes de véritables chefs-d'œuvre culinaires. Commencez par du pain tandoori à tremper dans différentes sauces (poivron rouge et noix par exemple), puis passez aux plats comme la burrata aux pommes granny smith, figues et noix, ou le tempura de chou-fleur avec légumes vinaigrés et pains vapeur.

Rosemary's Italien $$$

(Plan p. 262 ; ☎212-647-1818 ; rosemarysnyc.com ; 18 Greenwich Ave, au niveau de W 10th St, West Village ; plats 26-28 $, menu prix fixe déj/dîner 24/34 $; ⏰8h-16h et 17h-23h lun-jeu, 8h-16h et 17h-minuit ven, 10h-16h et 17h-minuit sam, 10h-16h et 17h-23h dim ; S 1 jusqu'à Christopher St-Sheridan Sq). Ce restaurant, l'un des plus courus de West Village, sert une exceptionnelle cuisine gastronomique italienne dans un décor aux vagues airs de ferme. Généreuses portions de pâtes maison, salades, plateaux de fromage et de charcuterie, légumes amers aux noisettes, porc de la ferme Meiller avec oranges à la moutarde… tout est succulent.

Gansevoort Market Marché $

(Plan p. 262 ; ☎646-449-8400 ; gansmarket.com ; 353 W 14th St, entre 8th Ave et 9th Ave, Meatpacking District ; plats 10-15 $; ⏰11h-21h30 lun-jeu, 11h-22h30 ven-dim ; ; SA/C/E, L jusqu'à 8th Ave-14th St). Niché au cœur du Meatpacking District, ce vaste marché alimentaire attire du monde. Ici sont installés un bar et plus d'une dizaine d'échoppes vendant *bibimbap* coréens, *poke bowls*, ceviche, pizza, currys japonais, ramen, gaufres belges, etc.

Union Square, Flatiron District et Gramercy

Eleven Madison Park Américain $$$

(Plan p. 266 ; ☎212-889-0905 ; elevenmadisonpark.com ; 11 Madison Ave, entre 24th St et 25th St, Flatiron District ; plats bar 35-50 $, menu dégustation 175-335 $; ⏰17h30-22h lun-mer, 17h30-22h30 jeu, 12h-13h et 17h30-22h30 ven-dim ; SR/W, 6 jusqu'à 23rd St). Eleven Madison Park est un habitué des classements des meilleurs restaurants en ville. Emblème d'une cuisine américaine moderne et durable, c'est aussi l'un des 6 restaurants new-yorkais à arborer 3 étoiles au Michelin. Avec le chef Daniel Humm, créativité et fantaisie se conjuguent avec un sens du détail qui frise l'obsession.

Gramercy Tavern Américain $$$

(Plan p. 266 ; ☎212-477-0777 ; gramercytavern.com ; 42 E 20th St, entre Broadway et Park Ave S, Flatiron District ; plats taverne 34-36 $, menu 3 plats en salle 134 $, menu dégustation 164-184 $; ⏰taverne 11h30-23h dim-jeu, 11h30-minuit ven-sam, déj 11h30-14h, dîner 17h-21h45 dim-jeu, jusqu'à 22h30 ven-sam ; ; SR/W, 6 jusqu'à 23rd St). Ingrédients locaux et de saison sont au menu de cette vénérable institution chargée d'atmosphère, avec ses chandeliers en cuivre, ses fresques et de spectaculaires compositions florales. Deux salles au choix : la taverne (sans réservation) qui propose des plats à la carte (goûtez le succulent canard haché aux champignons, châtaignes et choux de Bruxelles), ou la salle à manger chic dans laquelle l'on sert des menus plus raffinés (formule 3 plats ou menu dégustation ; réservation impérative).

Clocktower Britannique $$$

(Plan p. 266 ; ☎212-413-4300 ; theclocktowernyc.com ; 5 Madison Ave, entre 23rd St et 24th St, Gramercy; plats dîner 27-47 $; ⏰7h-10h30, 11h30-14h30 et 17h30-22h tlj, thé 15h-17h ven-dim ; ; SF/M, R/W, 6 jusqu'à 23rd St). Très sélect, ce restaurant niché dans la **Metropolitan Life Tower** a le vent en poupe. Ouvert par le chef étoilé Jason Atherton, il illustre le meilleur du savoir-faire britannique. L'intérieur tout en bois et stuc offre un cadre élégant pour

★ Les meilleures tables italiennes

Il Buco Alimentari & Vineria (p. 130)
Rosemary's (p. 134)
Charlie Bird (p. 128)
Gelso & Grand (p. 130)

De gauche à droite et de haut en bas : Gelso & Grand (p. 130) ; Eleven Madison Park ; Rosemary's

se régaler de mets raffinés tels que les côtelettes de porc marinées à la betterave et carottes, le boudin noir ou le "mac' n' cheese" à la joue de bœuf. Réservez et soignez votre tenue.

Maialino Italien $$$

(Plan p. 266 ; 212-777-2410 ; maialinonyc.com ; Gramercy Park Hotel, 2 Lexington Ave, au niveau de 21st St, Gramercy ; plats 24-58 $; 7h30-10h, 12h-14h et 17h30-22h30 lun-jeu, jusqu'à 23h ven, 10h-14h et 17h30-23h sam, jusqu'à 22h30 dim ; S 6, R/W jusqu'à 23rd St). Les tables du restaurant de Danny Meyer se réservent jusqu'à un mois à l'avance. Pourtant, le mieux est de s'installer au bar, où les serveurs sont aussi sympathiques que compétents. Dans les deux cas, vous dégusterez une cuisine italienne traditionnelle de qualité, concoctée avec les fruits et légumes de l'Union Square Greenmarket (p. 109) voisin.

Craft Américain $$$

(Plan p. 266 ; 212-780-0880 ; craftrestaurant.com ; 43 E 19th St, entre Broadway Ave et Park Ave S, Union Square ; plats 33-69 $; 17h30-22h lun-jeu, jusqu'à 23h ven, 17h-23h sam, jusqu'à 21h dim ; ; S 4/5/6, N/Q/R/W, L jusqu'à 14th St-Union Sq). Haut de gamme, le Craft prend la défense des petits producteurs, transformant leurs produits en plats raffinés comme le poulpe braisé, la caille rôtie ou les pâtes *mezzaluna* au potiron avec sauge, beurre brun et parmesan.

Eataly Italien $$

(Plan p. 266 ; 212-229-2560 ; www.eataly.com ; 200 5th Ave, au niveau de W 23rd St, Flatiron District ; 7h-23h ; ; S R/W, F/M, 6 jusqu'à 23rd St). L'immense magasin de Mario Batali est un temple de la gastronomie italienne. Des tables permettent de se poser pour se régaler aussi bien de *crudo* (poisson cru) et de *fritto misto* (légumes frits) que de pâtes et de pizzas. Vous pouvez aussi vous contenter d'un expresso au comptoir et succomber à un cannoli garni à la demande, avant d'aller fouiller les rayons pour vous composer un pique-nique.

Mad Sq Eats Marché $

(Plan p. 266 ; madisonsquarepark.org/mad-sq-food/mad-sq-eats ; General Worth Sq, Flatiron District ; printemps et automne 11h-21h ; S R/W, F/M, 6 jusqu'à 23rd St). Marché

Big Daddy's

culinaire éphémère et bisannuel où les chefs et les restaurants les plus courus de la ville ont leur stand. On peut y goûter diverses cuisines de rues, des *arancinis* aux *empanadas*, en passant par les sandwichs au homard ou à la crème glacée. Dates et stands consultables sur le site Web.

Big Daddy's Diner $

(Plan p. 266 ; ☎212-477-1500 ; bigdaddysnyc.com ; 239 Park Ave S, entre E 19th St et E 20th St, Gramercy ; plats 10-16 $; ⏰8h-minuit lun-jeu, 8h-5h ven-sam, 8h-23h dim ; 👪 ; Ⓢ6 jusqu'à 23rd St ; 4/5/6, L, N/Q/R/W jusqu'à 14th St-Union Sq). Omelettes géantes, burgers et généreuses portions de *tater tots* (croquettes de pommes de terre ou patates douces frites) ont fait du Big Daddy's un lieu de premier choix pour se régaler, au petit-déjeuner comme tard le soir. Intérieur ultrakitsch à l'américaine, mais à l'inverse de certains restaurants à thèmes, le menu n'est pas ruineux, et les plats sont très satisfaisants (le menu enfant ravira les petits).

Tacombi Café El Presidente Mexicain $

(Plan p. 266 ; ☎212-242-3491 ; tacombi.com ; 30 W 24th St, entre 5th Ave et 6th Ave ; tacos 4-9 $, quesadillas 7-8 $; ⏰11h-minuit lun-sam, jusqu'à 22h30 dim ; 🖉 ; ⓈF/M, R/W jusqu'à 23rd St). Ce café comme on en trouve à Mexico sert une délicieuse street food mexicaine, à accompagner de jus de fruits ou de cocktails. Nous recommandons les *esquites* (maïs grillé au fromage *cotija* et à la sauce chipotle, servi dans une tasse en carton) et les succulents tacos.

Midtown

Totto Ramen Japonais $

(Plan p. 268 ; ☎212-582-0052 ; tottoramen.com ; 366 W 52nd St, entre 8th Ave et 9th Ave ; ramen 14-18 $; ⏰12h-16h30 et 17h30-minuit ; 🖉 ; ⓈC/E jusqu'à 50th St). L'enseigne compte à présent deux autres sites dans Midtown, mais les puristes savent que rien ne vaut l'original. Dans ce restaurant de 20 places, on écrit son nom et le nombre de convives sur le tableau à l'entrée, puis on attend son tour. Votre patience sera récompensée par des ramens extraordinaires. Vous pourrez agrémenter un ramen au miso (pâte de soja fermenté, œufs, oignons nouveaux, pousses de soja, purée de piment) de *char siu* (porc) délicieusement fondant.

Modern Français $$$

(Plan p. 268 ; ☎212-333-1220 ; themodernnyc.com ; 9 W 53rd St, entre 5th Ave et 6th Ave ; déj 3/6 plats 138/188 $, dîner 6 plats 188 $; ⏰restaurant 11h30-14h et 17h-21h30 lun-jeu, 11h30-22h30 ven-sam, fermé dim, bar 11h30-22h lun-mer, 11h30-22h30 jeu-sam, 11h30-14h30 dim ; 📶 ; ⓈE, M jusqu'à 5th Ave-53rd St). Auréolé de ses 2 étoiles au Michelin, le Modern propose des créations audacieuses comme la tarte au foie gras ou la bûche au beurre de cacahuète. À déguster dans un décor lumineux donnant sur le jardin de sculptures du MoMA.

Agern Cuisine nordique nouvelle $$$

(Plan p. 268 ; ☎646-568-4018 ; agernrestaurant.com ; Grand Central Terminal, 89 E 42nd St, au niveau de Park Ave ; plats dîner 28-45 $, déj 2/3 plats 42/50 $; ⏰11h30-14h30 et 17h30-22h lun-ven, 17h30-22h sam ; 📶🖉 ; ⓈS, 4/5/6, 7 jusqu'à Grand Central-42nd St, 🚆Metro North jusqu'à Grand Central-42nd St). On ne s'étonnera pas de trouver dans le restaurant de Claus Meyer, pionnier de la révolution gastronomique danoise, un élégant décor à la scandinave et une cuisine créative et de saison. Dans cet établissement, le chef propose des plats d'une simplicité trompeuse, comme l'endive à la confiture de mûres ou l'épaule de porc à l'oseille.

Culture Espresso Café $

(Plan p. 266 ; ☎212-302-0200 ; cultureespresso.com ; 72 W 38th St, au niveau de 6th Ave ; ⏰7h-19h lun-ven, 8h-19h sam-dim ; 📶; ⓈB/D/F/M jusqu'à 42nd St-Bryant Park). Ce café sert un expresso aux grains d'origine unique, et d'autres cafés en utilisant différentes techniques. Vous pourrez grignoter des douceurs confectionnées par des artisans locaux ainsi que les succulents cookies aux pépites de chocolat (3,50 $).

Grand Central Oyster Bar & Restaurant

LITTLENYSTOCK/SHUTTERSTOCK ©

O-Ya Sushis $$$

(Plan p. 266 ; 212-204-0200 ; o-ya.restaurant ; 120 E 28th St ; nigiri 6-25 $; 17h30-22h lun-sam ; S 4/6 jusqu'à 28th St). Les *nigiri* les moins chers avoisinant les 15 $, ce n'est pas un établissement où l'on ira tous les jours. Cependant, si vous désirez déguster des sushis pour une grande occasion, les saveurs sont exquises. Le poisson est divin et les mets si bien présentés qu'on regrette presque de les manger.

Fournos Theophilos Grec $

(Plan p. 268 ; 212-278-0015 ; fournos.com ; 45 W 45th St, entre 5th Ave et 6th Ave ; déj 12 $; 7h-22h lun-sam, 8h-22h dim, fermé 16h-17h ; ; S B/D/F/M jusqu'à 47th-50th Sts-Rockefeller Center). Baptisé en l'honneur d'un peintre grec qui se faisait rémunérer en nourriture, Fournos Theophilos sert une délicieuse cuisine traditionnelle grecque au cœur d'un quartier de Midtown pratiquement dénué de restaurants. Tartes, pâtisseries et même milk-shakes au baklava sont disponibles à la boulangerie ; au fond, paniers-déjeuners à emporter, riches en saveurs méditerranéennes.

Ess-a-Bagel Traiteur $

(212-980-1010 ; www.ess-a-bagel.com ; 831 3rd Ave, entre 50th et 51st St, Midtown East ; sandwich bagels 3,50-5,50 $; 6h-21h lun-ven, 6h-17h sam-dim ; S 6 jusqu'à 51st St, E/M jusqu'à Lexington Ave-53rd St). Ses bagels frais et savoureux ont fait de cette épicerie casher une véritable institution. Sélectionnez votre pain et faites votre choix parmi une kyrielle de fromages frais et autres garnitures. Un grand classique : fromage frais à l'oignon vert avec saumon fumé, câpres, tomate et oignon rouge (14,50 $). Si le temps s'y prête, vous pouvez déguster votre bagel dans le joli Greenacre Park (à droite sur 51st St).

Burger Joint Hamburgers $

(Plan p. 268 ; 212-708-7414 ; burgerjointny.com ; Parker New York, 119 W 56th St, entre 6th Ave et 7th Ave ; hamburgers 9-17 $; 11h-23h30 dim-jeu, 11h-minuit ven-sam ; ; S F jusqu'à 57th St). Avec pour seul indice un petit néon en forme de hamburger, ce restaurant aux allures de bar clandestin se cache derrière le rideau du hall de l'hôtel Parker New York. S'il n'est plus aussi tendance et secret qu'autrefois, il propose toujours la même formule gagnante : murs tapissés de graffitis, box rétro et personnel branché servant d'excellents burgers.

Margon Cubain $

(Plan p. 268 ; ☎212-354-5013 ; 136 W 46th St, entre 6th Ave et 7th Ave ; sandwichs 9-10 $, plats 11-14 $; ⌚6h-17h lun-ven, 7h-17h sam ; Ⓢ B/D/F/M jusqu'à 47th St-50th St-Rockefeller Center). On se croirait dans les années 1970 dans ce restaurant cubain toujours plein, où la déco orange et la cuisine riche en graisse ne se sont jamais démodées. Son légendaire sandwich *cubano* (sorte de panini garni de rôti de porc, de salami, de fromage, de cornichons, de sauce *mojo* et de mayonnaise) est plus qu'excellent.

Smith Américain $$

(☎212-644-2700 ; thesmithrestaurant.com ; 956 2nd Ave, au niveau de E 51st St, Midtown East ; plats 22-33 $; ⌚7h30-minuit lun-jeu, 7h30-1h ven, 9h-1h sam, 9h-minuit dim ; 📶 ; Ⓢ 6, E/M jusqu'à 51st St). Dans un décor industriel chic, cette brasserie branchée possède un bar animé et propose une cuisine de qualité. L'essentiel des mets est préparé sur place, avec des menus de saison mêlant les saveurs d'inspiration américaine et italienne : chips épicées au bleu fondu, poulet frit épicé avec salade de chou kale, ou encore œufs à la sicilienne avec artichauts, épinards et sauce tomate épicée.

Mercado Little Spain Espace de restauration $$

(Plan p. 266 ; ☎646-495-1242 ; www.littlespain.com ; 501 W 30th St, au niveau de 10th Ave, Hudson Yards, Midtown ; plats à partir de 12 $; ⌚7h-22h dim-jeu, 7h-23h ven-sam ; 🖉 ; Ⓢ 7 jusqu'à 34th St-Hudson Yards). Le chef vedette José Andrés a créé son propre espace de cuisine à l'européenne – à l'image d'Eataly (p. 136) et Le District (p. 126) – avec ce lieu très animé situé dans Hudson Yards. Divers bars et restaurants, auxquels s'ajoutent une dizaine de stands, y servent toute une gamme de mets espagnols : *jamón*, paella, tapas, fruits de mer, *pasteles* (pâtisseries), vins, etc.

NoMad Américain $$$

(Plan p. 266 ; ☎212-796-1500 ; thenomadhotel.com ; NoMad Hotel, 1170 Broadway et W 28th St ; plats 28-46 $; ⌚12h-14h et 17h30-22h30 lun-jeu, 12h-14h et 17h30-23h ven, 11h-14h30 et 17h30-23h sam, 11h-14h30 et 17h30-22h dim ; Ⓢ N/R, 6 jusqu'à 28th St ; F/M jusqu'à 23rd St). Le NoMad, qui partage le même nom que le brillant hôtel qui l'abrite, s'est affirmé comme l'un des hauts lieux gastronomiques de Manhattan. Aux commandes, on retrouve Daniel Humm et Will Guidara, responsables du succès de l'Eleven Madison Park (p. 134), étoilé au Michelin. Cochon de lait au confit d'endives et de dattes, chevreuil grillé et autres délices sont proposés dans diverses salles, comme le Parlour (un élégant petit salon) ou encore la Library (en-cas seulement). Réservation conseillée.

Grand Central Oyster Bar & Restaurant Saveurs iodées $$$

(Plan p. 268 ; ☎212-490-6650 ; oysterbarny.com ; niveau inférieur, Grand Central Terminal, 89 E 42nd St, au niveau de Park Ave ; huîtres 2-4 $, plats 22-43 $; ⌚11h30-21h30 lun-sam ; Ⓢ S, 4/5/6, 7 jusqu'à Grand Central-42nd St). Ce bar-restaurant animé de Grand Central a beaucoup de cachet avec son plafond voûté et carrelé conçu par l'ingénieur Rafael Guastavino. En entrant, délaissez la salle guindée à gauche pour les élégantes tables communes sur votre droite, où les convives savourent les huîtres.

Upper East Side

Tanoshi Japonais $$$

(Plan p. 270 ; tanoshisushinyc.com ; 1372 York Ave, entre 73rd et 74th St ; sélection de sushis du chef 95-100 $; ⌚services 18h, 19h30 et 21h mar-sam ; Ⓢ Q jusqu'à 72nd St). Il est difficile de trouver une place dans le minuscule Tanoshi, mais un festival de saveurs vous y attend, exclusivement composé des sushis de l'*omakase* (sélection) du chef : pétoncles de Hokkaido, flocons de varech ou irrésistibles *uni* (oursins). Prévoyez d'apporter votre bouteille de bière, de saké ou autre. Réservez tôt sur le site Internet.

Irving Farm Roasters Café $

(Plan p. 270 ; ☎646-861-2949 ; irvingfarm.com ; 1424 3rd Ave, au niveau de E 81st St ; ⏰10h-20h lun-ven, 11h-20h sam-dim ; Ⓢ6 arrêt 77th St, 4/5/6 jusqu'à 86th St). Ces pionniers du café artisanal à New York – ils torréfient leurs propres grains dans une petite ville à 160 km d'ici – proposent des expressos pleins d'arôme et des cafés-filtres à partir de crus d'origine, plus une petite carte de bonne cuisine de bistrot. C'est la plus grande de leurs neuf adresses à Manhattan, avec un vaste espace pour s'asseoir à l'arrière. L'adresse pratique le "no Wi-Fi". Apportez un livre...

Levain Bakery Boulangerie $

(Plan p. 270 ; levainbakery.com ; 1484 3rd Ave, entre E 83rd St et E 84th St ; cookies 4 $; ⏰6h-21h ; Ⓢ4/5/6 jusqu'à 86th St). Levain est réputé pour ses délicieux et généreux cookies, véritables monstres d'environ 170 g chacun proposés en 4 parfums : noix et pépites de chocolat, pépites de chocolat noir, pépites de chocolat noir et beurre de cacahuètes et enfin raisins secs et flocons d'avoine. Réservez-vous un créneau pour ces plaisirs gourmands.

Wright Américain $$

(Plan p. 270 ; ☎212-423-3665 ; guggenheim.org ; Guggenheim Museum, 1071 5th Ave, au niveau de E 89th St ; plats 20-27 $; ⏰11h30-15h30 lun-ven, 11h-15h30 sam-dim ; 📶 ; Ⓢ4/5/6, Q jusqu'à 86th St). Installé dans le musée Guggenheim (p. 88), le Wright propose des plats tels que beignets de chou-rave, pâtes faites maison et saumon grillé (le menu change souvent). Sa cuisine est toutefois éclipsée par le cadre d'un blanc éclatant à l'esthétique moderne. Depuis 2017, quatre collages magistraux de Sarah Crowner sont accrochés dans la salle. Brunch le week-end.

★ Les meilleures boulangeries

Dough (p. 145)

Dominique Ansel Bakery (p. 127)

Supermoon Bakehouse (p. 131)

Boqueria Espagnol $$$

(Plan p. 270 ; ☎212-343-2227 ; boquerianyc.com ; 1460 Second Ave, entre E 76th St et 77th St ; tapas 7-19 $, paella pour 2 pers 48-69 $; ⏰12h-22h30 lun-jeu, 12h-23h30 ven, 10h30-23h30 sam, 10h30-22h30 dim ; 🌶 ; Ⓢ6 jusqu'à 77th St, Q jusqu'à 72nd St). Ce bar à tapas très apprécié apporte un peu de branchitude du centre-ville dans l'Upper East Side, avec des *patatas bravas* (pommes de terre sautées et sauce tomate épicée), du *jamón ibérico*, et un délicieux *pulpo a la plancha* (poulpe grillé). La paella aux fruits de mer du chef Marc Vidal est tout aussi excellente. Côté boisson, un verre de Rioja est tout indiqué.

Upper West Side et Central Park

Absolute Bagels Bagels $

(2788 Broadway, entre W 107th St et 108th St ; bagels à partir de 1,25 $; ⏰6h-21h ; Ⓢ1 jusqu'à Cathedral Parkway 110th St). Tenue par des Thaïlandais, cette boutique a de quoi surprendre. Mais une chose est sûre à voir les clients s'y ruer, on trouve ici des bagels parmi les meilleurs de la ville : moelleux à souhait, avec une croûte parfaite. Un régal.

Barney Greengrass Traiteur $$

(Plan p. 270 ; ☎212-724-4707 ; barneygreengrass.com ; 541 Amsterdam Ave, au niveau de W 86th St ; plats 5,25-28 $, plateau de fruits de mer 37-67 $; ⏰traiteur 8h-18h mar-dim, café 8h30-16h mar-ven, 8h30-17h sam-dim ; Ⓢ1 jusqu'à 86th St). Autoproclamé "roi de l'esturgeon," Barney Greengrass sert toujours des plats généreux avec œufs et saumon fumé, caviar et *babka* au chocolat fondant, qui ont fait sa gloire dès son ouverture il y a un siècle. Prenez le petit-déjeuner dans l'atmosphère décontractée des tables disposées parmi les étals de légumes ou déjeunez au café installé dans une salle attenante.

Boulud Sud Méditerranéen $$$

(Plan p. 270 ; ☎212-595-1313 ; bouludsud.com ; 20 West 64th St, entre Broadway et Central Park W ; menu 3 plats à prix fixe 17h-19h lun-sam 65 $, plats déj 25-35 $, dîner 31-63 $; ⏰11h30-14h30

SALVADOR MANIQUIZ/SHUTTERSTOCK ©

Dominique Ansel Bakery (p. 127)

et 17h-23h lun-ven, 11h-15h et 17h-23h sam, jusqu'à 22h dim ; S 1 jusqu'à 66th St-Lincoln Center). Les panneaux en bois de poirier et les tons jaune-gris confèrent une atmosphère années 1960 digne de la série *Mad Men* au restaurant de Daniel Boulud, où l'on savoure une cuisine méditerranéenne et du Maghreb. Ici, avec les tajines marocains, la *shakshouka* verte épicée ou encore les *linguine* au citron et au safran de Sardaigne, l'accent est mis sur les fruits de mer, légumes et épices régionales.

Blossom on Columbus Végétalien $$

(Plan p. 270 ; 212-875-2600 ; blossomnyc.com ; 507 Columbus Ave, entre W 84th St et 85th St ; plats déj 16-25 $, dîner 19-25 $; 11h30-15h30 et 17h-21h45 lun-sam, 10h30-15h30 et 17h-21h45 dim ; ; S B, C, 1 jusqu'à 86th St). Le décor élégant et moderne de ce restaurant végan haut de gamme élève encore un peu plus haut la carte végétalienne. Optez pour le "tout-légume", comme l'assiette de betteraves rouges et jaunes rôties, la salade de pois chiches, cranberries et kale, ou pour les "côtelettes" de seitan poêlées au vin blanc, citron et câpres.

Jin Ramen Japonais $

(Plan p. 270 ; 646-657-0755 ; .jinramen.com ; 462 Amsterdam Ave, entre W 82nd et 83rd St ; plats 13-19 $; déj 11h30-15h30, dîner 17h-23h lun-jeu, 17h-minuit ven-sam, 17h-22h dim ; ; S 1 jusqu'à 79th St). Ce petit restaurant animé situé sur Amsterdam Ave sert de merveilleux bols de ramen fumants. Le *tonkotsu ramen* (au bouillon de porc) est très populaire, mais la carte compte aussi des ramens végétariens. En entrée, testez les piments *shishito*, les petits pains au porc et la salade *hijiki*. Les boiseries, les ampoules nues et les éléments industriels rouges composent un décor agréable.

Cafe Lalo Desserts $

(Plan p. 270 ; 212-496-6031 ; cafelalo.com ; 201 W 83rd St, entre Amsterdam Ave et Columbus Ave ; desserts 5-10 $; 8h-1h lun-jeu, 8h-4h ven, 9h-4h sam, 9h-2h dim ; S 1 jusqu'à 79th St ; B, C jusqu'à 81st St-Museum of Natural History). Les affiches françaises rétro et les plateaux de tables en marbre donnent à cette institution de l'Upper West Side une ambiance de café parisien. Mais on vient avant tout ici pour l'étourdissante variété

New York en un plat

Les puristes sont unanimes : optez pour du pain de seigle (aux graines de préférence)

Limitez-vous aux ingrédients de base : point trop n'en faut

Le pain doit être toasté afin que les tranches restent en place.

Étalez une couche de moutarde brune épicée sur le pastrami.

Un cornichon molossol sur le côté ajoute une touche raffinée.

Le sandwich au pastrami

L'art du sandwich au pastrami

Il faut absolument goûter un sandwich au pastrami quand on est à New York. L'idéal est de le déguster dans l'une des épiceries fines juives à l'ancienne – avec enseigne au néon, places assises au comptoir et personnel gentiment bourru. Le sandwich est garni d'une épaisse couche de tranches de bœuf tendre, légèrement épicé, qui contraste avec le croustillant du pain de seigle toasté. Sans oublier la moutarde brune pour le peps et le liant. *Enjoy !*

Katz's Delicatessen (p. 131)

★ Les meilleurs sandwichs au pastrami

Katz's Delicatessen (p. 131). Le *deli* new-yorkais de vos rêves.

Eisenberg's Sandwich Shop (Plan p. 266 ; ☎212-675-5096 ; www.eisenbergsnyc.com ; 174 5th Ave, entre W 22nd et 23rd St, Flatiron District ; sandwichs 4-14 $; ⏰7h30-18h lun-ven, 9h-17h sam, 10h-15h dim ; 📶; Ⓢ R/W jusqu'à 23rd St). En activité depuis 1929.

Zabar's (p. 160). Vous ne trouverez pas meilleur deli-supermarché.

Barney Greengrass (p. 140). Le roi de l'esturgeon maîtrise aussi le pastrami.

Ess-a-Bagel (p. 138). Modeste mais classique.

de desserts : 23 parfums de cheesecake, 10 sortes de tartes, des cookies, le sabayon ou la mousse au chocolat…

Harlem et Upper Manhattan

Red Rooster Américain $$$

(☎212-792-9001 ; www.redroosterharlem.com ; 310 Malcolm X Blvd, entre 125th St et 126th St, Harlem ; plats déj 21-29 $, dîner 23-40 $; ⌚11h30-15h et 16h30-22h30 lun-jeu, jusqu'à 23h30 ven, 10h-15h et 16h30-23h30 sam, jusqu'à 22h dim ; Ⓢ2/3 jusqu'à 125th St). Dans cette brasserie, le chef Marcus Samuelsson prépare des plats simples mais raffinés et rehaussés de saveurs du monde. Ici, le *mac'n'cheese* est associé au homard, le *blackened catfish* (poisson-chat frit aux herbes et épices) est accompagné de pickles de mangue, et les boulettes de viande suédoises rappellent les origines du chef. L'ambiance bar avec DJ est presque meilleure que les plats : débarquez après minuit le week-end et l'endroit sera toujours plein à craquer.

Reverence Fusion $$$

(www.reverence.nyc ; 2592 Frederick Douglass Blvd ; menu dégustation de 5 plats 98 $; ⌚18h-22h30 mar-sam ; ⓈA/B/C jusqu'à 135 St). Pionnier du mouvement des restaurants underground à San Francisco, le chef Russell Jackson a débarqué à New York en 2019 avec un menu dégustation composé de 5 mets aux influences asiatiques, françaises et latino-américaines. Les oursins à la péruvienne cuisinés au beurre de *shiso* (herbe japonaise) ou les gougères farcies au tofu et aux baies confites s'y apprécient sur le moment, les photos étant interdites.

Maison Harlem Français $$

(☎212-222-9224 ; www.maisonharlem.com ; 341 St Nicholas Ave, au niveau de 127th St, Harlem ; plats 18-34 $; ⌚11h-minuit lun-jeu, 11h-1h ven, 10h-1h sam, 10h-minuit dim ; 📶 ; ⓈA/C, B/D jusqu'à 125th St). Dirigé par deux Français, ce bar-bistrot en vogue est comme une deuxième maison pour les résidents du quartier, qui viennent à toute heure déguster des classiques français : pain perdu, soupe à l'oignon, confit de canard. Le week-end, un DJ enflamme la piste de danse.

BLVD Bistro Américain $$

(☎212-678-6200 ; boulevardbistrony.com ; 2149 Frederick Douglass Blvd, au niveau de 116th St, Harlem ; plats 16-28 $; ⌚11h-15h30 et 17h-23h mar-ven, 9h-16h et 18h-23h sam, 10h-18h dim ; 🖉 ; Ⓢ2/3 jusqu'à 125th St). Cette adresse minuscule utilise des produits de saison pour élaborer une *soul food* représentant la quintessence du Sud, mais subtilement revisitée. Le chef Carlos Swepson, natif du Mississippi, célèbre ses racines avec des plats comme les pancakes au babeurre gorgés de myrtilles, les macaronis aux sept fromages et au bacon fumé, sans compter un pain brioché avec une crème à la saucisse. Très prisé, le brunch du dimanche est servi toute la journée. Alléluia !

Brooklyn

Ample Hills Creamery Glacier $

(Plan p. 272 ; ☎347-725-4061 ; amplehills.com ; 623 Vanderbilt Ave, au niveau de St Marks Ave, Prospect Heights ; glaces à partir de 4,50 $; ⌚12h-22h dim-jeu, 12h-23h ven-sam ; ⓈB, Q jusqu'à 7th Ave, 2/3 jusqu'à Grand Army Plaza). Ample Hills tire son nom d'un vers de Walt Whitman et sa carte des glaces, à base de produits bio, est tout un poème. Chaque adresse a son parfum star. À Prospect Heights, le "Commodore", aux notes salées, avec rayons de miel et chips enrobées de chocolat. Tous les produits sont élaborés dans la fabrique de Red Hook, à partir de crème et de lait frais sans hormones.

Juliana's Pizzeria $$

(Plan p. 272 ; ☎718-596-6700 ; julianaspizza.com ; 19 Old Fulton St, entre Water St et Front St, Brooklyn Heights ; pizza 20-32 $; ⌚ 11h30-22h, fermé 15h15-16h ; 🖉 ; ⓈA/C jusqu'à High St-Brooklyn Bridge). Le maestro Patsy Grimaldi est de retour à Brooklyn avec ses délicieuses pizzas, fines et croustillantes, dans des variations à la fois classiques et innovantes, comme la n°1, avec de la mozzarella, du *scamorza affumicata*

Smorgasburg

(fromage fumé italien au lait de vache), de la pancetta, des échalotes et de l'huile d'olive aux truffes blanches. Juliana's ferme 45 minutes l'après-midi le temps de relancer le four à charbon.

Smorgasburg — Marché $

(www.smorgasburg.com ; plats à partir de 10 $; Williamsburg 11h-18h sam, Prospect Park 11h-16h dim ;). Le plus grand événement culinaire de Brooklyn rassemble plus de 100 marchands de délices en tous genres, des calamars farcis au meilleur de la cuisine afghane, des burgers de ramen aux pizzas façon cupcakes. Accompagnez vos *arepas* (sandwichs au pain de maïs) d'une limonade à la lavande. Le lieu peut changer selon les saisons, consultez le site Web. Les cartes bancaires sont largement acceptées.

Modern Love — Végétalien $$

(Plan p. 273 ; 929-298-0626 ; www.modernlovebrooklyn.com ; 317 Union Ave, près de S 1st St, East Williamsburg ; plats brunch 16-18 $, dîner 18-24 $; 17h30-22h mar-jeu, 17h30-23h ven, 10h-14h30 et 17h-23h sam, 10h-14h30 et 17h-22h dim ; ; S G jusqu'à Metropolitan Ave, L jusqu'à Lorimer St). La chef réputée Isa Chandra Moskowitz fait des heureux à Williamsburg grâce à sa cuisine végane haut de gamme. Le restaurant est idéal pour une soirée en amoureux, avec son éclairage tamisé et son service irréprochable. Côté plats, citons les "mac 'n' shews" (au fromage de noix de cajou crémeux), la poutine truffée et une salade barbecue coréenne à tomber, au tofu et au kimchi. Mieux vaut réserver.

Roberta's — Pizzeria $$

(Plan p. 273 ; 718-417-1118 ; robertaspizza.com ; 261 Moore St, près de Bogart St, East Williamsburg ; pizzas 17-21 $; 11h-minuit lun-ven, 10h-minuit sam-dim ; ; S L jusqu'à Morgan Ave). Dans un entrepôt reconverti en espace branché de ce quartier de Brooklyn en plein essor, vous savourerez des pizzas parmi les meilleures de New York. Si le personnel est décontracté, la préparation des pizzas, croustillantes et garnies d'ingrédients frais et délicieux, est d'un sérieux irréprochable. Les palais plus aventureux opteront pour les succès saisonniers comme la Beastmaster (gorgonzola, saucisse de porc et *jalapeños*).

Dough Boulangerie $

(Plan p. 272 ; ☎347-533-7544 ; doughdoughnuts.com ; 448 Lafayette Ave, angle Franklin Ave, Bed-Stuy ; donuts environ 3 $; ⏲6h-21h ; 📶 ; Ⓢ G jusqu'à Classon Ave). À cheval entre Clinton Hill et Bed-Stuy, cette minuscule boulangerie fait du doughnut une œuvre d'art. La pâte briochée est levée à deux reprises, frite puis sublimée par différents parfums et glaçages : caramel de chocolat au beurre salé, fruit de la Passion, confiture de lait, hibiscus...

Fette Sau Grillades $$

(Plan p. 273 ; ☎718-963-3404 ; fettesaubbq.com ; 354 Metropolitan Ave, entre Havemeyer St et Roebling St, Williamsburg ; viande 12-15 $ les 230 g, accompagnements 4-8 $; ⏲17h-23h lun, 12h-23h mar-dim ; Ⓢ L jusqu'à Bedford Ave). Pas de chichis ici, mais un vrai respect de la viande au barbecue. Le "Porc gras" est la meilleure adresse de Brooklyn en la matière. Ici, on partage les tables sur tréteaux et on paie au poids. Bienvenue aux amoureux de poulet fumé, effiloché de porc, poitrine de bœuf et saucisses à la sauce épicée aux anchois.

Miss Ada Méditerranéen $$$

(Plan p. 272 ; ☎917-909-1023 ; missadanyc.com ; 184 DeKalb Ave, au niveau de Carlton Ave, Fort Greene ; plats 18-27 $; ⏲17h30-22h30 mar-jeu, 17h30-23h30 ven-sam, 11h-14h30 et 17h30-22h30 dim ; 🖉 ; Ⓢ G jusqu'à Fulton St, G jusqu'à Clinton-Washington Aves, B, Q/R jusqu'à DeKalb Ave). Le propriétaire et chef Tomer Blechman s'inspire des recettes de son pays, Israël. On y goûte du poulpe à l'aubergine, du saumon aux épices ou de la *shakshuka* (œuf poché, sauce tomate épicée et fromage de chèvre). Les herbes aromatiques viennent du jardin, où on peut déjeuner en terrasse l'été. Et Miss Ada ? Il s'agit en réalité de *misada*, "restaurant" en hébreu. Il faut réserver tôt.

Five Leaves Américain $$

(Plan p. 273 ; ☎718-383-5345 ; fiveleavesny.com ; 18 Bedford Ave, au niveau de Lorimer St, Greenpoint ; plats petit-déj ou déj 10-19 $, dîner 15-27 $; ⏲8h-1h ; 🚌B48, B62 arrêt Lorimer St, Ⓢ G jusqu'à Nassau Ave). Institution de la scène gastronomique de Greenpoint, Five Leaves dispose d'une foule hétéroclite de fidèles, qui s'installent en terrasse ou dans la salle au style rétro. Le matin, venez goûter aux pancakes à la ricotta, au pamplemousse rôti et au délicieux expresso. Au déjeuner, il y a des sandwichs bacon-avocat ou poisson, accompagnés de frites à la truffe. Les cocktails sont tentants à toute heure, à l'image du Bloody Mary ou du "Tiger's Milk" café-coco.

Zenkichi Japonais $$$

(Plan p. 273 ; ☎718-388-8985 ; zenkichi.com ; 77 N 6th St, au niveau de Wythe Ave, Williamsburg ; menu végétarien/classique 65/75 $; ⏲17h30-23h30 dim-jeu, 17h30-minuit ven-sam ; 🖉 ; Ⓢ L jusqu'à Bedford Ave). Fondé par un chef de Tokyo souffrant du mal du pays, ce restaurant à l'atmosphère feutrée allie sérénité et plaisir en proportions égales. Isolez-vous dans l'un des box, commandez l'*omakase* (pour deux personnes minimum) et laissez-vous surprendre et charmer par le tofu soyeux, le cabillaud mariné au miso, les sashimis de saison...

DeKalb Market Hall Espace de restauration $

(Plan p. 272 ; ☎929-359-6555 ; www.dekalbmarkethall.com ; City Point, 445 Albee Sq W, au niveau de DeKalb Ave, Downtown Brooklyn ; en-cas à partir de 6 $, plats à partir de 12 $; ⏲7h-22h ; 📶 ; Ⓢ B, Q/R jusqu'à DeKalb Ave, 2/3 jusqu'à Hoyt St, A/C, G jusqu'à Hoyt-Schermerhorn). La plus vaste aire de restauration de Brooklyn rassemble plus de 40 comptoirs de street food et repas gourmets à emporter, au sous-sol du centre commercial City Point. Qu'allez-vous choisir ? Des *pierogi* (sortes de raviolis polonais) faits main et une bière, des *churros*, une crêpe, une *arepa* (épaisse galette de maïs), une pâtisserie à la française, un taco, un bagel généreux ? L'une des meilleures adresses dans le cœur de Brooklyn pour manger sur le pouce.

F·A·O
F·A·O
F·A·O
SCHWARZ

SHOPPING

Partez à la chasse aux trésors

Shopping

Capitale du commerce, de la créativité et de la mode, New York est l'une des destinations shopping phares de la planète. Les lumières de la ville attirent designers, artisans et entrepreneurs de renommée mondiale, qui parsèment les rues et marchés d'articles uniques et de magasins branchés. Difficile de ne pas faire de folies lorsque l'on est cerné de boutiques indépendantes et de grands magasins mythiques. Noël, en particulier, voit des touristes du monde entier débarquer en ville pour profiter des soldes.

Dans ce chapitre

Sites Web et blogs

New York Magazine (nymag.com). Conseils avisés sur les meilleurs endroits où dépenser son argent.

Not Jess Fashion (www.notjessfashion.com). Des articles lifestyle et des infos sur les dernières tendances de la blogueuse de mode Jessica Wang.

Mimosas & Manhattan (mimosasmanhattan.com). Blog voué à la mode et au lifestyle, avec des conseils de beauté et des pistes d'inspiration.

He Spoke Style (hespokestyle.com). Site consacré à la mode masculine, avec des conseils de chroniqueurs résidant à New York.

Page précédente : peluches de FAO Schwarz (p. 159)

Heures d'ouverture

Généralement, les commerces ouvrent de 10h à 19h en semaine, et de 11h à 20h le samedi. Le dimanche, les horaires sont plus variables – certains magasins restent fermés, tandis que d'autres ouvrent comme en semaine. Les boutiques tendent à rester ouvertes plus tard dans les quartiers de Lower Manhattan. Beaucoup de petites échoppes ouvrent seulement à midi.

Soldes

Les soldes sur les vêtements ont généralement lieu à la fin de chaque saison. D'autres périodes de soldes coïncident avec les week-ends prolongés tels que ceux de Memorial Day et Labor Day. Mais c'est bien le Black Friday (le vendredi qui suit Thanksgiving) qui remporte la palme de la frénésie, notamment sur 5th Ave. Les réductions vont de 30 à 50%.

Les meilleurs...

Le top des magasins et boutiques de New York

Pour les enfants

FAO Schwarz (p. 159). Cette institution new-yorkaise du jouet, ressuscitée depuis peu, est un paradis pour petits et grands.

MoMA Museum Design Stores (p. 157). Jeux, jouets, mobiles, et livres pour stimuler les jeunes esprits.

Yoya (p. 156). Jolie petite boutique de vêtements dans West Village.

Pour les hommes

Nepenthes New York (p. 159). Un collectif japonais et des articles de marque branchés.

Odin (p. 156). Minuscule boutique de Downtown proposant des pièces uniques.

New York Shaving Company (photo ; p. 153). Eaux de Cologne classiques inspirées de SoHo et accessoires de rasage chez un barbier prisé des célébrités.

Pour les femmes

Galeria Melissa (p. 153). Chaussures élégantes et originales de la marque brésilienne écologique.

Resurrection (p. 154). Paradis du design vintage avec des employés sympathiques.

Century 21 (photo ; p. 152). Des créateurs à prix réduits dans cette institution de Downtown.

Décoration et design

Fishs Eddy (photo ; p. 157). Des accessoires pour la maison assez originaux.

Guggenheim Store (p. 91). Articles de maison et objets d'art inspirés par le musée.

Museum of Art & Design Store (p. 69). Objets pour la maison et bijoux de créateurs.

Mode

Rag & Bone (photo ; p. 154). Vêtements urbains modernes pour hommes et femmes.

John Varvatos (p. 155). Des matières brutes et pratiques, dans un ancien club punk.

Opening Ceremony (p. 154). Du streetwear tendance et des pièces de créateurs.

Librairies

Strand Book Store (photo ; p. 155). La meilleure librairie de livres d'occasion en ville.

Housing Works Bookstore (p. 154). Livres d'occasion et café dans un lieu plein de poésie de Nolita.

McNally Jackson (p. 154). Fabuleuse adresse à SoHo pour dénicher des livres et assister à des lectures d'auteurs.

Spots vintage

Housing Works Thrift Shop (p. 156). Des magasins toujours sympathiques à explorer, partout en ville.

Beacon's Closet (photo ; p. 156). Trouvez une nouvelle tenue sans vider votre compte en banque dans cette boutique vintage. Autre enseigne à Brooklyn.

Resurrection (photo ; p. 154). Pièces de marque vintage en parfait état.

★ La sélection de Lonely Planet

Bergdorf Goodman (p. 159). Le plus magique des grands magasins new-yorkais, aux vitrines féeriques.

Brooklyn Flea (p. 161). Un bric-à-brac de meubles vintage et de vêtements rétro, à Brooklyn.

ABC Carpet & Home (p. 157). Comme dans un musée, les 6 niveaux d'ABC débordent de trésors.

MoMA Design & Book Store (p. 157). Une boutique idéale pour acheter des beaux livres, des reproductions d'œuvres et de jolis articles pour la maison.

Financial District et Lower Manhattan

Philip Williams Posters — Affiches rétro

(Plan p. 260 ; 212-513-0313 ; postermuseum.com ; 122 Chambers St, entre Church St et W Broadway, Lower Manhattan ; 10h-19h lun-sam ; A/C, 1/2/3 jusqu'à Chambers St). Cette caverne d'Ali Baba réunit plus de 100 000 affiches, dont certaines de 1870. Affiches françaises géantes pour des parfums et du cognac, affiches de films d'Europe de l'Est et affiches décoratives du Nouvel An chinois. Comptez de 15 $ pour une reproduction à taille réduite à des milliers de dollars pour les originaux les plus rares (une pièce Cassandre, par exemple). Autre entrée au 52 Warren St.

Century 21 — Mode

(Plan p. 260 ; 212-227-9092 ; c21stores.com ; 22 Cortlandt St, entre Church St et Broadway, Financial District ; 7h45-21h lun-mer, 7h45-21h30 jeu-ven, 10h-21h sam, 11h-20h dim ; A/C, J/Z, 2/3, 4/5 jusqu'à Fulton St, R/W jusqu'à Cortlandt St). Avec des réductions jusqu'à 65%, ce magasin à prix cassés est addictif pour les fashionistas. Tout n'est pas sensationnel, il faut fouiller. On y trouve vêtements, accessoires, chaussures, cosmétiques, articles pour la maison, jouets et un atelier de retouche. La branche du Financial District est la maison-mère ; il y a six autres boutiques à Manhattan et dans le reste de la ville, et d'autres dans le New Jersey, à Long Island, à Philadelphie et en Floride.

Pearl River Mart — Grand magasin

(Plan p. 262 ; 212-431-4770 ; www.pearlriver.com ; 395 Broadway, au niveau de Walker St, Tribeca ; 10h-19h20 ; N/Q/R/W, J/M/Z, 6 jusqu'à Canal St). Installé depuis 1971, Pearl River vend d'innombrables articles asiatiques, dont des pyjamas en soie, des robes *cheongsam*, de la vaisselle en céramique japonaise, des gadgets de cuisine ingénieux, des lanternes en papier, des kits d'origami et de calligraphie, et des chats porte-bonheur à gogo. Sur la mezzanine est installée une galerie d'art qui accueille les expositions

Glossier Flagship

RBLFMR/SHUTTERSTOCK ©

temporaires gratuites d'artistes et photographes asio-américains.

Bowne & Co Stationers Cadeaux et souvenirs

(Plan p. 260 ; 646-628-2707 ; 211 Water St, entre Beekman St et Fulton St, Lower Manhattan ; 11h-19h ; S 2/3, 4/5, A/C, J/Z jusqu'à Fulton St). Parfaitement situé dans les rues pavées de South Street Seaport et rattaché au South Street Seaport Museum (p. 101), ce vestige du XVIIIe siècle vend des posters vintage, des blocs-notes, des étuis à crayons, des cartes, des timbres et même du papier cadeau sur le thème de New York. L'imprimerie propose des cartes de visite personnalisées et des initiations mensuelles à l'art de Gutenberg (consultez le site Internet du musée, à la rubrique *Learn*).

SoHo et Chinatown

Glossier Flagship Cosmétiques

(Plan p. 262 ; www.glossier.com ; 123 Lafayette St, SoHo ; 11h-21h lun-sam, 11h-20h dim ; S 6 ; J/Z arrêt Canal St). Le site de vente de cosmétiques Glossier (à prononcer "à la française" : "glossié") dispose aujourd'hui d'un vrai magasin devant lequel s'étire régulièrement une longue file d'attente. Une fois à l'intérieur, montez le superbe escalier rouge jusqu'à une éclatante salle aux teintes roses, avec lumière diffuse, béton ciré au sol, enduits rose pastel et banquettes rouges en forme de lèvres.

Galeria Melissa Chaussures

(Plan p. 262 ; 212-775-1950 ; www.melissa.com.br/us/galerias/ny ; 500 Broadway, entre Broome St et Spring St, SoHo ; 10h-19h lun-ven, 10h-20h sam, 11h-19h dim ; ; S 6 jusqu'à Spring St, R/W jusqu'à Prince St). Ce designer brésilien est spécialisé dans les chaussures en plastique, idéales par temps de pluie. Recyclables, durables et élégantes, ces chaussures pour femmes et enfants se déclinent en sandales, chaussures basses ou running et, bien sûr, des bottes.

Épicentre de la mode

Figurant parmi les capitales mondiales de la mode, New York lance les tendances qui seront suivies par le reste du pays. Pour connaître les dernières en date, il ne faut pas hésiter à flâner dans les boutiques les plus prisées de la ville. Voici une sélection de quelques adresses du moment : Opening Ceremony (p. 154), Issey Miyake, Marc Jacobs, Rag & Bone (p. 154), John Varvatos (p. 155) et By Robert James.

Si votre temps est limité, ou si vous voulez simplement explorer le maximum de marques au même endroit, rendez-vous dans d'étourdissants grands magasins dont certains sont particulièrement stylés ; vous pourrez par exemple passer un après-midi entier au Bergdorf Goodman (p. 159), chez **Macy's** (plan p. 266 ; 212-695-4400 ; www.macys.com ; 151 W 34th St, au niveau de Broadway, Midtown West ; 10h-22h lun-sam, 10h-21h dim ; S B/D/F/M, N/Q/R/W jusqu'à 34th St-Herald Sq, A/C/E jusqu'à Penn Station) ou chez Bloomingdale's (p. 159).

Macy's

New York Shaving Company Bien-être

(Plan p. 262 ; 212-334-9495 ; nyshavingcompany.com ; 202b Elizabeth St, entre Prince St et Spring St, Nolita ; 11h-20h lun-ven, 10h-20h sam, 11h-19h dim ; S 6 jusqu'à Spring St, J/Z jusqu'à Bowery). Un établissement de soins pour hommes créé par John Scala, un Sicilien né à Brooklyn. Dans des casiers en bois sont exposés de beaux articles de toilette à l'ancienne (crèmes, gels et kits de rasage). Parmi les eaux de Cologne, il paraît que Justin Timberlake apprécie l'Elizabeth St.

Rag & Bone Mode

(Plan p. 262 ; ☎212-219-2204 ; www.rag-bone.com ; 117-119 Mercer St, entre Prince St et Spring St, SoHo ; ⏲11h-20h lun-sam, 11h-19h dim ; S R/W jusqu'à Prince St). Cette marque new-yorkaise, née en 2002, est très prisée des bobos du cru. Au choix, chemises et blazers épurés, tee-shirts imprimés, robes légères à bretelles, articles en cuir et les fameux jeans de la marque (à partir de 200 $) à la coupe généralement impeccable. On trouve également de nombreux accessoires (chaussures, chapeaux et maroquinerie).

Resurrection Vintage

(Plan p. 262 ; ☎212-625-1374 ; www.resurrectionvintage.com ; 45 Great Jones St, entre Lafayette St et Bowery St, SoHo ; ⏲10h-18h lun-ven ; S 6 jusqu'à Spring St ; N/R jusqu'à Prince St). On ressuscite ici les styles phares des dernières décennies, avec de superbes pièces mod, glam-rock et new wave en parfait état. Ne manquez pas les robes Halston, les manteaux Courrèges et les bijoux Jack Boyd. Marc Jacobs est passé par ici pour trouver l'inspiration.

McNally Jackson Livres

(Plan p. 262 ; ☎212-274-1160 ; www.mcnallyjackson.com ; 52 Prince St, entre Lafayette St et Mulberry St, Nolita ; ⏲10h-22h lun-sam, 10h-21h dim ; S R/W jusqu'à Prince St, 6 jusqu'à Spring St). Cette librairie indépendante vend sa propre sélection de magazines et de livres – romans contemporains, cuisine, architecture et design, art et histoire. Si vous trouvez un siège, l'agréable café est idéal pour consulter les ouvrages ou assister à l'une des fréquentes séances de lecture ou de dédicace.

Opening Ceremony Mode et accessoires

(Plan p. 262 ; ☎212-219-2688 ; www.openingceremony.com ; 35 Howard St, entre Broadway et Lafayette St, SoHo ; ⏲11h-20h lun-sam, 12h-19h dim ; S N/Q/R, J/Z, 6 jusqu'à Canal St). Une boutique réputée pour sa sélection sans cesse renouvelée des meilleures marques de vêtements indé et streetwear du monde entier. Articles pour hommes, femmes et unisexe, ainsi que les créations d'avant-garde d'Opening Ceremony. Des vêtements tendance... et coûteux !

Housing Works Bookstore Livres

(Plan p. 262 ; ☎212-334-3324 ; www.housingworks.org/locations/bookstore-cafe ; 126 Crosby St, entre E Houston St et Prince St, SoHo ; ⏲10h-21h lun-jeu, 10-18h ven-dim ; 📶 ; S B/D/F/M jusqu'à Broadway-Lafayette St, N/R jusqu'à Prince St). Cet endroit typiquement local vous offrira une échappée pour quelques heures, avec une excellente sélection de livres d'occasion, vinyles, disques et comics en vente pour la bonne cause (les bénéfices sont reversés aux personnes séropositives de New York et aux sans-abri atteints du sida). Pour un après-midi de lecture sur place ou au café d'à côté, et une visite à la friperie voisine.

East Village et Lower East Side

Russ & Daughters Alimentation

(Plan p. 262 ; ☎212-475-4800 ; www.russanddaughters.com ; 179 E Houston St, entre Orchard St et Allen St, Lower East Side ; ⏲8h-18h ven-mer, 8h-19h jeu ; S F jusqu'à 2nd Ave). Ce *deli* régale New York depuis 1914 de ses produits d'Europe de l'Est : caviar, esturgeon, hareng et saumon fumé.

TVA à New York

Les vêtements et chaussures coûtant moins de 110 $ sont exonérés de TVA. Pour tout le reste, vous paierez 8,875% de TVA sur chaque achat.

Russ & Daughters

Fièrement tenue par la famille Russ depuis quatre générations, c'est le lieu idéal pour composer un pique-nique ou faire ses emplettes. Apprécié des gourmets, férus d'histoire et architectes d'intérieur.

Obscura Antiques Antiquaire

(Plan p. 262 ; 212-505-9251 ; obscuraantiques.com ; 207 Ave A, entre E 12th St et E 13th St, East Village ; 13h-19h30 ; S L jusqu'à 1st Ave). Une collection excentrique et variée qui ravira les amateurs de curiosités comme les chasseurs d'antiquités aguerris : trophées de chasse, crânes et squelettes de rongeurs, collections de papillons sous verre, photographies post-mortem de l'ère victorienne, instruments (dentaires ?) terrifiants, drapeaux indicateurs de mines allemands, fioles de poison anciennes et yeux en verre. *Oddities* (2011-2014), une série TV, est consacrée à ce lieu, aux curiosités qu'il contient et aux fouineurs qui les recherchent.

John Varvatos Mode et accessoires

(Plan p. 262 ; 212-358-0315 ; johnvarvatos.com ; 315 Bowery, entre E 1st St et E 2nd St, East Village ; 12h-20h lun-ven, 11h-20h sam, 12h-18h dim ; S F/M jusqu'à 2nd Ave ; 6 jusqu'à Bleecker St). Cette boutique qui occupe les anciens locaux du légendaire club punk CBGB honore l'héritage rock and roll des lieux avec des disques, du matériel hi-fi haut de gamme et des guitares électriques, aux côtés de jeans, bottes en cuir, ceintures et tee-shirts graphiques. Les vendeurs, qui portent les vêtements vendus dans la boutique, affichent un style chic décontracté bien loin du caractère autrefois licencieux de Bowery.

West Village, Chelsea et Meatpacking District

Strand Book Store Livres

(Plan p. 262 ; 212-473-1452 ; strandbooks.com ; 828 Broadway, au niveau de E 12th St, West Village ; 9h30-22h30 ; S L, N/Q/R/W, 4/5/6 jusqu'à 14th St-Union Sq). L'iconique Strand incarne l'intellect du centre-ville new-yorkais – un pays des merveilles littéraires, où des générations de bibliophiles armés de sacs frappés du logo de la boutique viennent se perdre avec bonheur pendant des heures. Ouvert en 1927, Strand vend des titres neufs, d'occasion et rares, avec près de 29 km de rayons (plus de 2,5 millions d'ouvrages) répartis dans un labyrinthe sur 3 niveaux.

Yoya Mode enfant

(Plan p. 262 ; ☎646-336-6844 ; yoyanyc.com ; 605 Hudson St, entre Bethune St et W 12th St, West Village ; ⌚10h-18h lun-sam, 12h-17h dim, horaires réduits en hiver ; Ⓢ A/C/E, L jusqu'à 8th Ave-14th St). Des vêtements pour enfants, élégants et de qualité, avec de grandes marques telles que Bobo Choses, Bang Bang Copenhagen et 1+ In The Family.

Beacon's Closet Friperie

(Plan p. 262 ; ☎917-261-4863 ; www.beaconscloset.com ; 10 W 13th St, entre 5th Ave et 6th Ave, West Village ; ⌚11h-20h ; Ⓢ L, N/Q/R/W, 4/5/6 jusqu'à 14th St-Union Sq). Chez Beacon's, qui a trois autres boutiques à Brooklyn, un bon choix de vêtements de seconde main en très bon état, à l'esthétique résolument hipster, vous attend. Les friperies étant rares dans le quartier, ce magasin n'en est que plus attrayant. Venez en milieu de semaine ou préparez-vous à affronter la foule.

Odin Mode

(Plan p. 262 ; ☎212-243-4724 ; odinnewyork.com ; 106 Greenwich Ave, entre W 13th St et W 12th St, West Village ; ⌚12h-20h lun-sam, 12h-19h dim ; Ⓢ A/C/E, L jusqu'à 8th Ave-14th St, 1/2/3 jusqu'à 14th St). Nommé ainsi d'après un puissant dieu nordique, Odin offre une touche de magie aux hommes en quête d'un nouveau look. Sur les portants de cette boutique animée, vous verrez des habits signés Dickies Construct, Acne Studios ou encore Second Layer, ainsi que ceux de créateurs prometteurs. Côté accessoires, vous trouverez des chapeaux Albertus Swanepoel, des lunettes de soleil Oliver Peoples et des bijoux Nikolai Rose.

Housing Works Thrift Shop Articles d'occasion

(Plan p. 266 ; ☎718-838-5050 ; housingworks.org ; 143 W 17th St, entre 6th Ave et 7th Ave, Chelsea ; ⌚11h-19h lun-sam, 12h-17h dim ; Ⓢ 1 jusqu'à 18th St). Avec sa vitrine joliment

Strand Book Store

RBLFMR/SHUTTERSTOCK ©

présentée, cette boutique gérée par une association caritative ressemble à un magasin classique. On y trouve vêtements (notamment de grandes marques), accessoires, meubles, livres et disques d'un excellent rapport qualité/prix. Les bénéfices servent à secourir les sans-abri séropositifs et malades du sida. Treize autres adresses en ville.

Union Square, Flatiron District et Gramercy

Fishs Eddy Maison, déco

(Plan p. 266 ; ☎212-420-9020 ; www.fishseddy.com ; 889 Broadway, au niveau de E 19th St, Union Sq ; ⏲10h-18h lun et mer-sam, 11h-18h dim ; Ⓢ R/W, 6 jusqu'à 23rd St). Les produits de qualité Fishs Eddy – tasses, soucoupes, beurriers et carafes parmi tant d'autres, aux couleurs élégantes ou aux motifs délicieusement extravagants – agrémentent les foyers des New-Yorkais branchés depuis des années. Les produits de la ligne 'Brooklynese' (*Cawfee*, *Shuguh*, *Sawlt*, etc.) font d'excellents souvenirs.

ABC Carpet & Home Maison, déco

Plan p. 266 ; ☎212-473-3000 ; www.abchome.com ; 888 Broadway, au niveau de 19th St, Flatiron District ; ⏲10h-18h lun-sam, 11h-17h dim ; Ⓢ4/5/6, N/Q/R/W, L jusqu'à 14th St-Union Sq). Paradis des architectes d'intérieur et décorateurs, ce temple du bon goût sur 7 niveaux déborde de meubles et d'accessoires. On y trouve bibelots, bijoux, mobilier de qualité, luminaires design, objets en céramique, plaids et tapis anciens. À la période de Noël, c'est un lieu féerique pour acheter des décorations.

Midtown

MoMA Museum Design Stores Cadeaux, souvenirs

(Plan p. 268 ; ☎212-708-9700 ; momastore.org ; 11 W 53rd St, entre 5th Ave et 6th Ave ; ⏲10h30-18h tlj ; ⓈE, M jusqu'à 5th Ave-53rd St). Récemment rénovée, la boutique du MoMA (p. 74) est une librairie et une boutique de souvenirs design. Outre d'excellents livres (sur l'art, l'architecture ou la culture populaire, avec une section de livres d'images pour enfants), on y trouve des reproductions d'œuvres d'art, des affiches et toutes sortes d'articles originaux. Mobilier, articles de maison, bijoux, sacs et cadeaux élégants au **MoMA Design Store** (10h-18h30 tlj), de l'autre côté de la rue.

Saks Fifth Avenue Grand magasin

(Plan p. 268 ; ☎212-753-4000 ; saksfifthavenue.com ; 611 5th Ave, au niveau de E 50th St ;

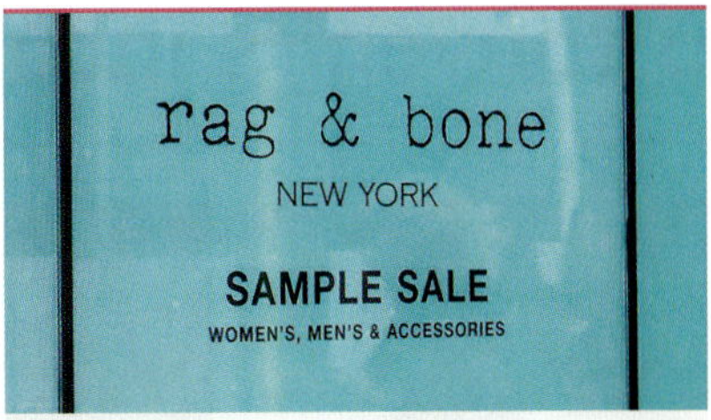

Ventes privées

Outre les promotions qui peuvent avoir lieu toute l'année, des *sample sales* (ventes privées) sont régulièrement organisées – en général lorsque les stocks doivent être déplacés pour accueillir la nouvelle collection –, en particulier dans les vastes entrepôts du Fashion District de Midtown ou à SoHo. Il s'agissait au départ pour les créateurs de se débarrasser de prototypes un peu usés, mais aujourd'hui la plupart de ces ventes sont l'occasion pour les marques haut de gamme d'écouler leurs stocks à prix cassés. Tenez-vous au courant via Chicmi (www.chicmi.com/new-york/sample-sales). On peut également trouver des vêtements de luxe peu portés à prix réduits dans les dépôts-ventes. L'Upper East Side est le territoire de chasse des amateurs de grandes marques, avec notamment Michael's (p. 160).

Vente privée chez Rag & Bone (p. 154)
RBLFMR/SHUTTERSTOCK ©

5 souvenirs incontournables

Lions de la NYPL

À la boutique de la NYPL on peut s'offrir un presse-papier à l'effigie du lion de la New York Public Library (p. 64) ou tout autre objet en rapport avec les livres.

Articles I♥NY

Le célèbre logo (1976) de Milton Glaser a toujours autant de succès. Tee-shirt, mug ou autre à la boutique **Citystore** (plan p. 260 ; ☎212-386-0007 ; nyc.gov/citystore).

Gobelet à café

Une version en céramique du classique gobelet à café Anthora, l'un des objets les plus représentatifs de New York. Vendue au MoMA Design Store (p. 157).

Mode locale

Gagnez vos galons de hipster grâce à quelques pièces glanées chez Opening Ceremony (p. 154).

Linge de maison 212 Skyline

Les créations de Fishs Eddy (p. 157) ornés des édifices phares de Manhattan mettront du style dans votre cuisine.

⌚10h-20h30 lun-sam, 11h-19h dim ; Ⓢ B/D/F/M jusqu'à 47th St-50th St-Rockefeller Center, E, M jusqu'à 5th Ave-53rd St). Avec plus de 60 000 m² d'espace de vente répartis sur 10 étages, le fleuron de l'empire Saks renferme l'incroyable "Shoe Salon", le plus grand espace de chaussures pour dames de New York ! Ne manquez pas le niveau "beauté", rénové, et les rayons homme, avec le salon de coloration Joel Warren et une sélection de vêtements très pointue. Les soldes de janvier y sont légendaires.

Bloomingdale's Grand magasin

(Plan p. 270 ; ☎212-705-2000 ; bloomingdales.com ; 1000 3rd Ave, au niveau de E 59th St, Midtown East ; ⌚10h-20h30 lun-sam, 11h-19h dim ; Wi-Fi ; Ⓢ 4/5/6 jusqu'à 59th St ; N/R/W jusqu'à Lexington Ave-59th St). Le "Bloomies" est aux magasins ce que le Metropolitan Museum est aux musées : mythique, gigantesque, incontournable... et bondé. Arpentez ses rayons pour découvrir vêtements et chaussures des plus grands couturiers, ainsi que de jeunes créateurs. On y trouve aussi une boutique Magnolia Bakery, le paradis du *cupcake*.

Bergdorf Goodman Grand magasin

(Plan p. 270 ; ☎212-753-7300 ; bergdorfgoodman.com ; 754 5th Ave, entre W 57th St et 58th St ; ⌚10h-20h lun-sam, 11h-19h dim ; Ⓢ N/R/W jusqu'à 5th Ave-59th St, F jusqu'à 57th St). Le "BG", installé ici depuis 1928, n'est pas uniquement apprécié pour ses vitrines de Noël (les plus belles de la ville), il est aussi à la pointe en matière de marques grâce à sa directrice Linda Fargo, figure de proue de l'industrie de la mode. Rendez-vous des dames de la haute société, ce magasin est notamment couru pour ses collections exclusives et son rayon de souliers pour femmes. Le magasin pour hommes est de l'autre côté de la rue.

FAO Schwarz Jouets

(Plan p. 268 ; ☎800-326-8638 ; faoschwarz.com ; 30 Rockefeller Plaza ; ⌚10h-20h lun-jeu, 10h-21h ven-sam, 10h-19h dim ; 👪 ; Ⓢ B/D/F/M 47 St-50 St-Rockefeller Center). Les New-Yorkais attristés par la fermeture, en 2015, de ce célèbre magasin (fondé en 1862) de 5th Ave, se réjouissent de la renaissance réussie de ce temple du jouet dans le Rockefeller Center en 2018. Comble du bonheur : même le clavier géant est de retour à l'étage !

Grand Central Market Marché

(Plan p. 268 ; www.grandcentralterminal.com/market ; Grand Central Terminal, Lexington Ave, au niveau de 42nd St, Midtown East ; ⌚7h-21h lun-ven, 10h-19h sam, 11h-18h dim ; Ⓢ S, 4/5/6, 7 jusqu'à Grand Central-42nd St). On ne va pas à Grand Central Station uniquement pour prendre le train car elle héberge aussi une galerie de 70 m de long, bordée de superbes stands de produits frais et de mets artisanaux : pain de campagne, tartes aux fruits, sushis, tourtes au poulet, pâte de coing espagnole, thé en vrac, antipasti, café en grains... Il y a même un stand Murray's Cheese, avec de sublimes produits laitiers comme le gruyère affiné en cave.

Nepenthes New York Mode et accessoires

(Plan p. 266 ; ☎212-643-9540 ; www.nepenthesny.com ; 307 W 38th St, entre 8th Ave et 9th Ave, Midtown West ; ⌚12h-19h lun-sam, 12h-17h dim ; Ⓢ A/C/E jusqu'à 42nd St-Port Authority Bus Terminal). Installée dans un ancien atelier de couture du Garment District, cette coopérative japonaise culte vend des marques pointues – et onéreuses – pour hommes comme Needles & Engineered Garments, réputées pour leur souci du détail et leur production artisanale. Leur style s'inspire du *workwear* américain. Parmi les accessoires : sacs, cartables, gants, lunettes et chaussures.

🔒 Upper East Side

Diptyque Parfums

(Plan p. 270 ; ☎212-879-3330 ; diptyqueparis.com ; 971 Madison Ave, angle E 76th St ; ⌚10h-19h lun-sam, 12h-18h dim ; Ⓢ 6 jusqu'à 77th St). Cette marque de luxe française, connue pour ses bougies parfumées et ses parfums unisexes, exporte le chic parisien jusque sur Madison Avenue. On ressort de cette oasis olfactive parfumé de rose, de glycine, de jasmin, de cyprès ou de santal.

Michael's Mode occasion luxe

(Plan p. 270 ; 212-737-7273 ; michaelsconsignment.com ; 1125 Madison Ave, entre E 84th St et 85th St ; 10h-18h30 lun-sam, 10h-20h jeu, 12h-18h dim, fermé dim juil-août ; S 6 jusqu'à 77th St). Ouverte dans les années 1950 et installée depuis 2018 dans une nouvelle boutique sur rue, cette enseigne très appréciée vend des vêtements de seconde main de grandes marques telles que Chanel, Gucci, Prada et Jimmy Choo. Presque tous les articles ont moins de deux ans. Les prix restent élevés, mais ce sera toujours moins cher que dans les grandes boutiques de Madison Avenue.

Upper West Side et Central Park

Zabar's Alimentation

(Plan p. 270 ; 212-787-2000 ; zabars.com ; 2245 Broadway, au niveau de W 80th St ; 8h-19h30 lun-ven, 8h-20h sam, 9h-18h dim ; S 1 jusqu'à 79th St). Bastion de la gastronomie casher et institution du quartier depuis les années 1930, ce vaste marché vend fromages, viande, olives, caviar, poisson fumé, pickles, noix, fruits séchés et *knishes* (boulettes de pommes de terre enrobées de pâte, originaires d'Europe de l'Est ; 3 $).

Harlem et Upper Manhattan

Harlem Haberdashery Mode et accessoires

(646-707-0070 ; harlemhaberdashery.com ; 245 Malcolm X Blvd, entre 122nd St et 123rd St, Harlem ; 12h-20h lun-sam ; S 2/3 jusqu'à 125th St). Une boutique ultra-branchée de l'Uptown et des collections sans cesse renouvelées de styles et de tailles variés. Tee-shirts, baskets chics, élégants chapeaux, vestes en cuir, lunettes de soleil et objets de décoration forment la sélection, toujours changeante, des articles proposés ici. La boutique vend même ses propres alcools artisanaux.

Rough Trade

GERALDO RAMOS/SHUTTERSTOCK ©

Brooklyn

Brooklyn Flea — Marché

(Plan p. 272 ; www.brooklynflea.com ; 80 Pearl St, Manhattan Bridge Archway, Anchorage Pl au niveau de Water St, Dumbo ; 10h-17h dim avr-oct ; B67 jusqu'à York St/Jay St, S F jusqu'à York St). Du printemps jusqu'au début de l'automne, environ 80 commerçants s'installent chaque dimanche sous une gigantesque arche du Manhattan Bridge. Antiquités, vinyles, fripes, fleurs, créations artisanales en tous genres, articles de maison et même absinthe : on y trouve de tout. Avalez un donut ou une part de pizza en arpentant les allées en décidant si vous allez repartir avec le kimono ou le tee-shirt estampillé Brooklyn...

Une version en intérieur, un peu réduite, est organisée le samedi de 10h à 17h dans Kent Ave, à Williamsburg. Consultez le site Internet car les emplacements sont sujets à changement.

Artists & Fleas — Marché

(Plan p. 273 ; 917-488-4203 ; artistsandfleas.com ; 70 N 7th St, entre Wythe Ave et Kent Ave, Williamsburg ; 10h-19h sam-dim ; S L jusqu'à Bedford Ave). Ce marché couvert où les bobos du cru affluent, rassemble plus de 75 vendeurs de bijoux en pierres brutes, bougies parfumées, huile de CBD et tee-shirts à imprimés. On déambule café à la main au son des rythmes d'un DJ. Deux autres lieux similaires, bien que plus petits, sont ouverts tous les jours, l'un à SoHo, l'autre au cœur du Chelsea Market (p. 81).

Quimby's Bookstore NYC — Livres

(Plan p. 273 ; 718-384-1215 ; www.quimbysnyc.com ; 536 Metropolitan Ave, entre Union Ave et Lorimer St, Williamsburg ; 11h-22h lun-sam, 11h-19h dim ; S G jusqu'à Metropolitan Ave, L jusqu'à Lorimer St). Librairie à l'âme rebelle, cette cousine de la boutique indé de Chicago met en lumière des auteurs de Brooklyn et propose des œuvres de la contre-culture autour du voyage, des sciences occultes, de la vie LGBTIQ+, de la musique, etc. Ses rayonnages proposent aussi des cartes postales humoristiques, des cahiers de poésie, des planches de phrénologie, des scarabées naturalisés, des ouvrages à tirages confidentiels... Événements hebdomadaires, lectures et expos photos notamment.

★ Les meilleurs cadeaux

Philip Williams Posters (p. 152)

Obscura Antiques (p. 155)

Bowne & Co Stationers (p. 153)

Artists & Fleas (ci-dessous)

Catbird — Bijouterie

(Plan p. 273 ; 718-599-3457 ; www.catbirdnyc.com ; 219 Bedford Ave, entre N 4th St et N 5th St, Williamsburg ; 12h-20h lun-ven, 11h-19h sam, 12h-18h dim ; S L jusqu'à Bedford Ave). Spécialisé dans les bijoux délicats, comme les bagues en pierre de lune et les colliers et bracelets de chevilles simples et charmants, Catbird est un incontournable de l'artisanat *made in Williamsburg*. La petite boutique vend les créations réalisées à quelques rues de là, ainsi que des pièces de bijoutiers indépendants et du monde entier. Tout est en or ou en argent, et les pierres précieuses certifiées.

Rough Trade — Disquaire

(Plan p. 273 ; 718-388-4111 ; roughtradenyc.com ; 64 N 9th St, entre Kent Ave et Wythe Ave, Williamsburg ; 11h-23h lun-sam, 11h-21h dim ; ; S L jusqu'à Bedford Ave). Les 1 000 m² de ce magasin de disques venu de Londres est un paradis pour les mélomanes. Des bacs entiers de vinyles et CD remplissent les lieux, ainsi que des stations d'écoute pour découvrir d'autres horizons musicaux. Sans oublier les livres, magazines et produits dérivés. Un DJ met l'ambiance et on peut prolonger le moment au Brompton Bike Cafe sur place.

PRENDRE UN VERRE

Des lieux où étancher votre soif, danser jusqu'à l'aube et bien plus...

WESLEY HITT/GETTY IMAGES ©

Prendre un verre

Vieux bistrots historiques, bars à cocktails à l'ambiance lounge résolument chic, brasseries artisanales et cafés en vogue : vous aurez l'embarras du choix. Sans oublier les clubs les plus emblématiques de New York, des repaires de célébrités aux clubs plus confidentiels. Direction Manhattan ou Brooklyn pour découvrir la ville qui, comme on dit, ne dort jamais.

Dans ce chapitre

Heures d'ouverture

Les heures d'ouverture varient. Certains bars sont à pied d'œuvre dès 8h du matin, mais la plupart démarrent leur activité vers 17h. Beaucoup d'entre eux ne baissent le rideau qu'aux alentours de 4h du matin, mais d'autres ferment vers 1h en semaine et 2h du jeudi au samedi. Les discothèques ouvrent généralement de 22h à 4h ou 5h.

Tarifs et pourboire

Les prix sont élevés à New York : essayez de profiter de l'happy hour (généralement à partir de 16h-18h). Le prix de base se situe autour de 7 $ pour une bière, 9 $ pour un verre de vin et 12-20 $ pour un cocktail signature. Comptez 5-30 $ pour accéder à un club.

Au bar, laissez 1 $ de pourboire par verre et 2-3 $ pour les cocktails originaux. Dans les bars plus luxueux avec service à table, le pourboire habituel de 18 à 20% de la note sera bienvenu.

Sites Web

New York Magazine (nymag.com/tags/nightlife). Brillante sélection de bars et de clubs par de fins connaisseurs.

Thrillist (www.thrillist.com). Aperçu des tendances et événements concernant les bars de New York.

Urbandaddy (urbandaddy.com). Dernières nouvelles et liste des adresses tendance.

Time Out (www.timeout.com/newyork/nightlife). Les adresses du moment pour prendre un verre et danser.

Partyearth (partyearth.com/new-york). Avis détaillés sur des clubs par des oiseaux de nuit parmi les plus connaisseurs.

Les meilleurs...

Le top des lieux où prendre un verre à New York

Cocktails

Bar Goto (p. 170). Bar légendaire de Lower East Side géré par le plus célèbre mixologue de la ville.

Dead Rabbit (p. 168). Cocktails, punchs et ales corsées, dans un bar cosy de Financial District.

Employees Only (p. 171). Barmen primés et cocktails remarquables dans le cadre intemporel de West Village.

Bars à bières

Spuyten Duyvil (p. 178). Bières de qualité dans ce lieu très couru de Williamsburg.

Harlem Hops (photo ; p. 177). Bières artisanales et tourtes à la viande épicée : duo gagnant de la seule brasserie 100% afro-américaine de Harlem.

Proletariat (p. 171). Un minuscule bar de l'East Village aux boissons très inhabituelles.

Bars à vins

Terroir Tribeca (p. 169). Une carte des vins prometteuse dans la branchitude de Tribeca.

Compagnie des vins surnaturels (p. 170). Une déclaration d'amour aux vins français, à quelques pas de Little Italy.

Buvette (photo ; p. 172). Un bar à vins éclairé aux chandelles, dans une rue de West Village bordée d'arbres.

Clubs et DJ

Le Bain (p. 173). Une foule élégante est fidèle à ce club près de la High Line.

Bossa Nova Civic Club (p. 178). Petit repaire tendance dans Bushwick pour ceux qui veulent sortir des sentiers battus.

Berlin (p. 170). L'esprit libre d'autrefois vit encore dans ce refuge caché d'East Village.

Soirée romantique

Hotel Delmano (p. 178). Tout le charme désuet et agréable d'un beau bar rétro.

The Campbell (photo ; p. 173). Splendeur et dorures d'un autre âge, dissimulées dans Grand Central.

Bistrots dans leur jus

Cowgirl SeaHorse (p. 169). Bons moments garantis dans ce bar de Lower Manhattan.

Ear Inn (photo ; p. 169). Clientèle éclectique dans l'un des plus vieux troquets de New York.

Montero Bar & Grill (p. 178). Karaoké et bière bon marché dans ce bijou suranné de Brooklyn.

Voyageurs solo

Brandy Library (p. 168). Établissement raffiné de Tribeca où l'on peut siroter sans hâte cognac, whiskey et brandy de qualité.

Spuyten Duyvil (photo ; p. 178). Clientèle locale et sociable dans ce bar à bières de Brooklyn.

Caledonia (p. 175). Barmen amateurs de whiskey dans ce bar long et confortable d'Upper East Side.

★ La sélection de Lonely Planet

House of Yes (photo ; p. 177). Espace industriel de Bushwick, destination sans égale pour une folle soirée.

Silvana (p. 177). Bar dissimulé dans un sous-sol à Harlem, avec d'excellents concerts tous les soirs.

Apothéke (p. 169). Ancienne fumerie d'opium de Chinatown aménagée en charmant lounge aux divins cocktails.

Rue B (p. 170). Agréable petit club de jazz de l'East Village qui réunit une foule sympathique.

Maison Premiere (p. 177). Absinthe, *juleps* et huîtres à l'honneur dans ce lieu de Williamsburg.

Financial District et Lower Manhattan

Dead Rabbit Bar

(Plan p. 260 ; ☎646-422-7906 ; deadrabbitnyc.com ; 30 Water St, entre Broad St et Coenties Slip, Financial District ; ⊙bar 11h-4h lun-ven, 10h-3h sam-dim, Parlor 11h-15h et 17h-2h lun-sam, 12h-minuit dim ; S R/W jusqu'à Whitehall St, 1 jusqu'à South Ferry). Cet établissement de 3 étages, portant le nom d'un gang irlando-américain du XIXe siècle, est régulièrement classé parmi les meilleurs bars du monde. En journée, rejoignez le bar, au sol recouvert de sciure, où sont servis bières spéciales, punchs mémorables et *pop-inn* (bière légèrement amère et aromatisée). Les deux autres étages abritent le confortable "Parlor", pour des cocktails très étudiés, et l'"Occasional Room" (réservation obligatoire) pour les amoureux de whiskey.

Weather Up Bar à cocktails

(Plan p. 262 ; ☎212-766-3202 ; weatherupnyc.com ; 159 Duane St, entre Hudson St et W Broadway, Tribeca ; ⊙17h-minuit lun-jeu, 17h-2h ven-sam ; S 1/2/3 jusqu'à Chambers St). À la fois cool et classe : un carrelage style métro, une lumière tamisée, des barmen engageants, des cocktails séduisants... telle est la recette du Weather Up. Amadouez le serveur pour avoir votre Fancy Free (bourbon, marasquin, orange et angostura), ou rabattez-vous sur les copieux hors-d'œuvre, huîtres ou steak tartare. L'enseigne est aussi présente dans le quartier de **Prospect Heights** (plan p. 272 ; 589 Vanderbilt Ave, au niveau de Dean St ; ⊙17h30-2h), à Brooklyn.

Brandy Library Bar à cocktails

(Plan p. 262 ; ☎212-226-5545 ; brandylibrary.com ; 25 N Moore St, entre Varick St et Hudson St, Tribeca ; ⊙17h-1h dim-mer, 16h-2h jeu, 16h-4h ven-sam ; S 1 jusqu'à Franklin St). Ce bastion des alcools bruns est le lieu idéal pour un cognac, un scotch, whiskey ou un brandy de premier choix. On s'installe dans un fauteuil club face au mur de bouteilles et on sirote un verre avec en-cas (gougère, tartare au couteau, foie gras...). Pour un tête-à-tête chic, préférez le samedi soir, plus calme.

Cocktail The Deal Closer, Apothéke

Terroir Tribeca Bar à vins

(Plan p. 262 ; 212-625-9463 ; wineisterroir.com ; 24 Harrison St, entre Greenwich St et Hudson St, Tribeca ; 16h-minuit lun-mar, 16h-1h mer-sam, 16h-23h dim ; S 1 jusqu'à Franklin St). Cet établissement agréable fait le bonheur des œnophiles avec sa carte bien fournie et ses prix raisonnables. Les vins viennent aussi bien d'Europe que du continent américain, et certains sont naturels et proviennent de petits producteurs. Les barmen sauront vous renseigner. Grande sélection de vins au verre et bonne cuisine de bistrot français (plats 18-28 $). Happy hour en début et en fin de service !

Cowgirl SeaHorse Bar

(Plan p. 260 ; 212-608-7873 ; cowgirlseahorse.com ; 259 Front St, au niveau de Dover St, Lower Manhattan ; 11h-2h lun-ven, 10h-1h sam-dim ; S A/C, J/Z, 2/3, 4/5 jusqu'à Fulton St). Un esquif festif sur un océan de bars et restaurants très sérieux. On craque pour cette rencontre entre ranch et mer (roues de wagonnets et hippocampes aux murs) et la cuisine maison des États du Sud (*blackened fish*, sandwichs po'boy, *shrimp and grits*, etc.). Concerts le lundi, happy hour tous les jours (sauf samedi) et divines margaritas glacées.

SoHo et Chinatown

Apothéke Bar à cocktails

(Plan p. 262 ; 212-406-0400 ; www.apothekenyc.com ; 9 Doyers St, Chinatown ; 18h30-2h lun-sam, 20h-2h dim ; S J/Z jusqu'à Chambers St, 4/5/6 jusqu'à Brooklyn Bridge-City Hall). Cet ancien repaire d'opiomanes de Doyers St (repérez l'enseigne "CHEMIST" avec une fiole au-dessus de la porte), devenu un bar-pharmacie, est difficile à localiser. Des barmen compétents, tels des chimistes prudents, y produisent des "ordonnances" intenses et savoureuses à base de produits locaux et bio. Le Sitting Buddha et son mélange relevé ananas-coriandre est l'une des meilleures boissons de la carte.

Une autre facette du New York gay

Si Chelsea est un athlète musclé et tape-à-l'œil, alors Lower East Side est son petit frère punk entêté. Au milieu des bars étudiants et des bars à cocktails, ses nombreux bars gays plaisent aux hommes qui préfèrent flanelle et barbe de 3 jours aux marcels et abdos. Faites de nouvelles rencontres à **Nowhere** (plan p. 262 ; 212-477-4744 ; nowherebarnyc.com ; 322 E 14th St, entre 1st Ave et 2nd Ave, East Village ; 14h-4h ; S L jusqu'à 1st Ave) ou **Phoenix** (plan p. 262 ; 212-477-9979 ; www.phoenixbarnyc.com ; 447 E 13th St, entre 1st Ave et Ave A, East Village ; 15h-4h ; S L jusqu'à 1st Ave). La clientèle du **Cock** (plan p. 262 ; 93 2nd Ave, entre E 5th St et E 6th St, East Village ; 21h-4h lun-mar, 18h-4h mer-dim ; S F/M jusqu'à 2nd Ave) est plus exaltée et les boissons sont souvent moins chères.

Phoenix
BILL TOMPKINS/GETTY IMAGES ©

Ear Inn Pub

(Plan p. 262 ; 212-226-9060 ; www.earinn.com ; 326 Spring St, entre Washington St et Greenwich St, SoHo ; bar 11h30-4h, cuisine 11h30-2h ; ; S C/E jusqu'à Spring St). Curieux de voir à quoi ressemblait SoHo avant l'influence des bobos et des réseaux sociaux ? Rendez-vous au Ear Inn, présenté avec fierté comme l'un des plus vieux bars de New York. La maison qui l'abrite a été construite à la fin du XVIIIe siècle pour James Brown, vétéran afro-américain de la guerre d'indépendance des États-Unis. Petits prix et clientèle éclectique.

Les meilleurs sites pour alcools forts

Brandy Library (p. 168). Cognacs, eaux-de-vie et autres alcools nobles pour les fins connaisseurs de Tribeca.

Rum House (p. 174). Des rhums uniques très prisés et un pianiste, à Midtown.

Dead Rabbit (p. 168). La plus belle collection de whiskeys irlandais rares à New York, dans le Financial District.

Moonlight Mile (p. 177). Des whiskeys incorporés à de merveilleux cocktails dans ce bar de Greenpoint où les guitares sont très présentes en fond sonore.

Pouring Ribbons Cocktails artisanaux et impressionnante sélection de Chartreuse.

Rum House (p. 174)
RICHARD LEVINE/ALAMY STOCK PHOTO ©

Compagnie des vins surnaturels Bar à vins

(Plan p. 262 ; 212-343-3660 ; compagnienyc.com ; 249 Centre St, entre Broome St et Grand St, Nolita ; 17h-1h lun-mer, 17h-2h jeu-ven ; S 6 jusqu'à Spring St ; N/R jusqu'à Prince St). Alliance chaleureuse de papier peint d'inspiration française, de fauteuils confortables et de bougies, la Compagnie des vins surnaturels est le frère jumeau du bar parisien du même nom. Le chef sommelier Theo Lieberman jongle avec une impressionnante carte de quelque 600 vins, principalement français, dont beaucoup peuvent être commandés au verre. Quelques en-cas sophistiqués, notamment de la charcuterie maison et des brioches au canard.

East Village et Lower East Side

Bar Goto Bar à cocktails

(Plan p. 262 ; 212-475-4411 ; bargoto.com ; 245 Eldridge St, entre E Houston St et Stanton St, Lower East Side ; 17h-minuit mar-jeu et dim, 17h-2h ven-sam ; S F jusqu'à 2nd Ave). Kenta Goto, le franc-tireur du cocktail, régale les amateurs avec ses breuvages recherchés, qui reflètent ses origines nippones (tel l'Umami Mary : vodka, shiitaké, *dashi*, miso, citron, tomate et jus *clamato*) et sont associés à d'authentiques en-cas japonais tels les *okonomiyaki* (omelettes garnies).

Rue B Bar

(Plan p. 262 ; 212-358-1700 ; rueb-nyc.com ; 188 Ave B, entre 11th St et E 12th St, East Village ; 18h-4h ; S L jusqu'à 1st Ave). Ce petit bar à l'éclairage tamisé, installé sur un segment de l'Avenue B très animé, propose tous les soirs des concerts de jazz (et, de temps en temps, de rockabilly ; 10 $) de 21h à minuit. Une foule jeune et festive remplit la petite salle – mettez-vous dans un coin, sinon le tromboniste finira dans vos bras. L'ambiance est étayée par des photographies et des affiches de célèbres jazzmen et autres icônes de New York.

Berlin Club

(Plan p. 262 ; 347-586-7247 ; berlinundera.com ; 25 Ave A, entre E 1st St et E 2nd St, East Village ; entrée 5 $ (ou gratuite) ; 20h-2h dim-jeu, 20h-4h ven-sam ; S F jusqu'à 2nd Ave). Cette cave voûtée en briques sous l'Avenue A fait tout pour rester discrète : trouvez la porte non signalée (au coin du bar se trouvant à l'adresse du club), descendez l'escalier raide jusqu'à ce repaire indé peu éclairé et débridé. C'est parti pour une nuit de rock, funk, house et autres sons dansants au milieu d'autres fêtards.

Pouring Ribbons Bar à cocktails

(Plan p. 262 ; 917-656-6788 ; pouringribbons.com ; 225 Ave B, 2e niv, entre E 13th St et 14th St,

East Village ; 18h-2h ; S L jusqu'à 1st Ave). Un endroit chic et élégant, en étage, dans Alphabet City, voilà qui est aussi rafraîchissant que ses boissons, aux saveurs délicatement travaillées. La carte des cocktails, encyclopédique, satisfera tout le monde, avec un "guide pour choisir" très pratique. Admirez aussi ce qui est peut-être la plus grande collection de chartreuses de New York.

PDT Bar

(Plan p. 262 ; 212-614-0386 ; pdtnyc.com ; 113 St Marks Pl, entre Ave A et 1st Ave, East Village ; 18h-2h dim-jeu, 18h-4h ven-sam ; S 6 jusqu'à Astor Pl, L jusqu'à 1st Ave). Le PDT (Please Don't Tell) se la joue très secret : décrochez le combiné du téléphone du restaurant de hot-dogs **Crif Dogs** (plan p. 262 ; 212-614-2728 ; www.crifdogs.com ; hot-dogs 4,50-6,50 $; 12h-2h dim-jeu, 12h 4h ven-sam) et, une fois le go reçu (mieux vaut réserver pour ne pas vous faire refouler), voyez le mur s'ouvrir et pénétrez dans un bar intimiste et faiblement éclairé. Trophée de chasse au mur et cocktails de haute volée.

Proletariat Bar

(Plan p. 262 ; proletariatny.com ; 102 St Marks Pl, entre Ave A et 1st Ave, East Village ; 17h-2h lun-jeu, 14h-2h ven-sam, 14h-minuit dim ; S L jusqu'à 1st Ave). Les amateurs de houblon s'entassent dans ce minuscule bar équipé de 10 tabourets, immédiatement à l'ouest de Tompkins Square Park, attirés par sa gamme constamment renouvelée de bières impossibles à trouver ailleurs. Les bières artisanales de Brooklyn et du New Jersey sont la dernière vogue.

West Village, Chelsea et Meatpacking District

Employees Only Bar

(Plan p. 262 ; 212-242-3021 ; employeesonlynyc.com ; 510 Hudson St, près de Christopher St, West Village ; 18h-4h ; S 1 jusqu'à Christopher St-Sheridan Sq). Ce repaire incontournable se cache derrière un store vert discret sur Hudson St. Dans un décor boisé Art déco et chic, les barmen, experts en cocktails, concoctent des mélanges incroyables

Dead Rabbit (p. 168)

tels que le Ginger Smash. Ouverte jusqu'à 3h30, la cuisine vaut le détour avec des délices comme les bouchées à la moelle et les crevettes épicées sur polenta (plats 27-31 $).

Happiest Hour Bar à cocktails

(Plan p. 262 ; ✆212-243-2827 ; happiesthournyc.com ; 121 W 10th St, entre Greenwich St et 6th Ave, West Village ; 17h-tard lun-ven, 14h-tard sam-dim ; S A/C/E, B/D/F/M jusqu'à W 4th St-Washington Sq, 1 jusqu'à Christopher St-Sheridan Sq). Ce bar décontracté, orné de motifs tikis, de papier peint à palmiers et de pop art des années 1960 présente une carte des boissons originale qui offre une version chic du cocktail de plage fruité. Des employés de bureau guindés y côtoient des couples s'étant fixé rendez-vous en ligne. Le sous-sol abrite le **Slowly Shirley**, de style Art déco, où déguster avec élégance des boissons élaborées.

Buvette Bar à vins

(Plan p. 262 ; ✆212-255-3590 ; ilovebuvette.com ; 42 Grove St, entre Bedford St et Bleecker St, West Village ; petites assiettes 12-18 $; 7h-2h ; S 1 jusqu'à Christopher St-Sheridan Sq, A/C/E, B/D/F/M jusqu'à W 4th St-Washington Sq). Habitants du quartier aux conversations animées, couples et amateurs de théâtre se mêlent dans ce bar à vins et restaurant dévotement francophile. Idéal pour faire une pause au milieu d'une balade dans les ruelles de West Village. Sirotez un cocktail ou un verre de vin, ou installez-vous pour manger. Croque-monsieur dans le menu brunch, tartines et petites assiettes le soir.

Cubbyhole Bar gay, lesbien

(Plan p. 262 ; ✆212-243-9041 ; cubbyholebar.com ; 281 W 12th St, au niveau de W 4th St, West Village ; 16h-4h lun-ven, 14h-4h sam-dim ; S A/C/E, L jusqu'à 8th Ave-14th St). Si sa clientèle est surtout féminine, ce bar “lesbien, gay et hétéro depuis 1994” dans West Village accueille quiconque souhaite prendre un verre en bonne compagnie sous un plafond de lampions, jouets ou autres. Excellent jukebox, barmen sympathiques et habitués discutent et ne s'éclipsent pas à la première touche.

Old Town Bar & Restaurant

HEATHER SHIMMIN/SHUTTERSTOCK ©

Le Bain Club
(Plan p. 262 ; ☎212-645-7600 ; standardhotels.com ; Standard, 848 Washington St, au niveau de 13th St, Meatpacking District ; ⏲16h-minuit lun, 16h-4h mar-jeu, 14h-4h ven-sam, 14h-3h dim ; Ⓢ A/C/E, L jusqu'à 14th St-8th Ave). Ce grand toit-terrasse, au-dessus du Standard hotel (p. 59) extrêmement branché, voit défiler les organisateurs de soirée quel que soit le jour de la semaine. Au programme : vue sur la *skyline*, Jacuzzi géant sur la piste de danse, DJ légendaires tels que Tony Humphries et Danny Krivit, et une clientèle éclectique qui enchaîne les verres coûteux.

Union Square, Flatiron District et Gramercy

Raines Law Room Bar à cocktails
(Plan p. 266 ; www.raineslawroom.com ; 48 W 17th St, entre 5th Ave et 6th Ave, Flatiron District ; ⏲17h-2h lun-jeu, 17h-3h ven-sam, 17h-1h dim ; Ⓢ F/M jusqu'à 14th St, L jusqu'à 6th Ave, 1 jusqu'à 18th St). Rideaux en velours, banquettes en cuir, briques apparentes et cocktails à partir de spiritueux idéalement vieillis : rien n'est laissé au hasard. Pas d'enseigne ; cherchez le n°48 et sonnez pour entrer. La réservation (recommandée) n'est possible que du dimanche au mardi. Quel que soit le jour de la semaine, soignez votre tenue à la mémoire d'une époque bien plus fastueuse.

Serra Bar panoramique
(Plan p. 266 ; ☎212-937-8910 ; eataly.com ; 200 5th Ave, au niveau de W 23rd St, Flatiron District ; ⏲11h30-22h dim-jeu, 11h30-23h ven-sam ; Ⓢ F/M, R/W, 6 jusqu'à 23rd St). Ce jardin couvert installé sur un toit-terrasse entre les tours de bureaux de Flatiron est le joyau du grand magasin Eataly (p. 136). La déco change chaque saison et l'on peut débarquer sur une plage au bord de la Méditerranée ou dans un chalet de montagne... Le cadre est superbe et la carte des plats et boissons s'accorde avec les délicieux mets que l'on trouve plus bas.

★ Top 5 des toits-terrasses

Cantor Roof Garden Bar (p. 175)
Empire Rooftop (p. 177)
Bar SixtyFive (p. 174)
Top of the Strand (p. 174)
Serra (ci-dessous)

Flatiron Room Bar à cocktails
(Plan p. 266 ; ☎212-725-3860 ; theflatironroom.com ; 37 W 26th St, entre 6th Ave et Broadway, Flatiron District ; ⏲17h-2h lun-sam, 17h-minuit dim ; Ⓢ R/W jusqu'à 28th St, F/M jusqu'à 23rd St). Papier peint rétro, lustre et plafond à caissons peint constituent le cadre élégant de ce bar, dont les alcôves joliment éclairées sont chargées de whiskies recherchés. Les cocktails raffinés se marient à merveille avec les coûteuses assiettes à partager, garnies notamment d'œufs mimosa et de rillettes de canard ou encore d'huîtres fumées et de charcuterie. Concerts presque tous les soirs (bluegrass, jazz, etc.). Réservation vivement recommandée.

Old Town Bar & Restaurant Bar
(Plan p. 266 ; ☎212-529-6732 ; www.oldtownbar.com ; 45 E 18th St, entre Broadway et Park Ave S, Union Sq ; ⏲11h30-1h lun-ven, 12h-1h sam, 15h-minuit dim ; Ⓢ 4/5/6, N/Q/R/W, L jusqu'à 14th St-Union Sq). L'Old Town est un classique. Son côté *old school* fait d'ailleurs de lui un lieu de tournage très prisé pour les films et séries TV (et même le clip vidéo de "Bad Girl" de Madonna). La plupart des clients se glissent dans un box en bois confortable et commandent une bière et un burger (à partir de 12,50 $).

Midtown

The Campbell Bar à cocktails
(Plan p. 268 ; ☎212-297-1781 ; thecampbellnyc.com ; Grand Central Terminal, D Hall, 89 E 42nd St ; ⏲12h-2h ; Ⓢ S, 4/5/6, 7 jusqu'à Grand Central-42nd St). En 1923, cette salle cachée était le bureau du financier

John W. Campbell. Puis elle est devenue le bureau d'un aiguilleur, une prison et un stock d'armes avant d'être oubliée. En 2017, elle a retrouvé son faste d'origine avec le beau plafond peint à la main et le coffre-fort de Campbell placé dans la cheminée.

Du jeudi au dimanche, mieux vaut réserver sa table. L'adresse n'est pas simple à trouver : prenez l'ascenseur situé dans le couloir adjacent au bar à huîtres (p. 139).

Industry Bar gay

(Plan p. 268 ; ☎646-476-2747 ; industry-bar.com ; 355 W 52nd St, entre 8th Ave et 9th Ave ; ⏲17h-4h ; Ⓢ C/E, 1 jusqu'à 50th St). Cet ancien garage abrite désormais l'un des meilleurs bars gays de Hell's Kitchen – un espace élégant de 370 m² avec de beaux salons, un billard et une scène accueillant d'excellentes drag-queens. Venez entre 16h et 21h pour profiter de deux verres pour le prix d'un, ou plus tard pour faire la fête parmi une foule de jeunes hommes. Paiement en espèces uniquement.

Bar Centrale Bar

(Plan p. 268 ; ☎212-581-3130 ; barcentrale.nyc ; 324 W 46th St, entre 8th Ave et 9th Ave, Midtown West ; ⏲17h-23h30 ; Ⓢ A/C/E jusqu'à 42nd St-Port Authority). Installé dans une vieille *brownstone*, ce bar difficile à repérer (il se trouve en fait en haut de l'escalier situé à gauche du restaurant Joe Allen) est l'un des préférés des stars de Broadway, qui viennent souvent ici après leur représentation pour se détendre en écoutant du jazz. On ne peut rester dans cet établissement intime que si l'on a une place assise, et il peut donc être judicieux de réserver (jusqu'à une semaine à l'avance).

Bar SixtyFive Bar à cocktails

(Plan p. 268 ; ☎212-632-5000 ; rainbowroom.com/bar-sixty-five ; 30 Rockefeller Plaza, entrée dans W 49th St ; ⏲16h30-minuit lun-ven, 16h-21h dim, fermé le sam ; Ⓢ B/D/F/M jusqu'à 47th St-50th St-Rockefeller Center). Situé au 65ᵉ étage de l'immeuble central du Rockefeller Center (p. 92), ce bar raffiné est le point de vue le plus haut de Midtown accessible sans billet. La vue est incroyable, mais l'endroit peut être bondé à certaines heures. Réservez une table près d'une fenêtre, sinon vous serez dirigé vers la plateforme centrale avec tout le monde.

Robert Bar à cocktails

(Plan p. 270 ; ☎212-299-7730 ; robertnyc.com ; Museum of Arts & Design, 2 Columbus Circle, entre 8th Ave et Broadway ; ⏲11h30-22h lun-mar, 11h30-23h mer-ven, 10h30-23h sam, 10h30-22h dim ; Ⓢ A/C, B/D, 1 jusqu'au 40 59th St-Columbus Circle). Juché au 9ᵉ étage du Museum of Arts & Design (p. 69), ce restaurant de style moderne américain vaut surtout pour la vue : nous vous conseillons d'y venir en fin d'après-midi ou après le dîner pour admirer Central Park en sirotant un Mad Manhattan (bourbon, vermouth à l'orange sanguine et cerises en liqueur), installé sur un canapé. Programme des concerts de jazz disponible sur le site Internet.

Rum House Bar à cocktails

(Plan p. 268 ; ☎646-490-6924 ; therumhousenyc.com ; 228 W 47th St, entre Broadway et 8th Ave ; ⏲12h-4h ; Ⓢ N/R/W jusqu'à 49th St). Ce bar qui respire un New York d'autrefois remis au goût du jour est réputé pour son choix de whiskys et de rhums, à déguster purs ou sous forme de délicieux cocktails comme la puissante piña colada "The Escape". Des musiciens jouent sur place tous les soirs – du pianiste solo aux trios de jazz en passant par les divas aux chansons mélancoliques. Ici, le personnel s'applique dans la préparation des cocktails : soyez patient.

Top of the Strand Bar à cocktails

(Plan p. 266 ; ☎646-368-6426 ; www.topofthestrand.com ; Marriott Vacation Club Pulse, 33 W 37th St, entre 5th Ave et 6th Ave, Midtown East ; ⏲17h-minuit dim-lun, 17h-1h mar-sam ; 📶 ; Ⓢ B/D/F/M, N/Q/R jusqu'à 34th St). Pour une vue inoubliable sur l'Empire State Building, gagnez le bar

DAN HALLMAN/LONELY PLANET ©

Top of the Strand

vitré sur le toit du Marriott Vacation Club Pulse (ancien Strand Hotel), commandez un martini ("extra dirty", avec olives et jus d'olive), installez-vous et profitez du spectacle. Clientèle de tous les âges.

Upper East Side

Bemelmans Bar Bar lounge

(Plan p. 270 ; 212-744-1600 ; thecarlyle.com ; Carlyle Hotel, 35 E 76th St, au niveau de Madison Ave ; 12h-1h30 ; S 6 jusqu'à 77th St). Ce bar mythique respire l'élégance : des banquettes en cuir chocolat, des serveurs vêtus de vestes blanches qui servent des martinis, un quart de queue que fait résonner un pianiste, un plafond couvert de feuilles d'or 24 carats et des murs ornés de charmantes peintures de Ludwig Bemelmans, auteur des livres *Madeline* qui donne son nom au lieu.

Si vous ne voulez pas payer l'entrée (15 $/personne au comptoir, 25-35 $/personne à table), arrivez avant 21h les dimanches et lundis (21h30 du jeudi au samedi). C'est à cette heure que le trio de jazz commence à jouer et qu'une clientèle plus sophistiquée investit les lieux.

Cantor Roof Garden Bar Bar panoramique

(Plan p. 270 ; www.metmuseum.org/visit/dining ; Metropolitan Museum of Art, 1000 5th Ave, 4e ét, au niveau de E 82nd St ; 11h-16h30 dim-jeu, 11h-20h15 ven-sam mi-avr à oct ; ; S 4/5/6 jusqu'à 86th St). Une terrasse verdoyante au sommet du Met, donnant sur la canopée de Central Park et les gratte-ciel : un cadre dont on ne se lasse pas, surtout un verre de martini à la main. La vue est très romantique au coucher du soleil.

Caledonia Bar

(Plan p. 270 ; caledoniabar.com ; 1609 2nd Ave, entre E 83rd St et 84th St ; 17h-2h lun-jeu, 16h-4h ven-dim, happy hour jusqu'à 19h lun-ven ; S Q, 4/5/6 jusqu'à 86th St). Ce bar de bois sombre à l'éclairage tamisé propose une centaine de *single malt* d'Écosse ("Calédonie" est l'ancien nom de l'Écosse), quelques *blend* et des whiskeys américains, irlandais et japonais.

New York dans un verre

Versez une demi-tasse de lait entier froid dans un grand verre

Ajoutez 3 cuillères à soupe de sirop de chocolat et mélangez

Finissez de remplir le verre avec de l'eau gazéifiée et mélangez pour faire mousser

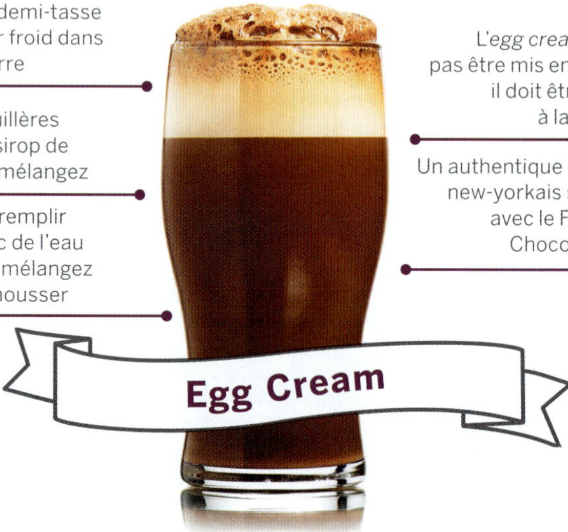

L'*egg cream* ne peut pas être mis en bouteille, il doit être préparé à la demande

Un authentique egg cream new-yorkais se prépare avec le Fox's U-Bet Chocolate Syrup

HORTIMAGES/SHUTTERSTOCK ©

Un mélange insolite

L'*egg cream*, qui signifie "crème d'œuf", ne contient ni crème ni œuf. Quand Louis Auster de Brooklyn l'inventa en 1890, il utilisait du sirop aux œufs et ajoutait de la crème pour épaissir la préparation. Il servait ce cocktail dans sa boutique au croisement de Second Ave et E 7th St, au cœur de l'ancien quartier des théâtres yiddish. Il faut le boire assez vite, avant dissolution des bulles. À vous le goût chocolaté et effervescent du New York de jadis.

Lexington Candy Shop

DAN HERRICK/LONELY PLANET ©

★ Top 5 des egg creams

Gem Spa (131 2nd Ave, au niveau de St Marks Pl, East Village ; ⌚10h-1h). De l'avis de tous, le meilleur *egg cream* de New York.

Yonah Schimmel Knish Bakery (plan p. 262 ; ☎212-477-2858 ; knishery.com ; 137 E Houston St et Forsyth St, Lower East Side ; knish 4-5 $; ⌚10h-19h lun-dim ; 🖉 ; S F jusqu'à Second Ave). Pour accompagner un *knish*.

Katz's Delicatessen (p. 131). À déguster avec un sandwich au pastrami.

Veselka (plan p. 262 ; ☎212-228-9682 ; veselka.com ; 144 Sd Ave, au niveau de E 9th St, East Village ; plats 13-19 $; ⌚24h/24 ; S 6 jusqu'à Astor Pl, L jusqu'à 3rd Ave). Également un *egg cream* à la vanille.

Lexington Candy Shop (plan p. 270 ; ☎212-288-0057 ; lexingtoncandyshop.net ; 1226 Lexington Ave, au niveau de E 83rd St ; plats 9,50-19 $; ⌚7h-19h lun-ven, 8h-19h sam, 8h-18h dim ; S 4/5/6, Q jusqu'à 86th St). Ambiance de *diner* à l'ancienne.

Upper West Side et Central Park

Empire Rooftop Toit-terrasse
(Plan p. 270 ; www.empirehotelnyc.com ; 44 W 63 St, au niveau de Broadway ; 15h-1h lun-mer, 15h-2h jeu-ven, 11h-2h sam, 11h-1h dim ; ; S 1 jusqu'à 66th St-Lincoln Center). Installé sur le toit de l'Empire Hotel, ce bar chic est l'un des plus grands *rooftops* (2 438 m²). En hiver, on s'installe sous le toit en verre, parmi les palmiers et les canapés. Le toit peut être ouvert en été et il y a plusieurs terrasses.

Harlem et Upper Manhattan

Silvana Bar
(646-692-4935 ; www.silvana-nyc.com ; 300 W 116th St, Harlem ; 8h-4h ; S 2/3 jusqu'à 116th St). Cet attrayant café-boutique moyen-oriental sert de savoureuses assiettes de houmous et de falafels. Le véritable attrait se cache au sous-sol : un club qui attire une foule décontractée avec de bons cocktails et des groupes (dès 18h environ), suivis de DJ. Programmation éclectique, du jazz au *son* cubain, reggae ou gypsy punk balkanique.

Ginny's Supper Club Bar à cocktails
(212-421-3821 ; www.ginnyssupperclub.com ; 310 Malcolm X Blvd, entre 125th St et 126th St, Harlem ; entrée 25 $; 18h-minuit jeu, 18h-3h ven et sam, brunch 10h30-12h30 dim ; S 2/3 jusqu'à 125th St). Ce club au cadre rappelant l'époque de la Prohibition, en sous-sol, est toujours rempli d'une clientèle sur son trente et un. On sirote des cocktails, on grignote des en-cas venant du Red Rooster (à l'étage ; p. 143) et on danse au son d'un groupe de jazz à partir de 19h30 du mercredi au samedi. Ne ratez pas le brunch gospel dominical (réservez).

Harlem Hops Bière artisanale
(646-998-3444 ; www.harlemhops.com ; 2268 Adam Clayton Powell Jr Blvd, entre 133rd St et 134th St, Harlem ; 16h-minuit dim-jeu, 16h-2h ven-sam ; ; S 2/3 jusqu'à 135th St). Le seul bar 100% afro-américain de Harlem affiche au néon le nom de son quartier d'origine au plafond. Mettez-vous à l'aise avec les *Bratwurst* et tourtes à la viande au menu, dont une au bœuf *habanero* avec épices africaines. La plupart des bières sont des créations, en quantité limitée ; demandez conseil au personnel.

Brooklyn

House of Yes Club
(www.houseofyes.org ; 2 Wyckoff Ave, au niveau de Jefferson St, Bushwick ; gratuit-60 $; en général 19h-4h mer-sam ; S L jusqu'à Jefferson St). Tout peut arriver dans cet ancien entrepôt devenu lieu hédoniste. Il comprend 2 scènes, 3 bars et un espace extérieur couvert, et propose des performances et des soirées dansantes les plus créatives de Brooklyn : tissu d'acrobatie, concerts punk, spectacles burlesques, drag-queens, performances artistiques, DJ iconiques tels que Jellybean Benitez qui mixe des sons disco, soul, house et autres musiques.

Maison Premiere Bar à cocktails
(Plan p. 273 ; 347-335-0446 ; maisonpremiere.com ; 298 Bedford Ave, entre S 1st St et Grand St, Williamsburg ; 14h-2h dim-mer, 16h-4h jeu-sam ; S L jusqu'à Bedford Ave). Perché sur un tabouret chez Maison Premiere, on est séduit par ce bar à huîtres et cocktails qui fleure bon La Nouvelle-Orléans. L'équipe porte des bretelles, les murs sont ornés de photos anciennes et l'éclairage est aussi doux que le son des shakers dans lesquels sont préparés des Spring Pimm's et autres gimlets (gin et citron vert). Assiettes apéritives (13 à 19 $) aux saveurs marines.

Moonlight Mile Bar à cocktails
(718-389-3904 ; themoonlightmilegpt.com ; 200 Franklin St, au niveau de India St, Greenpoint ; 16h-1h lun-jeu, 13h-2h ven-sam, 13h-minuit dim ; S G jusqu'à Greenpoint Ave). Derrière le bar, une rangée de bouteilles de whiskeys. Elles viennent agrémenter les recettes classiques et les créations maison

de cet agréable bar à cocktails, sous la houlette experte de mixologues souriants (mention spéciale pour le "Foggy Moutain Manhattan").

Ceux que le whisky ne convainc pas auront de quoi se réjouir avec les bières brunes à l'avoine, cidres à l'orange sanguine et vins au verre.

Rocka Rolla Bar

(Plan p. 273 ; 486 Metropolitan Ave, au niveau de Rodney St, Williamsburg ; 12h-4h ; S G jusqu'à Metropolitan Ave, L jusqu'à Lorimer St). Avec ses logos des Misfits, ses trophées de chasse et, bien sûr, son "Judas Priest" en néon, ce bar qui porte le nom du premier album de Judas Priest transpire le rock. Les boissons ne sont pas chères et le brouhaha couvre difficilement le son des guitares dans les enceintes. L'ambiance est brute, mais suffisamment sympa pour ne pas rebuter les timides.

The Rookery Bar

(718-483-8048 ; therookerybar.com ; 425 Troutman St, entre St Nicholas Ave et Wyckoff Ave, Bushwick ; 12h-4h lun-ven, 11h-4h sam-dim ; S L jusqu'à Jefferson St). Dominé par un imposant, mais néanmoins accueillant, bar en forme de fer à cheval au centre de la pièce, le Rookery n'oublie pas son passé industriel (à l'instar de nombreux sites de ce coin de Bushwick, où l'art et les bars sont rois). L'endroit, précédé d'un beer garden pour les chaudes journées, est chaleureux et contemporain. Pintes de bière à la pression, whiskys et carte de cocktails originaux, parfois épicés.

Bossa Nova Civic Club Club

(718-443-1271 ; facebook.com/bossanovacivicclub ; 1271 Myrtle Ave, au niveau de Hart St, Bushwick ; 19h-4h ; S M jusqu'à Central Ave). Encore une raison de ne jamais quitter Brooklyn : déhanchez-vous au son des DJ house, EDM et techno dans ce modeste petit club à la décoration (vaguement) tropicale. Son de qualité, prix corrects et clientèle festive et dansante. Entrée payante (10 $) après minuit le vendredi et le samedi.

Berry Park Toit-terrasse

(Plan p. 273 ; 718-782-2829 ; berryparkbk.com ; 4 Berry St, au niveau de N 14th St, Williamsburg ; 12h-tard lun-ven, 11h-tard sam-dim, horaires réduits en hiver ; S G jusqu'à Nassau Ave, L jusqu'à Bedford Ave). Un bar, du sport et une terrasse de toit au 2e niveau : tout le monde dit oui. Il y a plusieurs écrans géants pour regarder le foot (classique et américain) et 14 bières à la pression pour accompagner les matchs. Le vendredi et le samedi soir, ambiance club avec des DJ et, depuis là-haut, une vue sur Manhattan en habits de nuit.

Hotel Delmano Bar à cocktails

(Plan p. 273 ; 718-387-1945 ; hoteldelmano.com ; 82 Berry St, au niveau de N 9th St, Williamsburg ; 17h-2h lun-jeu, 17h-3h ven, 14h-3h sam, 14h-2h dim ; S L jusqu'à Bedford Ave). Ambiance New York d'autrefois pour ce bar à cocktails à l'élégance naturelle, avec ses vieux miroirs, son parquet brut et ses lustres d'époque. Glissez-vous sur une banquette ou installez-vous au bar tout en marbre pour consulter la carte des vins (100 références) et admirer les serveurs attentifs secouer leur shaker d'un bras musclé. Au programme, breuvages au bourbon, concoctions à base de gin et d'eau de rose et autres mélanges de saison.

Spuyten Duyvil Bar

(Plan p. 273 ; 718-963-4140 ; spuytenduyvilnyc.com ; 359 Ave entre Havemeyer St et Roebling St, Williamsburg ; 17h-2h lun-ven, 12h-3h sam, 12h-2h dim ; S L jusqu'à Lorimer St, G jusqu'à Metropolitan Ave). On se croirait dans une brocante dans ce bar à bières sans chichis de Williamsburg : plafonds pourpres, meubles dépareillés, étagères de livres, et vélo ancien au mur. La sélection de bières (belges, surtout) est ahurissante et l'équipe, connaisseuse, pourra vous orienter vers des références danoises ou même des cidres normands.

Montero Bar & Grill Bar

(Plan p. 272 ; 646-729-4129 ; 73 Atlantic Ave, au niveau de Hicks St, Brooklyn Heights ; 12h-4h ; S 2/3, 4/5 jusqu'à Borough Hall). De l'enseigne

House of Yes (p. 177)

en néon sortie d'une autre époque à la déco marine éclectique – clin d'œil aux hommes de la mer qui venaient ici s'en jeter une –, rien ne manque dans ce bar de dockers où la Pabst coule à flots, qui a traversé les décennies sans broncher. Côté musique, on est plus dans les soirées karaoké que les chants de marins...

Butter & Scotch Bar féministe

(Plan p. 272 ; ☎347-405-6266 ; butterandscotch.com ; 818 Franklin Ave, entre Eastern Pkwy et Union St, Crown Heights ; ⏰17h-minuit lun-jeu, 15h-2h ven, 12h-2h sam, 12h-minuit dim ; S 2/3, 4/5 jusqu'à Franklin Ave). Avec des cocktails dont les noms défient le patriarcat, on devine que ce temple des délices porte haut le flambeau du féminisme. Ses directrices ont également un penchant pour les gâteaux d'anniversaire et savent concocter d'excellentes piña coladas. Parmi les petits plaisirs, citons les cookies au White Russians (vodka et lait), les cocktails à accompagner de *s'mores* (biscuits, chocolat, guimauve) et les tartes gourmandes au citron vert. Il y a une dizaine de cocktails saisonniers (pour chacun, 1 $ est reversé au Planning familial) ainsi que des bières artisanales à la pression.

Union Hall Bar

(Plan p. 272 ; ☎718-638-4400 ; unionhallny.com ; 702 Union St, près de 5th Ave, Park Slope ; ⏰16h-4h lun-ven, 13h-4h sam-dim ; S R jusqu'à Union St). Curieux de vivre une authentique virée nocturne à Brooklyn ? Vous êtes au bon endroit. Ce bar avec cheminée double face, bibliothèques, fauteuils en cuir et deux grands boulodromes d'intérieur est installé dans un ancien entrepôt. Concerts et spectacles au sous-sol.

SEPHORA
AMSTERDAM
MADAME
TUSS
EPHORA
SEPHORA
WELCOME TO
Disney
Aladdin
E HIT BROADWAY MUSICAL
"BROADWAY MAGIC!"

SORTIES

Musique, théâtre, danse
et bien plus encore

PITK/SHUTTERSTOCK ©

Sorties

Comédiens, musiciens, danseurs et performeurs sont irrésistiblement attirés par les lumières de New York, avec l'espoir de percer. Le résultat ? Le public profite d'un afflux continu d'artistes talentueux, motivés et prêts à se dépasser. La célèbre chanson "New York New York" ne dit-elle pas : "Si vous réussissez ici, vous pouvez réussir n'importe où" ?

Dans ce chapitre

Billets

Pour acheter des billets, vous pouvez vous rendre directement à la billetterie de la salle ou recourir à l'une des agences dédiées pour réserver en ligne, **Telecharge** (telecharge.com) ou **Ticketmaster** (ticketmaster.com). Pour des billets de dernière minute à prix réduit à Broadway (jusqu'à -50%), adressez-vous à un kiosque **TKTS** (tdf.org). **TodayTix** (todaytix.com) est une autre bonne option pour des billets de dernière minute pour les spectacles de Broadway et autres (musique classique, cabaret, spectacles comiques, etc.).

ANDREW CLINE/SHUTTERSTOCK ©

Hamilton (p. 63), sur les planches du Richard Rodgers Theatre

Les meilleurs...

Spectacles de Broadway

Harry Potter et l'Enfant maudit (p. 64). Record absolu d'entrées pour une pièce de théâtre à Broadway.

The Book of Mormon (p. 64). Un spectacle primé remarquablement drôle, par les créateurs de *South Park*.

Chicago (p. 64). L'un des plus éblouissants spectacles de Broadway.

Wicked (p. 64). Ces rivalités de sorcières rencontrent un succès fracassant et durable.

Hamilton (p. 63). Si vous n'avez pas de billet, tentez votre chance dans la file des annulations devant le théâtre.

Jazz

Jazz at Lincoln Center (p. 188). Tous les soirs, des talents exceptionnels dans trois salles de très haute qualité.

Village Vanguard (p. 186). Club de jazz mythique de West Village.

Barbès (p. 191). Rythmes festifs méconnus du monde entier, à Park Slope.

Birdland (p. 188). Une adresse chic de Midtown qui accueille des orchestres, des groupes de jazz cubain et plus encore.

Financial District et Lower Manhattan

Flea Theater Théâtre

(Plan p. 262 ; ☎billets 212-226-0051 ; theflea.org ; 20 Thomas St, entre Timble Pl et Broadway, Tribeca ; billets à partir de 10 $; 👪 ; Ⓢ A/C, 1/2/3 jusqu'à Chambers St ; R/W jusqu'à City Hall). L'une des meilleures compagnies du Broadway alternatif ("off-off-Broadway"), réputée pour ses pièces innovantes. L'endroit compte 3 espaces scéniques, dont un surnommé "Siggy", en l'honneur d'une "vétérane" du Flea, Sigourney Weaver (nom officiel de la salle). Il accueille toute l'année concerts et spectacles de danse, ainsi que des spectacles pour enfants (dès 2 ans), le dimanche. "Serials" est un joyeux concours de pièces de théâtre de 10 minutes chacune.

Soho Rep Théâtre

(Soho Repertory Theatre ; plan p. 262 ; ☎212-941-8632 ; sohorep.org ; 46 Walker St, entre Church St et Broadway, Tribeca ; Ⓢ A/C/E jusqu'à Canal St, 1 jusqu'à ~~Franklin St).~~ L'une des meilleures compagnies off-Broadway de New York avec son trio annuel de nouvelles œuvres percutantes. Kathleen Turner, Allison Janney, Ed O'Neill et John C. Reilly ont tous fait leurs débuts dans cette salle de 65 places. Les productions de la compagnie ont remporté plus de 20 Off-Broadway Theater Awards (ou The Obie Awards).

SoHo et Chinatown

Joe's Pub Musique live

(Plan p. 262 ; ☎212-539-8778, billets 212-967-7555 ; joespub.com ; Public Theater, 425 Lafayette St, entre Astor Pl et 4th St, Noho ; Ⓢ 6 jusqu'à Astor Pl, R/W jusqu'à 8th St-NYU). À la fois bar, cabaret et salle de spectacles, cet établissement intime programme aussi bien de jeunes talents que des artistes confirmés comme Patti LuPone, Amy Schumer, ou la chanteuse britannique Adele. Accès par le Public Theater.

Film Forum Cinéma

(Plan p. 262 ; ☎212-727-8110 ; www.filmforum.org ; 209 W Houston St, entre Varick St et 6th Ave, SoHo ; adulte/enfant 15/9 $; ⌚12h-minuit ; Ⓢ 1 jusqu'à Houston St). Ce cinéma à but non

Chicago (p. 64), à l'Ambassador Theatre

EQROY/SHUTTERSTOCK ©

lucratif propose une variété étourdissante de films indépendants, de reprises et de rétrospectives sur les carrières de grands noms du septième art comme Orson Welles. Les séances sont souvent suivies de conférences des réalisateurs ou de débats menés par des cinéphiles. Depuis sa rénovation de 2018, les sièges ont gagné en confort et on voit mieux l'écran et une quatrième salle a ouvert.

✪ East Village et Lower East Side

Anyway Café Musique live

(Plan p. 262 ; ☎212-533-3412 ; anywaycafe.com ; 34 E 2nd St, au niveau de 2nd Ave, East Village ; ⏲12h-2h dim-jeu, 12h-4h ven-sam ; SF jusqu'à 2nd Ave). Véritable adresse new-yorkaise, ce bar en sous-sol à la déco originale accueille des musiciens depuis 25 ans (pas de droit d'entrée). On y joue principalement du jazz et on y sert quelques plats franco-russes et infusions à la vodka. Pensez au pourboire pour les musiciens.

Nuyorican Poets Café Spectacles

(Plan p. 262 ; ☎212-780-9386 ; nuyorican.org ; 236 E 3rd St, entre Ave B et Ave C, East Village ; billets 5-15 $; SF jusqu'à 2nd Ave). Le légendaire Nuyorican accueille depuis 1973 concours de poésie, pièces de théâtre, films, spectacles et concerts. Si elle fait partie de l'histoire d'East Village, cette salle associative demeure un centre artistique dynamique. Consultez le programme sur le site Internet et achetez en ligne les billets pour les spectacles prisés de fin de semaine. Vous pourrez aussi vous essayer au chant lors des soirées *open mic* (scène libre) du lundi (21h ; 8 $).

Bowery Ballroom Musique live

(Plan p. 262 ; ☎800-745-3000, 212-533-2111 ; boweryballroom.com ; 6 Delancey St, au niveau de Bowery, Lower East Side ; SJ/Z jusqu'à Bowery, B/D jusqu'à Grand St). Cette superbe salle offre l'acoustique et l'ambiance parfaites pour des concerts de rock indé explosifs. The Shins, Jonathan Richman, Stephen Malkmus et Patti Smith s'y sont produits.

Une métropole de la musique

C'est à New York que des musiciens de jazz comme Ornette Coleman, Miles Davis et John Coltrane ont repoussé les limites de l'improvisation dans les années 1950. C'est là aussi que plusieurs genres musicaux – jazz, *son* et rumba –, issus de la fertile scène latino dans les années 1960 et 1970, ont fusionné pour donner un style plus osé nommé salsa, incarné par Celia Cruz (1925-2003), la "reine de la salsa". Là où des chanteurs folks comme Bob Dylan et Joan Baez ont porté dans les cafés leurs *protest songs*, et où des groupes comme les New York Dolls et les Ramones ont occupé le devant de la scène dans le centre de Manhattan. C'est là encore que le disco est né. Et ce fut le creuset culturel qui permit l'explosion du hip-hop. Le monde du rock indépendant est très vivant : des groupes comme les Yeah Yeah Yeahs, LCD Soundsystem et Animal Collective ont tous émergé à New York. Bourré de clubs et de bars, mais aussi de labels indépendants et de stations de webradio, Williamsburg est au cœur de l'action. Les meilleures salles pour écouter du rock restent le Music Hall of Williamsburg (p. 191) ou la Manhattan's Bowery Ballroom. Harlem, où est né le be-bop et jadis le terrain de jeu de grands noms tels que Louis Armstrong, Billie Holiday ou Charlie Parker, reste un quartier de choix pour écouter du jazz : essayez le Silvana (p. 177) ou le Ginny's Supper Club (p. 177).

Blue Note (p. 186)

Studios NBC

Assister à un enregistrement TV

Saturday Night Live (nbc.com/saturday-night-live). Sans doute l'émission basée à New York la plus appréciée ; on fait la queue dès 7h côté 48th St de **Rockefeller Plaza** pour obtenir un billet pour le soir, soit pour la répétition de 20h, soit pour l'émission en direct à 23h30. Un seul billet par personne (par ordre d'arrivée). Il faut un passeport valide pour récupérer le billet et entrer dans le studio. Les spectateurs doivent avoir 16 ans révolus.

The Daily Show with Trevor Noah (www.showclix.com/event/thedailyshowwithtrevornoah). Il faut s'inscrire en ligne pour assister à l'enregistrement de cette émission très suivie d'actualités décalées. Les places sont mises en ligne progressivement quelques semaines avant les enregistrements ; jetez un coup d'œil régulièrement au site Internet. Les enregistrements ont lieu à 18h et 19h15 du lundi au jeudi. On peut récupérer les billets sur place à partir de 14h30. Même en ayant réservé, l'entrée n'est pas garantie ; arrivez tôt. Lors de la remise du billet, on vous communique l'heure à laquelle revenir pour assister à l'émission (généralement 16h30). Les spectateurs doivent avoir 18 ans révolus.

Pour en savoir plus, consultez les sites Internet des différentes chaînes, ou le site nycgo.com/articles/tv-show-tapings.

✪ West Village, Chelsea et Meatpacking District

Sleep No More — Théâtre

(Plan p. 266 ; billetterie 212-904-1880 ; www.sleepnomorenyc.com ; 530 W 27th St entre 10th Ave et 11th Ave, Chelsea ; billets à partir de 100 $; début spectacle 16h-19h ; S 1, C/E jusqu'à 23rd St). Figurant parmi les œuvres théâtrales les plus participatives jamais conçues, *Sleep No More* est une adaptation libre de Macbeth qui tend vers le film noir, à voir dans des hangars de Chelsea aménagés pour ressembler au McKittrick Hotel (clin d'œil à *Sueurs froides* d'Alfred Hitchcock) et son bar animé des années 1930.

Village Vanguard — Jazz

(Plan p. 262 ; 212-255-4037 ; villagevanguard.com ; 178 7th Ave S, entre W 11th St et Perry St, West Village ; entrée environ 35 $; 19h30-0h30 ; S 1/2/3 jusqu'à 14th St, A/C/E, L jusqu'à 8th Ave-14th St). Ce club de jazz a vu défiler tous les grands noms des 50 dernières années. Ouvert en 1935, c'était d'abord un lieu dédié à la poésie beat et à la musique folk, et s'il retrouve occasionnellement ses racines, on y écoute le plus souvent du jazz toute la nuit. Le lundi soir est réservé au **Vanguard Jazz Orchestra** depuis 1966.

Blue Note — Jazz

(Plan p. 262 ; 212-475-8592 ; bluenote.net ; 131 W 3rd St, entre 6th Ave et MacDougal St, West Village ; billetterie 10h-18h, ouverture des portes à 18h ; S A/C/E, B/D/F/M jusqu'à W 4th St-Washington Sq). Depuis son ouverture en 1981, des pointures telles que Sarah Vaughan, Lionel Hampton et Dizzy Gillespie ont foulé les planches du Blue Note, l'un des meilleurs clubs de jazz de NYC. La plupart des concerts coûtent entre 20 et 45 $ au bar, et de 35 à 55 $ pour une table, mais les prix grimpent les soirs où jouent les stars. Il y a aussi des brunchs jazz (40 $) à 11h30 et 13h30 le dimanche.

IFC Center — Cinéma

(Plan p. 262 ; 212-924-7771 ; ifccenter.com ; 323 6th Ave, au niveau de 3rd St, West Village ; billets adulte/enfant 16/13 $; ; S A/C/E,

Village Vanguard

B/D/F/M jusqu'à W 4th St-Washington Sq). Ce cinéma d'art et d'essai installé dans les locaux de l'université de New York présente des films d'auteur, des courts-métrages, des documentaires, des classiques le week-end et des cycles thématiques.

Comedy Cellar Humour

(Plan p. 262 ; ☎212-254-3480 ; comedycellar.com ; 117 MacDougal St, entre W 3rd et Minetta Ln, West Village ; entrée 10-24 $; ⏲11h-3h ; Ⓢ A/C/E, B/D/F/M jusqu'à W 4th St-Washington Sq). Au sous-sol du café Olive Tree, dans West Village, ce *comedy club* de légende compte une troupe d'habitués talentueux et reçoit parfois la visite de grands humoristes comme Dave Chappelle, Jerry Seinfeld ou Amy Schumer. Deux nouvelles adresses, l'une à Las Vegas et l'autre au **Village Underground**, au 130 W 3rd St.

Duplex Cabaret

(Plan p. 262 ; ☎212-255-5438 ; theduplex.com ; 61 Christopher St au niveau de 7th Ave, West Village ; entrée 10-25 $; ⏲16h-4h ; Ⓢ 1 jusqu'à Christopher St-Sheridan Sq ; A/C/E, B/D/F/M jusqu'à W 4th St-Washington Sq). Cabaret, humour et danses se disputent la scène kitsch de cette salle mythique ouverte en 1950. Des photos de Joan Rivers tapissent les murs, et les artistes se plaisent à imiter son style impertinent faisant la part belle à l'autodénigrement – souvent en prenant à partie le public (déconseillé aux timides !).

✪ Union Square, Flatiron District et Gramercy

Peoples Improv Theater Humour

(PIT ; plan p. 266 ; ☎cours 212-563-7488 ; thepit-nyc.com ; 123 E 24th St, entre Lexington Ave et Park Ave, Gramercy ; wifi ; Ⓢ F/M, N/R, 6 jusqu'à 23rd St). Bardé de néons rouges, ce *comedy club* animé vous fera éclater de rire pour une bouchée de pain. Tous les soirs s'enchaînent stand-up, sketchs et humour musical. Venez tôt pour boire un verre sans vous ruiner dans l'ambiance conviviale du bar aux tons rouge vif. Le PIT propose aussi des cours, dont des ateliers d'improvisation (20 $) le week-end dans ses locaux de Midtown.

Midtown

Jazz at Lincoln Center — Jazz

(Plan p. 270 ; ✆réservations Dizzy's Club Coca-Cola 212-258-9595, billets Rose Theater et Appel Room 212-721-6500 ; www.jazz.org ; Time Warner Center, 10 Columbus Circle, Broadway, au niveau de 59th St ; Ⓢ A/C, B/D, 1 jusqu'à 59th St-Columbus Circle). En haut du Time Warner Center, le Jazz at Lincoln Center est composé de 3 salles : le **Rose Theater**, l'**Appel Room**, et le **Dizzy's Club Coca-Cola** qui accueille des spectacles le soir (entrée 5-45 $). Les concerts sont souvent exceptionnels.

Carnegie Hall — Concerts

(Plan p. 268 ; ✆212-247-7800 ; carnegiehall.org ; 881 7th Ave, au niveau de W 57th St ; visites adulte/enfant 17/12 $; ◷visites 1 heure 11h30, 12h30, 14h et 15h lun-ven, 11h30 et 12h30 sam sept-juin ; Ⓢ N/R/W jusqu'à 57th St-7th Ave). Cette salle de concerts mythique est l'une des meilleures du point de vue de l'acoustique. L'**auditorium Isaac Stern** voit se produire de grands interprètes d'opéra, de jazz et de folk, et le **Zankel Hall** accueille des concerts avant-gardistes de jazz, de pop, de musique classique et de musiques du monde. Le **Weill Recital Hall** organise des concerts de musique de chambre ou accueille de jeunes artistes.

Birdland — Jazz

(Plan p. 268 ; ✆212-581-3080 ; www.birdlandjazz.com ; 315 W 44th St, entre 8th Ave et 9th Ave ; entrée 30-50 $; ◷17h-1h ; Wi-Fi ; Ⓢ A/C/E jusqu'à 42nd St-Port Authority Bus Terminal). Cette salle de légende doit son nom à Charlie Parker, surnommé "Bird", qui tenait la vedette dans la salle alors située dans 52nd St, de même que Miles Davis et Thelonious Monk (leurs photos ornent les murs). L'ambiance est feutrée. Venez le vendredi à 17h30 pour les fantastiques sessions big band.

Playwrights Horizons — Théâtre

(Plan p. 266 ; ✆212-564-1235 ; www.playwrightshorizons.org ; 416 W 42nd St, entre 9th Ave et 10th Ave, Midtown West ; Ⓢ A/C/E jusqu'à 42nd St-Port Authority Bus Terminal). Ce vétéran du théâtre d'auteur accueille des productions d'œuvres américaines contemporaines. On a pu y voir par le passé des pièces telles que *The Flick* d'Annie

Carnegie Hall

Baker, lauréat du prix Pulitzer, *Clybourne Park* de Bruce Norris (récompensée d'un Tony Awards), ou encore *I Am My Own Wife* et *Grey Gardens* de Doug Wright.

Roundabout Theatre Company — Théâtre

(Plan p. 268 ; ☎212-719-1300 ; roundabouttheatre.org ; 111 W 46th St, entre 6th Ave 7th Ave, Midtown West ; Ⓢ N/Q/R jusqu'à 49th St, B/D/F/M jusqu'à 47th St-50th St). Le Harold and Miriam Steinberg Center for Theatre héberge deux théâtres modernes, ou la Roundabout Theatre Company se produit dans des pièces célèbres ou inédites, des classiques et des comédies musicales. La compagnie crée aussi des productions dans leur théâtre de W 42nd St, l'**American Airlines Theatre**, au **Stephen Sondheim Theatre** sur W 43rd St et au **Studio 54** sur W 54th St.

Hardware — Spectacles

(☎212-924-9885 ; hardware-bar.com ; 697 10th Ave, entre 47th St et 48th St, Midtown West ; ⏱12h-4h ; Ⓢ C/E jusqu'à 50th St). Ce bar d'apparence anodine dans l'ouest de Hell's Kitchen accueille certains des meilleurs spectacles de drag-queens de New York. Des reines de la nuit locales et internationales s'y produisent chaque soir et les après-midi du week-end pour le "Skinny Brunch" (pas de nourriture, mais des mimosas et Bloody Mary à 5 $).

Second Stage Theater — Théâtre

(Tony Kiser Theater ; plan p. 268 ; ☎billets 212-246-4422 ; 2st.com ; 305 W 43rd St, au niveau de 8th Ave, Midtown West ; ⏱accueil 12h-18h dim-ven, 12h-19h sam ; Ⓢ A/C/E jusqu'à 42nd St-Port Authority Bus Terminal). Cette compagnie de théâtre à but non lucratif est réputée pour ses productions d'œuvres de nouveaux auteurs comme de dramaturges américains plus confirmés.

Upright Citizens Brigade Theatre — Humour

(UCB ; ☎212-366-9176 ; ucbtheatre.com ; 555 W 42nd St, entre 10th Ave et 11th Ave, Hell's Kitchen ; entrée libre-14 $; ⏱19h30-minuit ; Ⓢ A/C/E jusqu'à 42nd St-Port Authority Bus Terminal). Ce club de spectacles d'humour et d'improvisation a récemment changé d'adresse. L'entrée est bon marché, tout comme la bière et le vin. On y joue d'excellents spectacles tous les soirs à 18h ou 19h30 environ, et les soirées d'improvisation Asssscat 3000 Improv, le dimanche, sont toujours mémorables.

Don't Tell Mama — Cabaret

(Plan p. 268 ; ☎212-757-0788 ; donttellmamanyc.com ; 343 W 46th St, entre 8th Ave et 9th Ave, Midtown West ; ⏱16h-2h30 dim-jeu, 16h-3h30 ven-sam ; Ⓢ N/Q/R, S, 1/2/3, 7 jusqu'à Times Sq-42nd St). Depuis plus de 30 ans, le talent est au rendez-vous dans cet extraordinaire cabaret et piano-bar sans prétention, où se produisent des passionnés donnant tout sur scène pour le public.

Le top de l'humour

Upright Citizens Brigade Theatre (ci-dessous). Comiques et spectacles d'improvisation, toujours hilarants.

Comedy Cellar (p. 187). Dans un sous-sol de Greenwich Village, un comedy club très populaire.

Caroline's on Broadway (plan p. 268 ; ☎212-757-4100 ; carolines.com ; 1626 Broadway, au niveau de 50th St, Midtown West ; Ⓢ N/R/W jusqu'à 49th St ; 1, C/E jusqu'à 50th St). Programme des spectacles d'humoristes célèbres.

Peoples Improv Theater (p. 187). Club intimiste pour rire aux larmes, avec sessions d'impro le mercredi et bière bon marché.

Comedy Cellar (p. 187)

TINO BANDITO/SHUTTERSTOCK ©

Upper East Side

Café Carlyle — Jazz

(Plan p. 270 ; ☎212-744-1600 ; thecarlyle.com ; Carlyle Hotel, 35 E 76thSt, au niveau de Madison Ave ; entrée 75-225 $, 2 plats minimum 80 $; ⏲concerts à 20h45 et 22h45 lun-sam, fermé début jan, juil, août et début sept ; Ⓢ6 jusqu'à 77th St). Cette salle luxueuse du Carlyle Hotel attire de grands talents. Vous devrez dépenser un montant minimal pour les boissons et la nourriture, non comprises dans le droit d'entrée (120-215 $/personne). Code vestimentaire "chic" ; Messieurs, sortez le veston.

The Frick Collection Concerts — Musique classique

(Plan p. 270 ; ☎212-547-0715 ; frick.org/programs/concerts ; 1 E 70th St, au niveau de 5th Ave ; 45 $; Ⓢ 6 jusqu'à 68th St-Hunter College). Toutes les 2 à 4 semaines, l'opulente Frick Collection (p. 53) propose le dimanche à 17h un concert de musiciens de renommée mondiale, comme le violoncelliste Yehuda Hanani ou le violoniste Thomas Zehetmair. Programme sur le site Internet.

Upper West Side et Central Park

Film at Lincoln Center — Cinéma

(Plan p. 270 ; ☎212-875-5610 ; filmlinc.com ; W 65th St, Lincoln Center, entre Broadway et Amsterdam Ave ; Ⓢ1 jusqu'à 66th St-Lincoln Center). Le Film at Lincoln Center est l'un des trésors que recèle New York pour les cinéphiles. Son inestimable fonds cinématographique réunit des joyaux du septième art, documentaires, cinéma indépendant, réalisations étrangères ou films d'avant-garde. Les projections se font dans deux lieux, l'**Elinor Bunin Munroe Film Center** (plan p. 270 ; ☎billetterie 212-875-5232 ; 144 W 65th St, entre Broadway et Amsterdam Ave ; tarif plein/réduit 15/12 $), et le **Walter Reade Theater** (plan p. 270 ; ☎212-875-5601 ; www.filmlinc.com ; 165 W 65th St, entre Broadway et Amsterdam Ave).

Delacorte Theater — Théâtre

(Plan p. 270 ; publictheater.org ; Central Park, entrée au niveau de W 81st St ; ⓈB, C jusqu'à 81st St-Museum of Natural History). Chaque été, le Public Theater (p. 38) prend possession

St Ann's Warehouse

ALEX CIMBAL/SHUTTERSTOCK ©

des lieux pour donner des représentations gratuites lors du festival Shakespeare in the Park, fondé par Joseph Papp en 1954, avant même que soit construit ce beau théâtre en plein air. En général, les pièces sont éblouissantes. Faire la queue pour les billets est un rite de passage pour tous ceux qui découvrent la ville.

Harlem et Upper Manhattan

Marjorie Eliot's Parlor Jazz Jazz

(☎212-781-6595 ; 555 Edgecombe Ave, au niveau de 160th St, app 2e ét, Washington Heights ; dons appréciés ; 15h30 dim ; S A/C jusqu'à 163rd St-Amsterdam Ave ; 1 jusqu'à 157th St). Chaque dimanche, la charmante Mrs Eliot offre une expérience new-yorkaise magique : des jams de jazz gratuits réunissent musiciens talentueux et visiteurs dans l'intimité de son appartement. Allez-y tôt !

Brooklyn

Brooklyn Academy of Music Arts du spectacle

(BAM ; plan p. 272 ; ☎718-636-4100 ; bam.org ; 30 Lafayette Ave, au niveau d'Ashland Pl, Fort Greene ; S B/D, N/Q/R, 2/3, 4/5 jusqu'à Atlantic Ave-Barclays Center). Fondée en 1861 (année du début de la guerre de Sécession), la BAM est le plus ancien centre d'arts du spectacle des États-Unis. Avec plusieurs salles dans le quartier de Fort Greene, l'académie propose des productions innovantes d'opéras, danse moderne, musique, cinéma et théâtre.

St Ann's Warehouse Théâtre

(Plan p. 272 ; ☎718-254-8779 ; stannswarehouse.org ; 45 Water St, au niveau de Old Dock St, Dumbo ; B25 jusqu'à Water St/Main St, S A/C jusqu'à High St-Brooklyn Bridge ; F jusqu'à York St). Cet immeuble de brique rouge, entrepôt de tabac pendant la guerre de Sécession, sert de résidence principale à la compagnie d'avant-garde St Ann's. La "warehouse", salle modulable high-tech de 320 places, se prête idéalement à des représentations inclassables de théâtre, musique, danse ou de spectacles de marionnettes.

★ Le top pour la musique classique ou l'opéra

Metropolitan Opera (p. 116)

Carnegie Hall (p. 188)

National Sawdust (ci-dessous)

Brooklyn Academy of Music (ci-dessous)

National Sawdust Spectacles

(Plan p. 273 ; ☎646-779-8455 ; nationalsawdust.org ; 80 N 6th St, au niveau de Wythe Ave, Williamsburg ; 10h-1h lun-ven, 12h-23h sam-dim ; B32 jusqu'à Wythe Ave-N 6th St, S L jusqu'à Bedford Ave). Des artistes aussi divers que les Pussy Riot et Yo La Tengo se sont produits dans cet espace dernier cri orné de fresques aux couleurs éclatantes. L'intérieur accueille des opéras sur fond de projections multimédias, du jazz de big band électro-acoustique, des concerts de compositeurs expérimentaux et autres genres assez confidentiels.

Barbès Concerts

(Plan p. 272 ; ☎347-422-0248 ; barbesbrooklyn.com ; 376 9th St, au niveau de 6th Ave, Park Slope ; don requis pour les concerts 10 $; 17h-2h lun-jeu, 14h-4h ven-sam, 14h-2h dim ; S F, G jusqu'à 7th Ave ; R jusqu'à 4th Ave-9th St). Le Barbès est tenu par des musiciens français installés de longue date à Brooklyn. Musique live tous les soirs, avec une programmation d'un éclectisme réjouissant : cuivres des Balkans, rythmes afro-péruviens, funk d'Afrique de l'Ouest, et bien d'autres styles.

Music Hall of Williamsburg Concerts

(Plan p. 273 ; ☎718-486-5400 ; musichallofwilliamsburg.com ; 66 N 6th St entre Whyte Ave et Kent Ave, Williamsburg ; concerts 10-65 $; S L jusqu'à Bedford Ave). Cette salle prisée, où se sont notamment produits They Might Be Giants, Teenage Fanclub et Kendrick Lamar, est l'endroit idéal pour voir des groupes indépendants à Brooklyn.

SPORTS ET ACTIVITÉS

Sport, vélo, circuits et bien plus encore

Sports et activités

Outre la course aux taxis, sport new-yorkais par excellence, et l'attente sur les quais de métro en été qui s'apparente parfois à une séance au sauna, les New-Yorkais aiment l'activité physique. Dans cette ville trop souvent cantonnée à l'image de ses gratte-ciel, les occasions de se dépenser en plein air sont d'une richesse surprenante.

Dans ce chapitre

Que voir et quand

La saison de football américain (NFL) s'étend généralement de septembre à janvier, celle de basket (NBA) d'octobre à mai, celle de hockey sur glace (NHL) d'octobre à avril et celle de base-ball (MLB) d'avril à octobre. L'US Open, le plus grand tournoi de tennis d'Amérique, a lieu fin août-début septembre.

Page précédente : Traversée du Brooklyn Bridge à vélo
STEFAN UGLJEVAREVIC/SHUTTERSTOCK ©

Brooklyn Bridge Park (p. 49)

Les meilleurs...

Parcs où se dégourdir les jambes

Central Park (p. 36). Le grand terrain de jeu de la ville possède des sentiers boisés, de vastes pelouses et un beau lac.

Brooklyn Bridge Park (p. 49). Au bord de l'East River, un espace vert joliment agencé, avec des kayaks, des terrains de basket et bien d'autres activités.

Prospect Park (p. 110). Le superbe parc de Brooklyn est doté de sentiers, de collines, de terrains de tennis, d'un lac et de pelouses.

Governors Island (p. 200). Une île piétonne à deux pas de Lower Manhattan ou Brooklyn.

Équipes sportives de New York

New York Yankees La légendaire équipe de base-ball du Bronx.

New York Rangers La première équipe de hockey sur glace de New York.

New York Knicks La première équipe locale de basket NBA.

Brooklyn Nets La nouvelle équipe NBA de la ville.

New York Mets L'autre équipe de base-ball de New York joue à domicile au Citi Field dans le Queens.

Brooklyn Cyclones L'équipe de base-ball de ligue mineure évoluant au stade de Coney Island.

Événements sportifs

Yankee Stadium — Stade, base-ball

(☎212-926-5337 ; mlb.com/yankees ; 1 E 161st St, au niveau de River Ave ; visite guidée 20 $; S B/D, 4 jusqu'à 161st St-Yankee Stadium). Les Yankees ont gagné 27 fois le championnat des World Series au cours des 90 dernières années. Le succès semble avoir suivi l'équipe du 161st St au nouveau Yankee Stadium, où elle a joué sa première saison en 2009 – y gagnant les World Series en écrasant les Phillies de Philadelphie en 6 manches. Les Yankees jouent d'avril à octobre.

Madison Square Garden — Sports, concerts

(MSG, The Garden ; plan p. 266 ; thegarden.com ; 4 Pennsylvania Plaza, 7th Ave entre 31st St et 33rd St ; S A/C/E, 1/2/3 jusqu'à 34th St-Penn Station). Cette salle, la plus grande de la ville, fait partie d'un complexe abritant aussi la Penn Station. Elle accueille des concerts (Elvis Presley, Pink Floyd, The Rolling Stones et Bruce Springsteen s'y sont produits). C'est aussi un centre omnisports où se tiennent les matchs de basket des **New York Knicks** (nba.com/knicks) et des **New York Liberty** (liberty.wnba.com), ainsi que de l'équipe de hockey des **New York Rangers** (nhl.com/rangers). Sans oublier des matchs de boxe et le concours canin annuel du **Westminster Kennel Club Dog Show** (westminsterkennelclub.org).

Barclays Center — Stade, concerts

(Plan p. 272 ; ☎917-618-6700 ; barclayscenter.com ; angle Flatbush Ave et Atlantic Ave, Prospect Heights ; S B/D, N/Q/R, 2/3, 4/5 jusqu'à Atlantic Ave-Barclays Center). Les **Brooklyn Nets** de la NBA ont investi ce stade. Outre le basket-ball, le Barclays Center accueille des matchs de boxe et de lutte ainsi que des concerts et spectacles de grands noms, comme ceux de Leonard Cohen, Billy Joel, Bette Midler et Phil Collins.

Forme et santé

Chelsea Piers Complex — Complexe omnisports

(Plan p. 266 ; ☎212-336-6666 ; chelseapiers.com ; Pier 62, au niveau de W 23rd St, Chelsea ; ⏲5h30-23h lun-ven, 8h-21h sam-dim ; 👪 ; 🚌M23 jusqu'à

Yankee Stadium

12th Ave-W 23rd St, S 1, C/E jusqu'à 23rd St). Cet immense complexe sportif au bord de l'eau réveillera l'athlète qui est en vous. Profitez du practice de golf de 4 étages, lancez-vous sur la patinoire couverte ou tentez quelques strikes au bowling à l'atmosphère jazzy. Le complexe comprend aussi un terrain de basket (Hoop City), une école de voile pour enfants, des cages de frappe pour les amateurs de base-ball, un immense gymnase avec piscine couverte, une aire de jeux intérieure pour les petits et des murs d'escalade.

Jump into the Light VR Salle de jeux

(Plan p. 262 ; 646-590-1172 ; facebook.com/jumpintothelight ; 180 Orchard St, entre E Houston St et Stanton St, East Village ; 10 min/jour 10/30 $; 13-23h lun-jeu, 13h-minuit ven, 11h-minuit sam, 11h-23h dim ; S F jusqu'à 2nd Ave). Prêt à sauter d'un gratte-ciel, escalader une montagne, sauter en parachute et exterminer des zombies ? Alors ne manquez pas cette incroyable salle de jeux en réalité virtuelle, première de ce genre, œuvres d'art interactives et autres technologies futuristes y sont également présentées.

New York Trapeze School Acrobatie

(Plan p. 262 ; 212-242-8769 ; newyork.trapezeschool.com ; Pier 40, au niveau de West Side Hwy, West Village ; 40-75 $/cours ; mai-oct ; S 1 jusqu'à Houston St). Acrobate en herbe ? Essayez-vous au trapèze volant en plein air au bord de l'eau, sur Pier 40, ouvert de mai à octobre. L'école dispose aussi d'un espace intérieur dans le sud de Williamsburg, à Brooklyn, ouvert à l'année. Frais d'inscription unique en sus (10 $).

Spas

Great Jones Spa Spa

(Plan p. 262 ; 212-505-3185 ; www.gjspa.com ; 29 Great Jones St, entre Lafayette St et Bowery, Noho ; 9h-22h ; S 6 jusqu'à Bleecker St, B/D/F/M jusqu'à Broadway-Lafayette St). Faites-vous plaisir dans ce temple feng shui avec un gommage au sel de mer à l'orange sanguine ou un soin du visage à la vitamine C. À partir de 100 $ dépensés (facilement atteints : massages/soins du visage 1 heure à partir de 150/135 $), un accès au bain bouillonnant, au sauna, au hammam et à la piscine d'eau froide est offert. Maillot de bain obligatoire.

Russian & Turkish Baths Bains publics

(Plan p. 262 ; 212-674-9250 ; russianturkishbaths.com ; 268 E 10th St, entre 1st Ave et Ave A, East Village ; journée 52 $; 12h-22h lun, mar, jeu et ven, 10h-22h mer, 9h-22h sam,

Course à pied

Les pistes circulaires de Central Park sont plus agréables lorsque la circulation est interdite. Le chemin de 2,5 km autour du réservoir Jacqueline Kennedy Onassis (elle y faisait son jogging) est réservé aux coureurs et aux marcheurs (accès entre 86th St et 96th St). Les berges de l'Hudson attirent aussi du monde, les tronçons les plus agréables se situant entre W 30th St et Battery Park, dans Lower Manhattan. L'Upper East Side dispose d'un parcours le long de FDR Drive et de l'East River (de 63rd St à 115th St). À Brooklyn, Prospect Park s'enorgueillit de multiples sentiers (et d'une boucle de 4,8 km), ainsi que d'un pont piétonnier de 2 km, à l'horizon dégagé sur Manhattan (accédez-y par le Brooklyn Bridge pour allonger la balade). Le **New York Road Runners Club** (www.nyrr.org) organise le marathon de New York, mais aussi des joggings dans la ville le week-end.

Jacqueline Kennedy Onassis Reservoir, Central Park

MARIAKRAY/SHUTTERSTOCK ©

Roller derby à New York

La seule ligue de roller derby exclusivement féminine de New York, **Gotham Girls** (www.gothamgirlsrollerderby.com ; billets à partir de 30 $; ⌚mars-août ; 👪), oppose chaque année 4 équipes locales aux noms rappelant les quartiers de la ville : the Bronx Gridlock, Brooklyn Bombshells, Manhattan Mayhem et Queens of Pain. Les joueuses sont parmi les meilleures de la discipline et l'équipe qui joue les matchs à l'extérieur, les All-Stars, ont 5 titres mondiaux et sont invaincues depuis 4 ans. Pendant la saison, les équipes jouent dans plusieurs salles de New York ; consultez le site Internet pour plus d'informations.

Roller derby
RONALD SUMNERS/SHUTTERSTOCK ©

8h-22h dim ; S L jusqu'à 1st Ave, 6 jusqu'à Astor Pl). Depuis 1892, ces bains publics petits et peu engageants attirent une clientèle polyglotte et éclectique : acteurs, étudiants, couples, célibataires en quête de partenaire, habitués russes ou vieux habitants du quartier. Tous se déshabillent, puis vont et viennent en shorts amples en coton fournis sur place entre les bains de vapeur, la piscine d'eau glacée, le sauna et le solarium.

Ils sont mixtes la plupart du temps (nudité interdite), mais quelques plages horaires sont réservées aux hommes ou aux femmes (nudité possible). On y pratique aussi massages, gommages et soins russes à base de feuilles de chêne (à partir de 40 $). Le café (8-12 $) sur place propose des plats du jour comme la saucisse polonaise et les blinis. On peut enfiler un des peignoirs fournis le temps du repas.

Une querelle, ancienne et plutôt théâtrale, oppose les deux copropriétaires David et Boris qui se répartissent les journées de gérance. Forfaits et cartes-cadeaux achetés auprès de l'un ne sont utilisables que lors des jours qui lui sont attribués. Consultez le site Internet pour connaître les heures d'ouverture et le calendrier des gérants.

Patinoires

Wollman Skating Rink Patin à glace

(Plan p. 270 ; ☎212-439-6900 ; www.wollmanskatingrink.com ; Central Park, entre 62nd St et 63rd St ; adulte lun-jeu 12 $, ven-dim 19 $, enfant 6 $, location de patins 10 $; ⌚10h-14h30 lun-mar, 10h-22h mer-jeu, 10h-23h ven-sam, 10h-21h dim fin oct à déb avr ; S F jusqu'à 57th St, N/R/W jusqu'à 5th Ave-59th St). Plus grande que celle du Rockefeller Center, cette patinoire située à la bordure sud-est de Central Park, construite en 1949 et restaurée par Donald Trump en 1986, jouit aussi d'une vue splendide, et il est possible d'y patiner sans limite de temps. Prévoyez 5 $ pour un casier et 5 $ pour l'entrée spectateur, en espèces.

Patinoire du Rockefeller Center Patin à glace

(Plan p. 268 ; ☎212-332-7654 ; skatingatrockcenter.com ; Rockefeller Center, 5th Ave, entre 49th St et 50th St ; adulte 25-33 $, enfant 15 $, location de patins 13 $; ⌚8h30-minuit mi-oct à avr ; S B/D/F/M jusqu'à 47th St-50th St-Rockefeller Center). De mi-octobre à avril, la plus célèbre patinoire de New York est ouverte sur la Rockefeller Plaza. Sa forme ovale creusée dans le sol est surplombée par les 70 étages Art déco du Rockefeller Center (p. 93) et par un énorme sapin de Noël pendant les fêtes ; l'ambiance y est absolument magique. La patinoire est très petite et bondée. Arrivez dès l'ouverture (8h30).

Patinoire du Rockefeller Center

Activités nautiques

Staten Island Ferry Traversée

(Plan p. 260 ; siferry.com ; Whitehall Terminal, 4 Whitehall St, au niveau de South St, Lower Manhattan ; 24h/24 ; S 1 jusqu'à South Ferry, R/W jusqu'à Whitehall St, 4/5 jusqu'à Bowling Green). GRATUIT Ces gros bateaux orange sont le moyen de transport quotidien des habitants de Staten Island et l'embarcation secrète et romantique pour les virées printanières des habitants de Manhattan. Beaucoup de touristes sont séduits par le Staten Island Ferry : le trajet entre Lower Manhattan et le quartier St George de Staten Island (25 minutes, 8 km environ) est l'une des plus belles aventures gratuites de New York.

Pioneer Croisière

(Plan p. 260 ; 212-748-8600 ; www.southstreetseaportmuseum.org ; billetterie 12 Fulton St, Lower Manhattan ; adulte/enfant 42/28 $; horaires variables ; S 2/3, 4/5, A/C jusqu'à Fulton St). Aux beaux jours, prenez le large à bord d'une des goélettes historiques de South Street Seaport, le *Pioneer* (1885). Les billets peuvent être achetés via le site Internet du South Street Seaport Museum ou à la billetterie du musée.

Loeb Boathouse Kayak

(Plan p. 270 ; thecentralparkboathouse.com ; Central Park, entre 74th St et 75th St ; location bateau 15 $/heure, 3 $/15 min supp ; 10h-19h ; ; S B, C jusqu'à 72nd St, 6 jusqu'à 77th St). Le centre nautique de Central Park dispose de 100 barques, ainsi que d'une gondole à la vénitienne (6 personnes maximum ; 30 minutes 45 $, réservations auprès du restaurant) pour ceux qui préfèrent ne pas ramer. Gilets de sauvetage à louer (pièce d'identité et caution de 20 $ requises). Espèces uniquement. Dépendant de la météo, la location est presque possible toute l'année, dès qu'il fait plus de 10°C.

Manhattan Community Boathouse Kayak

(www.manhattancommunityboathouse.org ; Pier 96, au niveau de 56th St, Hudson River Park ; 10h-18h sam-dim juin à mi-oct, plus 17h30-19h30 lun-mer juin-août ; M12 jusqu'à 12th Ave/56th St, S A/C, B/D, 1 jusqu'à 59th St-Columbus Circle). GRATUIT Les week-ends d'été,

Governors Island

L'ancien bastion militaire de **Governors Island** (www.govisland.com ; 10h-18h lun-ven, 10h-19h sam-dim mai-oct, plus tard ven juin-août ; ; S 4/5 jusqu'à Bowling Green, 1 jusqu'à South Ferry) GRATUIT est aujourd'hui l'un des terrains de jeu favoris des New-Yorkais. On peut facilement explorer cette oasis de 70 ha à pied, mais le vélo est aussi un excellent moyen de la découvrir ; louez une monture à **Blazing Saddles** (blazingsaddles.com, 25 $/jour) ou utilisez l'une des trois **stations Citi Bike** de l'île.

Au nord se trouvent des forts historiques et pour en savoir plus sur l'histoire de ces édifices, des visites guidées gratuites sont assurées par le **National Park Service** (www.nps.gov/gois). Vous profiterez aussi de l'espace **Hammock Grove**, 50 hamacs répartis sur 20 ha, ainsi que des aires de jeux pour enfants et des pelouses. Liggett Terrace accueille des food trucks et un petit beer garden. **The Hills** se distingue par ses sentiers bordés de fleurs menant à un point de vue panoramique sur Manhattan (depuis une hauteur de 21 m) et la **Great Promenade** est un parcours de 3,5 km tout autour de l'île, offrant des points de vue sur Lower Manhattan et Brooklyn mais aussi sur Staten Island et le New Jersey. Le week-end, **The Yard**, un espace de 4 645 m², est ouvert pour des activités ludiques en famille.

Des ferrys font le court trajet depuis Manhattan et Brooklyn.

Governors Island
V_E/SHUTTERSTOCK ©

ce centre nautique dirigé par des bénévoles prête des kayaks (pas de réservation) et donne des cours gratuits sur les techniques et la sécurité. Préparez-vous à être mouillé – il y a des vestiaires et des casiers sur le quai. Si vous souhaitez ramer plus de 20 minutes, renseignez-vous à la **Downtown Boathouse** (plan p. 262 ; www.downtownboathouse.org ; Pier 26, Hudson River Greenway, près de N Moore St, Tribeca ; 9h-17h sam-dim mi-mai à mi-oct, plus 17h30-19h mar-jeu mi-juin à mi-sept ; ; S 1 jusqu'à Canal St) GRATUIT, près de N Moore St. Des excursions sur l'Hudson y sont organisées le week-end.

En famille

Bike the Big Apple — Vélo

(212-749-4444 ; bikethebigapple.com ; circuits vélo, casque inclus à partir de 95 $). Ce prestataire propose 8 circuits – y compris des balades en soirée – de 4 à 7 heures. Le rythme est tranquille, des guides sont présents en tête et fin de groupe : de quoi rassurer les voyageurs qui n'osent pas se lancer seuls à vélo mais souhaitent couvrir plus de terrain qu'à pied.

Belvedere Castle — Observation des oiseaux

(Plan p. 270 ; 646-790-4833 ; centralparknyc.org ; Central Park, au niveau de W 79th St ; 9h-19h mi-juin à mi-août, 10h-17h mi-août à mi-juin ; ; S 1/2/3, B, C jusqu'à 72nd St). Le "kit de découverte" (jumelles, livre sur les oiseaux, crayons de couleur et papier), disponible à Belvedere Castle, dans Central Park, est un excellent moyen d'intéresser les enfants à l'observation des oiseaux. Pièce d'identité avec photo requise.

Circuits organisés

Big Apple Greeter — À pied

(212-669-8159 ; bigapplegreeter.org). GRATUIT Pour découvrir New York à travers le regard d'un habitant, parcourez à pied le quartier de votre choix accompagné d'un bénévole local enthousiaste. On vous choisira un guide adapté à vos besoins, qui par

Belvedere Castle

exemple parle français (si disponible), maîtrise la langue des signes (américaine) ou connaît les meilleures adresses accessibles en fauteuil roulant. Réservez 4 semaines à l'avance.

Big Onion Walking Tours À pied

(☎888-606-9255 ; www.bigonion.com ; circuits 25 $). Cette agence qui a remporté plusieurs prix fait la différence grâce à l'attention portée aux détails. Choisissez parmi 30 circuits, dont Brooklyn Bridge et Brooklyn Heights, Harlem historique, Chelsea et la High Line et un parcours sur le thème de *Gangs of New York*. Également un circuit gourmand (32 $) axé sur les cuisines internationales du Lower East Side, grignotages inclus. Consultez le site Internet pour les offres saisonnières, comme le circuit du solstice d'hiver à Central Park.

Museum Hack À pied

(☎347-282-5001 ; www.museumhack.com ; circuit 2 heures à partir de 59 $). Pour une découverte alternative et fascinante du Met (p. 50), inscrivez-vous à un circuit de Museum Hack. Des guides cultivés et délicieusement irrévérents animent des parcours comme "Badass Bitches" (consacré aux artistes féministes) et des circuits nocturnes, vin inclus. Museum Hack organise aussi des visites du Museum of Natural History (p. 117), avec un circuit consacré aux curiosités méconnues du musée ("Un-Highlights Tour").

Central Park Bike Tours À vélo

(Plan p. 270 ; ☎212-541-8759 ; centralparkbiketours.com ; 203 W 58th St, entre Broadway et 7th Ave ; location 1 heure/journée adulte à partir de 10,50/28 $, enfant 9/23 $; 8h-20h ; ; S1/2/3 jusqu'à 59th St-Columbus Circle). Enseigne officielle de location de vélos des NYC Parks, elle dispose de plus de 3 000 vélos répartis dans 12 endroits différents en ville (impossible de rater les employés en T-shirts verts aux abords du parc). Cette antenne du sud de Central Park est l'un des deux emplacements sur 58th St où vous pourrez louer un vélo. Visites guidées du parc (30 $). Casque et cadenas inclus.

HÉBERGEMENT

Nos conseils pour trouver
le meilleur logement

Hébergement

Se loger à New York coûte cher ! Pour les visiteurs prêts à casser leur tirelire il existe des dizaines de superbes hôtels de première classe. Ainsi, si la ville "ne dort jamais", vous pourrez, vous, vous reposer dans des espaces mémorables pensés par des esprits créatifs. New York manque cruellement d'adresses convenables pour les budgets serrés – les auberges de jeunesse ne sont certainement pas les meilleures et les voyageurs peuvent ainsi se retrouver en périphérie. La demande régit les prix : réservez bien à l'avance et obtenez un bon prix pour une chambre dans les hôtels de milieu de gamme les mieux placés.

Dans ce chapitre

Tarifs

Un hôtel "bon marché" à New York coûte généralement jusqu'à 200 $ pour une chambre double standard. Pour un établissement de moyenne gamme sans prétention, comptez de 200 à 350 $. Les tarifs débutent à 350 $ dans les hébergements de luxe. Le petit-déjeuner est rarement compris dans le prix.
Pour le personnel de chambre, le pourboire est de 3-5 $ par nuit et de 2 $ par sac aux bagagistes.
Le personnel vous rendant des services (arrêter un taxi, service de chambre, aide du concierge) attend un pourboire en conséquence.

Page précédente : New York à l'aube
FLYSTOCK/SHUTTERSTOCK ©

New York Palace Hotel

Réservations

Réservation indispensable : il est quasi impossible d'arriver à l'improviste et les tarifs ne cesseront d'augmenter jusqu'à la toute dernière minute (24 heures avant l'arrivée par exemple). Réservez votre chambre le plus tôt possible, et assurez-vous d'avoir compris les conditions d'annulation de votre hôtel. Généralement, le *check-in* se fait toujours en milieu d'après-midi, et la sortie en fin de matinée. Il est rare de pouvoir arriver tôt dans la journée, même si les établissements haut de gamme peuvent s'organiser si vous les prévenez.

Sites Web

NYC (www.nycgo.com/hotels). Liste d'hôtels du guide officiel de New York.
Newyorkhotels.org (www.newyorkhotels.org). Site intuitif affilié à Booking.com.

Louer un logement privé en ligne

De plus en plus de voyageurs logent dans des appartements privés. Les sites comme Airbnb proposent plus de 25 000 annonces par jour à New York. Pour un séjour plus local (ou avec des enfants), avec un esprit de quartier, ce choix est peut-être pour vous.

Avant de cliquer sur "réserver", sachez que la Multiple Dwelling Law interdit de louer un bien sur New York pour une durée inférieure à 30 jours si le propriétaire n'y est pas présent. Toutefois, ce sont bien les propriétaires, et non les locataires, qui sont passibles d'amende. Alors que la bataille judiciaire fait rage entre la ville de New York et Airbnb, les voyageurs font face à un dilemme, puisque louer un appartement à court terme contribue à faire s'envoler le prix de l'immobilier à New York, où les loyers sont mirobolants et les propriétaires toujours plus tentés de se faire de l'argent facilement en louant pour de courtes périodes.

Réservations et tarifs

Difficile de cerner les tarifs à New York car les prix fluctuent en fonction de la disponibilité et flambent durant les périodes de forte demande (décembre, été, événements/festivals populaires). Avec plus de 60 millions de visiteurs par an, New York sait faire face à l'afflux touristique et vous trouverez toujours un lit. Cela dit, les hôtels aux prix raisonnables de Manhattan peuvent afficher complet – surtout les semaines avant Noël – et il vaut mieux réserver tôt.

Si vous cherchez les meilleurs prix, il vous faudra faire preuve de souplesse – les chambres sont souvent moins chères en semaine et vous constaterez une baisse générale des prix entre janvier et mars. Si vous n'êtes là que pour le week-end, tentez un hôtel d'affaires dans le Financial District – ils se vident souvent en fin de semaine. Vous trouverez peut-être des offres plus intéressantes en réservant via les sites Internet, mais en général, les hôtels ajustent leurs tarifs si vous les contactez directement et proposent parfois des bonus (comme le petit-déjeuner).

Types d'hébergement

B&B et pensions de famille

Mobilier simple et cosy, attention plus personnalisée et sérieuses économies (petit-déjeuner souvent en compagnie d'autres hôtes).

Boutiques-hôtels

Ils offrent généralement de petites chambres très bien équipées, un bar en sous-sol ou en toit-terrasse, ou un restaurant sur place.

Hôtels classiques

Typiques du style européen à l'ancienne, ces hôtels affichent souvent le même prix que les boutiques-hôtels. Les chambres sont plus grandes, mais la décoration est sommaire.

Hôtels de luxe

Établissements où rien ne manque et qui voient défiler la jet-set ; service impeccable, mobilier de créateurs, spas sur place, restaurants tenus par des chefs célèbres.

Hôtels d'affaires

Espaces fonctionnels et modernes – mais dénués de charme – souvent moins chers le week-end.

Auberges de jeunesse

Dortoirs pratiques (avec lits superposés et murs nus), mais conviviaux et sympathiques. Les auberges de jeunesse ont généralement un jardin à l'arrière, une cuisine et un salon qui compensent les chambres sans âme et les emplacements souvent excentrés.

Dans quel quartier loger ?

Quartier	Les pour	Les contre
Financial District et Lower Manhattan	Pratique pour la vie nocturne et les ferrys de Tribeca. Les hôtels d'affaires réduisent leurs tarifs le week-end.	L'extrême sud de la ville peut sembler impersonnel, même s'il y a de bons restaurants à Tribeca.
SoHo et Chinatown	Le shopping à votre porte. Bons restaurants et vie nocturne dynamique.	Les rues de SoHo sont bondées à toute heure de la journée ou presque. Prix élevés.
East Village et Lower East Side	Un secteur branché et décontracté, typique de New York.	Les hébergements sont soit très chers, soit basiques : peu d'options intermédiaires.
West Village, Chelsea et Meatpacking District	L'extraordinaire sensation d'être au cœur de l'action dans une partie prospère et pittoresque.	Les prix des hôtels traditionnels flambent, mais ceux des B&B restent raisonnables.
Union Square, Flatiron District et Gramercy	Accès pratique en métro vers tous les quartiers de la ville. À deux pas du Village et de Midtown.	Les prix sont élevés et le quartier manque un peu d'âme.
Midtown	La version carte postale de New York : gratte-ciel, musées, boutiques et spectacles de Broadway.	Quartier cher (chambres petites), touristique et impersonnel.
Upper East Side	Proche d'excellents musées et de Central Park.	Moins d'options et prix très élevés ; excentré.
Upper West Side et Central Park	Idéal pour Central Park et le Lincoln Center.	Assez familial et moins animé que d'autres quartiers.
Harlem et Upper Manhattan	Ambiance de quartier, prix plus raisonnables, proche de Central Park.	Longs trajets en métro pour sortir dans le centre et à Brooklyn.
Brooklyn	Meilleurs prix ; idéal pour explorer certains quartiers plus créatifs.	Le trajet jusqu'à Midtown et les secteurs au nord peut être long.

Bryant Park

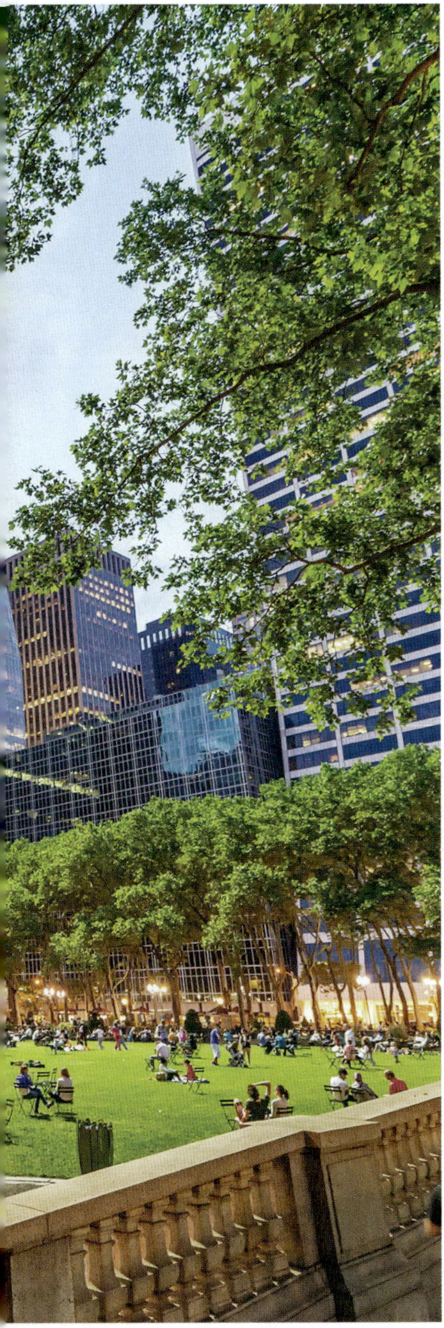

En savoir plus

Manhattan Bridge

Histoire

C'est l'histoire d'une ville qui ne dort jamais, d'un royaume où se retrouvent gens d'affaires et d'État. De l'établissement de ses premiers habitants à la naissance tumultueuse de la ville moderne, New York a connu autant de succès que de chutes abyssales. Elle continue malgré tout de viser toujours plus haut.

Vers 1500
Environ 15 000 Amérindiens sont établis sur l'île, en quelque 80 sites. Parmi eux, les Iroquois et les Algonquins, ennemis.

1625-1626
La Compagnie hollandaise des Indes occidentales amène des esclaves d'Afrique pour travailler dans les fourrures et la construction.

1646
Sur les rives de l'East River, les Hollandais fondent le village de Breuckelen (Brooklyn), d'après Breukelen aux Pays-Bas.

Intérieur de la spectaculaire gare du World Trad Center

PAPER CAT/SHUTTERSTOCK ©

Terre nourricière

Bien avant l'arrivée des Européens, dans la péninsule qui allait devenir la ville de New York, vivait la tribu amérindienne des Lenapes dans des campements saisonniers le long du littoral oriental, et dans les vallées et les collines sculptées par des glaciers à la fin de l'ère glaciaire, les actuels Hamilton Heights et Bay Ridge. Environ 11 000 ans avant que les premiers Européens ne fassent voile à travers les Narrows, les Lenapes chassaient, pêchaient et cultivaient ce territoire, comme en atteste la découverte de pointes de lances et de flèches, d'ossements et d'amoncellements de coquillages. Certains de leurs sentiers se trouvent encore sous des rues comme Broadway.

Premiers contacts

L'existence des Lenapes fut bouleversée par l'arrivée du vaisseau français *La Dauphine*, conduit par l'explorateur florentin Giovanni da Verrazzano. S'aventurant en 1524 dans

1776
Les colonies américaines signent la Déclaration d'indépendance le 4 juillet.

1784
Alexander Hamilton fonde la première banque américaine, la Bank of New York, avec un capital de 500 000 $.

1811
Le *Commissioners' plan* adopte le plan en damier pour Manhattan, qui transforme la ville et esquisse les futures rues.

Upper Bay, qu'il qualifia de "très beau lac", il jeta l'ancre à Staten Island et tenta d'enlever quelques Amérindiens. Durant plusieurs décennies, des explorateurs européens pillèrent des villages lenapes, confortant leur défiance envers les étrangers. Lorsque Henry Hudson, employé de la Compagnie hollandaise des Indes occidentales, débarqua en 1609, les rencontres avec les tribus amérindiennes suscitèrent des avis contrastés, certains parlant de "charmants primitifs", d'autres de "sauvages brutaux".

Manhattan change de mains

En 1624, la Compagnie hollandaise des Indes occidentales envoya 110 colons pour fonder un comptoir commercial. Ils s'installèrent sur la pointe de Manhattan – qu'ils appelèrent la Nouvelle-Amsterdam –, provoquant des batailles sanglantes avec les autochtones. En 1626, Peter Minuit (vers 1590-1638), le troisième gouverneur de la colonie, acheta aux Lenapes les 5 665 ha de Manhattan pour 60 florins de marchandises et de verroterie – la légende veut que New York ait été achetée aux Amérindiens pour 24 dollars.

À l'arrivée de Peter Stuyvesant en 1647, les Lenapes n'étaient plus que 700 environ. En 1664, les Anglais accostèrent à bord de navires de guerre. Stuyvesant se rendit sans tirer un coup de feu afin d'éviter un bain de sang. Le roi Charles II rebaptisa la colonie New York en l'honneur de son frère le duc d'York. New York devint un port britannique prospère dont la population atteignait 11 000 âmes au milieu des années 1700 ; cependant, le ressentiment quant aux impôts britanniques grandissait chez les colons.

Révolution en ville

Au XVIIIe siècle, la situation économique était si florissante que les habitants imaginaient des stratagèmes pour ne pas partager cette richesse avec Londres. New York devint la scène d'une confrontation fatale avec le roi George III. La guerre éclata en août 1776. En quelques jours à peine, le général George Washington perdit un quart de son armée et sonna la retraite. Cependant, les Britanniques abandonnèrent bientôt la cité, dans laquelle rentrèrent à nouveau les troupes de Washington. En 1789, le général en retraite fut proclamé président de la nouvelle république au Federal Hall devant une foule en liesse. Alexander Hamilton reconstruisit New York et, nommé secrétaire d'État au Trésor par Washington, fut l'un des créateurs du New York Stock Exchange, la Bourse de New York.

Le boom des infrastructures

Le XIXe siècle connut son lot de turpitudes, avec les sanglantes "émeutes de la conscription" de 1863, les épidémies de choléra, les tensions entre immigrants nouveaux et "anciens", ainsi que la misère et la criminalité à Five Points, premier bidonville de la cité. Cependant, la ville était prospère et trouva les ressources pour entreprendre de monumentaux travaux publics. Commencé en 1855, Central Park constitua à la fois une première réalisation écologique et une aubaine pour la spéculation immobilière. Il permit

1863
Les Draft Riots (émeutes de l'enrôlement) de la guerre de Sécession éclatent à New York ; l'armée fédérale rétablit l'ordre le 3e jour.

1882
Thomas Edison allume les premières lampes électriques dans la banque J. P. Morgan, au 23 Wall St.

1883
Inauguration du pont de Brooklyn le 24 mai. Il a coûté 15,5 millions de dollars (et 27 vies).

aussi de créer des emplois quand la crise de 1857 secoua le pays. L'autre grande réalisation fut celle de l'ingénieur d'origine allemande John Roebling qui conçut le pont de Brooklyn, lequel, enjambant l'East River, reliait le sud de Manhattan et Brooklyn.

Émergence d'une métropole

Au tournant du XXe siècle, les trains aériens transportaient chaque jour un million de passagers entre le centre et la périphérie. Le métro rendit accessibles des secteurs du Bronx et de l'Upper Manhattan. L'arrivée d'immigrants venus d'Italie et d'Europe de l'Est propulse le nombre d'habitants à quelque 3 millions. Parallèlement, une nouvelle classe fortunée, profitant d'un boom économique lancé par le financier J. P. Morgan, construisait de somptueux hôtels particuliers sur 5th Ave. Le journaliste et photographe Jacob Riis témoigna du fossé grandissant entre les classes et parvint à influencer la municipalité pour qu'elle adopte des réformes pour l'habitat.

Elles ont changé New York

Margaret Sanger (1879-1966). Cette infirmière sage-femme était une militante qui ouvrit dès 1916 à New York le premier centre de contraception du pays. Elle finit par fonder l'American Birth Control League, futur Planning familial.

Jane Jacobs (1916-2006). En s'opposant au projet de Robert Moses qui visait à raser un énorme pan de son quartier pour construire des logements sociaux, Jane Jacobs inspira la création de la Landmarks Preservation Commission (Commission de conservation des monuments, premier organisme américain de ce genre).

Christine Quinn (1966). En 2006, Christine Quinn devint la première femme,– ouvertement lesbienne –, à présider le conseil municipal de New York. Elle brisa ainsi les barrières de genre et de sexualité en occupant le deuxième poste le plus important de l'administration de la ville (après le maire).

Défense des droits

Les conditions de travail désastreuses dans les usines – bas salaires, horaires interminables, employeurs sans scrupule – furent mises en lumière par une tragédie en 1911 : lors du tristement célèbre incendie de la Triangle Shirtwaist Company, le feu prit rapidement sur les piles de tissu, tuant 146 des 500 ouvrières, piégées derrière les portes fermées à clé. Au lendemain du drame, 20 000 ouvrières de la confection marchèrent sur l'hôtel de ville et obtinrent des réformes majeures. Dans le même temps, Margaret Sanger, une infirmière sage-femme, ouvrait à Brooklyn le premier centre de contraception, et des "suffragettes" organisaient des rassemblements pour obtenir le droit de vote des femmes.

La grande époque du jazz

C'est dans les années 1920 que débuta l'"âge du jazz", quand la Prohibition interdisait la vente d'alcool, favorisant la contrebande, les bars clandestins (*speakeasies*) et le crime organisé. James Walker fut élu maire en 1925, Babe Ruth régnait sur le Yankee Stadium

1898
New York s'organise administrativement pour former la plus grande ville d'Amérique.

1904
La ville inaugure sa première ligne de métro, empruntée le premier jour par 150 000 passagers.

1931
L'Empire State Building (443 m) subtilise au Chrysler Building le titre de plus haut gratte-ciel du monde.

★ Histoire de New York

Ellis Island (p. 44)

Lower East Side Tenement Museum (p. 102)

Museum of Chinese in America (p. 78)

National September 11 Memorial Museum (p. 95)

Ellis Island (p. 44)

et la grande migration venant du Sud provoqua la renaissance de Harlem. Un nouvel élan artistique et littéraire y vit le jour. La vie nocturne de Harlem signifia l'échec de la Prohibition.

La Grande Dépression

La Bourse s'effondra en 1929 et New York traversa la Grande Dépression grâce au lancement de chantiers par le maire LaGuardia, financés par le New Deal. La Seconde Guerre mondiale provoqua un afflux de soldats prêts à dépenser leur dernier dollar à Times Square avant d'embarquer pour l'Europe. Reconverties dans l'industrie de guerre, les usines locales tournèrent à plein régime, embauchant femmes et Noirs qui, jusqu'alors, avaient difficilement accès à des emplois syndiqués. En revanche, rares étaient les contrôles dans le monde des affaires, alors que les gratte-ciel se multipliaient dans Midtown après la guerre.

Robert Moses

Collaborant avec le maire LaGuardia à la modernisation de New York, l'urbaniste Robert Moses exerça une influence déterminante sur la ville. Il fut la tête pensante du projet de Triborough Bridge, du Verrazzano-Narrows Bridge, de la West Side Hwy et de l'ensemble des parcs de Long Island, et d'innombrables nationales, tunnels et ponts.

"Que New York crève !"

Au début des années 1970 – le maire était alors John Lindsay, et il le resta jusqu'en 1973 –, l'accumulation des déficits provoqua une crise fiscale. Le président Ford refusa d'accorder une aide fédérale – ce que résuma ainsi un gros titre du *Daily News* : *Ford to City, Drop Dead!* ("Ford à la ville : Crève !"). Les licenciements massifs et le manque d'entretien des infrastructures urbaines annonçaient des temps difficiles. Les terribles années 1970, sous le mandat du maire démocrate Abraham Beame – surtout 1977 qui fut une année noire marquée par un black-out total dans la ville et par les agissements du tueur en série Son of Sam (Davis Berkowitz) – virent les loyers baisser, ce qui transforma les

1939
Ouverture de l'Exposition universelle dans le Queens. Sur le thème du futur, elle invite à découvrir "le monde de demain".

1945
L'ONU s'établit dans le secteur est de Manhattan après la rédaction d'une charte lors d'une réunion des représentants de 50 pays.

1977
La foudre frappe une station électrique et prive New York d'électricité pendant 24 heures. Des émeutes éclatent dans toute la ville.

anciennes zones industrielles de SoHo et Tribeca en quartiers vibrant d'une culture alternative. Immortalisé dans la célèbre performance photographique de Nan Goldin *The Ballad of Sexual Dependency*, ce renouveau remit en question les rôles de genre et fit d'East Village le centre américain du cinéma indépendant.

Une renaissance

Tandis que la Bourse prospérait pendant la majeure partie des années 1980, la ville chancelait sous l'impact des drogues, de la criminalité et de l'épidémie du sida. Le maire était alors Ed Koch, du Parti démocrate – il termina son mandat en 1989. Dans l'East Village, des squatters repoussèrent la police qui tentait de les déloger d'un vaste campement de sans-abri, déclenchant les émeutes de Tompkins Square Park en 1988. Dans le South Bronx, une vague d'incendies criminels détruisait des immeubles d'habitation. Mais, au milieu de la fumée, on vit la naissance d'une culture hip-hop inspirée par les percussions de la salsa portoricaine, ici et à Brooklyn. Rock Steady Crew, conduit par Richie "Crazy Legs" Colón, lança l'athlétique break dance. DJ Kool Herc animait des soirées qui se prolongeaient jusqu'à l'aube. Afrika Bambaataa, autre DJ fondateur du hip-hop, forma Zulu Nation pour mobiliser DJ, danseurs de hip-hop et graffeurs contre la violence.

La Beat Generation

Les années 1960 marquèrent le début d'une époque légendaire de créativité et d'opposition à l'establishment, avec de nombreux artistes installés à Greenwich Village. L'expressionnisme abstrait, par exemple, fut représenté par des artistes américains comme Mark Rothko, Jackson Pollock, Lee Krasner, Helen Frankenthaler et Willem De Kooning, dont les œuvres choquaient et intriguaient. Parmi les écrivains, des poètes de la Beat Generation comme Allen Ginsberg ou Jack Kerouac, et la romancière-dramaturge Jane Bowles se retrouvaient dans les cafés du Village pour échanger des idées et trouver l'inspiration auprès de chanteurs folks bientôt célèbres, comme Bob Dylan.

Les folles années 1990

Toujours convalescente du krach immobilier de la fin des années 1980, la ville devait affronter la décrépitude de ses infrastructures, la fuite des emplois et l'installation en banlieue d'importantes sociétés. Survint alors le marché de l'Internet. Sauvée par les taxes perçues sur les introductions en Bourse, la ville se lança dans une frénésie de construction, d'activités commerciales et de fêtes, inégalée depuis les années 1920.

Favorable aux milieux d'affaires et au maintien de l'ordre, le maire Rudy Giuliani repoussa hors de Manhattan les pauvres et les clochards afin de laisser la place aux yuppies, pressés de dépenser leurs revenus astronomiques. Giuliani fit les gros titres des journaux avec sa politique de "tolérance zéro", parvenant même à chasser les sex-shops de 42nd St. Le maire dynamique réussit à faire de New York la grande ville la plus sûre de l'Amérique, en ciblant les secteurs à taux de criminalité élevé et en utilisant les statistiques

1988
Des SDF, qui utilisaient le Tompkins Square Park comme campement, se rebellent lorsque les policiers tentent de les expulser.

1993
Des terroristes islamistes font sauter une bombe sous la tour Nord du World Trade Center faisant 6 morts et plus de 1 000 blessés.

2001
Le 11 septembre, des terroristes d'Al-Qaïda font s'écraser deux avions sur les tours du World Trade Center, faisant 3 000 victimes.

Le 11-Septembre

Le 11 septembre 2001, des terroristes islamistes d'Al-Qaïda détournèrent deux avions pour les faire s'écraser sur les tours jumelles du World Trade Center, qui s'effondrèrent dans un gigantesque nuage de poussière et de gravats, faisant près de 3 000 victimes. Downtown Manhattan mit des mois à se remettre des fumées nocives émanant des ruines, alors que les photos des personnes disparues se délitaient sur les murs de brique. Tandis qu'elle pleurait ses morts et que les équipes de déblaiement se frayaient un chemin au milieu des décombres, la ville fit également face aux alertes terroristes incessantes et à la peur de l'anthrax. Le traumatisme et le deuil rassemblèrent, dans une même volonté de ne pas succomber au désespoir, des citoyens souvent divisés.

pour concentrer la présence policière. La criminalité chuta, les restaurants prospérèrent, les prix de l'immobilier atteignirent des sommets.

Cependant, rien n'était gravé dans le marbre à l'aube du nouveau millénaire, et le 11-Septembre changea à jamais la perspective de la cité (encadré ci-contre).

New York au XXIe siècle

Les 10 années qui suivirent le 11-Septembre furent une période de reconstruction. En 2002, la tâche incomba au milliardaire Michael Bloomberg (16e fortune mondiale au classement Forbes 2020), le nouveau maire (qui le fut de 2002 à 2013), du Parti républicain à cette époque – il est redevenu démocrate en 2018. New York connut de nombreuses rénovations et reconstructions, notamment à partir de 2005 quand elle retrouva son rythme de croisière et un nombre accru de touristes. La ville entière semblait en travaux, et de luxueux gratte-ciel sortaient de terre dans chaque quartier.

Cependant, en 2008, sous la présidence de George W. Bush, l'économie s'effondra sous son propre poids dans ce qui est aujourd'hui reconnu comme une crise financière mondiale. Face à l'apparente insouciance des institutions financières américaines, des milliers de gens en colère envahirent le Zuccotti Park du Financial District le 17 septembre 2011, se dressant contre l'inéquitable répartition des richesses au sein de la nation. Le président était alors Barack Obama (président de 2009 à 2017). Le mouvement de protestation "Occupy Wall Street" se propagea ensuite dans des centaines d'autres villes à travers le monde.

En 2011, la ville a célébré le 10e anniversaire des attentats du 11-Septembre avec l'ouverture d'un centre du souvenir à l'ombre d'une tour de la Liberté à demi construite – nouveau géant du monde des affaires.

Protestations, ouragans et changements politiques

La résistance de New York sera encore mise à l'épreuve en 2012 avec l'ouragan Sandy. Le 29 octobre, des vents cycloniques et des pluies torrentielles s'abattirent sur la ville, causant de sérieuses inondations et des dégâts aux habitations dans les 5 *boroughs*,

2008-2009
Krach boursier dû à la mauvaise gestion des institutions financières américaines. Naissance du mouvement Occupy.

2008
Le 4 novembre 2008 Barack Obama devient le 44e président des États-Unis.

2009
Le 15 janvier, le vol US Airways 1549 amerrit sur l'Hudson après une défaillance moteur. Aucune victime n'est à déplorer.

dont le réseau du métro, le Hugh L. Carey Tunnel jusqu'à Brooklyn et le site du World Trade Center. Une panne de courant majeure plongea la plus grande partie de Lower Manhattan dans une obscurité irréelle, tandis que le New York Stock Exchange (la Bourse) s'interrompit pendant deux jours (sa première fermeture pour des raisons météorologiques depuis 1888). Dans le quartier de Breezy Point, dans le Queens, une tempête dévastatrice entrava la lutte des pompiers contre un incendie qui détruisit plus de 125 maisons. Ce feu sera considéré comme l'un des pires de l'histoire de New York, et la tempête à elle seule fit 44 victimes rien que dans la ville.

Deux mandats pour Blasio

En novembre 2013, Bill de Blasio, issu du Parti démocrate, fut élu maire et promit de s'attaquer aux inégalités sociales qui s'étaient creusées durant le mandat de Bloomberg. L'un des premiers grands succès de De Blasio fut la mise en place d'un service de halte-garderie gratuit pour les New-Yorkais, dont profitèrent 68 000 enfants. La ville instaura un gel des loyers, dont bénéficièrent plus de 2 millions de personnes vivant dans des appartements au loyer encadré, tandis que le salaire minimum atteignit progressivement 15 $/heure.

Fort de ses réussites, Bill de Blasio fut réélu pour un deuxième mandat en 2017, avec 66,5% des voix (la limite est de deux mandats consécutifs de 4 ans). Toutefois, en 2019, il fut âprement critiqué pour son investissement dans sa campagne présidentielle, finalement suspendue en raison d'un manque criant de soutien.

Défis contemporains

En ce début de XXIe siècle, l'écart entre les riches et les pauvres s'est plus que jamais creusé à New York. Les promoteurs se sont lancés dans la course aux gratte-ciel les plus hauts et aux appartements les plus luxueux. En 2019, un appartement situé au n°220 Central Park South s'est vendu 238 millions de dollars, devenant la résidence la plus onéreuse des États-Unis. Si New York est un terrain de jeu pour les nantis, le nombre de sans-abri s'accroît.

L'augmentation des loyers, bien plus rapide que celle des salaires, a mis de l'huile sur le feu. Le loyer mensuel moyen à Manhattan est le plus haut du pays (Brooklyn arrive en quatrième position), et la pénurie de logements abordables pose de sérieuses difficultés aux habitants, poussant la classe moyenne vers des boroughs plus excentrés. Lorsque ces quartiers moins aisés sont à leur tour touchés par la gentrification, les prix augmentent et les propriétaires éliminent peu à peu les appartements à loyer encadré. De plus en plus de jeunes professionnels et de familles sont contraints de quitter la ville, et même certains hauts revenus doivent faire leurs valises – en 2019, New York a vu partir 38 000 habitants (0,47% de sa population), la première baisse en plus d'une décennie.

2012
L'ouragan Sandy touche New York en octobre, causant nombre de dégâts. Le 6 novembre Barack Obama est réélu.

2016
Le 8 novembre, Donald Trump est élu 45e président des États-Unis.

2019
Fin de la première phase du colossal projet urbain des Hudson Yards (ouest de Manhattan).

Whitney Museum of American Art (p. 59), conçu par Renzo Piano

MIZOULA/GETTY IMAGES © ARCHITECT: RENZO PIANO

Art et architecture

Dans la capitale américaine de la culture, l'histoire de l'architecture se lit à ciel ouvert et les spectacles de Broadway, les galeries d'art, les clubs de jazz, et les salles de concerts légendaires sont bien vivants. La gentrification a beau avoir repoussé nombre d'artistes à la périphérie, voire au-delà, la ville n'en reste pas moins un centre névralgique pour les arts.

New York, poids lourd de l'art

La présence à New York de musées d'art parmi les plus importants au monde témoigne de son enviable pedigree artistique. De Pollock à Rothko, de Warhol à Rauschenberg, la ville a inspiré des artistes et certains des mouvements les plus importants d'Amérique.

Naissance d'un centre artistique

New York s'est vraiment imprégnée de toutes les facettes de l'art au début du XXe siècle, avec l'arrivée d'une foule d'intellectuels, d'artistes, d'auteurs et de poètes, et grâce à certains événements déterminants comme l'ouverture en 1905 de la "Gallery 291" sur 5th Ave par le photographe Alfred Stieglitz (époux de Georgia O'Keeffe) et l'Armory

Show (1913), une grande exposition internationale d'art à laquelle participent 300 artistes européens et américains dont Henri Matisse, les cubistes, les futuristes et Marcel Duchamp.

La crise économique des années 1930 voit l'émergence de nouvelles formes esthétiques, relayées par le Museum of Modern Art créé en 1928 et représentées par des artistes comme Thomas Hart Benton et Edward Hopper.

Dans les années 1940, les horreurs de la guerre en Europe apportèrent à la ville un flot d'idées nouvelles portées par de grandes figures de l'art, de la musique, de la littérature et du cinéma, qui firent de New York un important centre culturel. La galerie Art of This Century, ouverte par Peggy Guggenheim dans 57th St, contribua à lancer la carrière de peintres comme Jackson Pollock, Willem De Kooning et Robert Motherwell. Ces artistes formèrent le cœur du mouvement d'expressionnisme abstrait, aussi appelé école de New York, créant une forme de peinture explosive et crue qui changea le cours de l'art moderne et fit de New York un centre artistique mondial.

Art urbain

Les graffitis contemporains tels que nous les connaissons trouvent leur émergence à New York avec les tagueurs des années 1960. Dès la décennie suivante, les tags de Dondi, Blade et Lady Pink acquièrent alors une renommée internationale. En outre, des artistes talentueux comme Jean-Michel Basquiat, Kenny Scharf et Keith Haring introduisent dans leurs œuvres des éléments de graffitis.

Le mouvement a connu un renouveau à la fin des années 1990 avec la nouvelle génération d'artistes, pour beaucoup formés dans les écoles d'art les plus prestigieuses comme John Fekner, Stephen "Espo" Powers, Swoon, ou Shepard Fairey. Aujourd'hui, les hauts lieux du graffiti et du pochoir comprennent le côté Brooklyn du Williamsburg Bridge et l'intersection de Troutman St et St Nicholas Ave à Bushwick, également à Brooklyn.

Une avant-garde foisonnante

Les expressionnistes abstraits ont contribué à faire de New York un pôle artistique mondial, puis une autre génération d'artistes a pris le relais. Dans les années 1950, le pop art apparaît indépendamment en Angleterre et à New York, dans un contexte artistique dominé par l'art abstrait. Ce mouvement, produit d'une société conformiste et consumériste, utilisant les images et les techniques de production de la culture populaire, a remporté immédiatement l'adhésion de la jeunesse de l'époque. Andy Warhol, Roy Lichtenstein, Tom Wesselmann, James Rosenquist et Claes Oldenburg en sont les figures de proue.

Dans les années 1960 et 1970, alors que l'économie new-yorkaise périclitait et qu'une grande partie de SoHo tombait en ruine, la ville devint un foyer d'art conceptuel et de performance. Gordon Matta-Clark découpa des bâtiments abandonnés à la tronçonneuse, tandis que les artistes de Fluxus organisaient des happenings dans les rues du centre-ville. En 1964 Carolee Schneemann fit intervenir une troupe de danseurs nus dans un happening peu ragoûtant de peinture, de saucisses et de poissons morts dans Greenwich Village.

L'art aujourd'hui

New York reste la capitale mondiale des galeries, avec plus de 800 espaces exposant toutes sortes d'arts à travers la ville. Ses grandes institutions – le Metropolitan Museum of Art (p. 50), le Museum of Modern Art (p. 74), le Whitney Museum of American Art (p. 59) et le musée Guggenheim (p. 88), le Met Breuer et le Brooklyn Museum (p. 113) – présentent des rétrospectives assez magistrales couvrant des périodes aussi diverses que la Renaissance

★ Les plus grandes icônes architecturales

Brooklyn Bridge (p. 48)
Chrysler Building (p. 83)
Grand Central Terminal (p. 82)
Empire State Building (p. 70)
Guggenheim Museum (p. 88)

Chrysler Building (p. 83)

ou le XXIe siècle. Les amateurs d'art auront aussi plaisir à découvrir des galeries plus confidentielles – Chelsea est notamment le repaire de marchands réputés, tel David Zwirner. Dans le Lower East Side, place aux artistes montants ou en milieu de carrière. Brooklyn accueille une scène émergente et expérimentale dans ses quartiers de Bushwick, Greenpoint, Clinton Hill et Bedford-Stuyvesant (Bed-Stuy).

Architecture

L'histoire de l'architecture de New York se lit à ciel ouvert. Idées et styles alternent au fil des rues. Citons ainsi les "néo" (grec, gothique, roman...), dont on trouve de nombreux témoins dans la ville, et le style éclectique qui les mêle harmonieusement. Son style emblématique reste toutefois l'Art déco, qui a façonné le visage de New York dans les années 1930, avec notamment les luxueux Chrysler et Empire State Buildings, mondialement connus.

Le style Beaux-Arts

À l'orée du XXe siècle, New York entra dans son âge d'or. Des industriels tels J. P. Morgan, Henry Clay Frick ou John Davison Rockefeller, baignant littéralement dans l'argent de l'acier et du pétrole, se firent construire des villas de la démesure. Les édifices publics se parèrent eux aussi des plus beaux atours. Les architectes, qui s'étaient pour beaucoup formés en France, revinrent avec des idéaux européens. On commença à remplacer tout le grès brun par un éclatant calcaire blanc, on suréleva les premiers étages pour offrir de spectaculaires halls d'entrée avec escalier, et on orna les bâtiments de clés de voûte sculptées et de colonnes corinthiennes.

L'ensemble des Villard Houses, réalisé en 1884 par McKim Mead & White (aujourd'hui, le Palace Hotel), montre les débuts du mouvement. Vaguement inspiré du Palazzo della Cancelleria de Rome, il concentre la symétrie et l'élégance de la Renaissance italienne. Parmi d'autres classiques, citons la branche centrale de la New York Public Library (1911) conçue par Carrère et Hastings, l'extension de 1902 du Metropolitan Museum of Art par Richard Morris Hunt, et l'époustouflante gare Grand Central Terminal de Warren et Wetmore (1913), surmontée d'une statue de Mercure, le dieu du commerce.

Les gratte-ciel

Une fois New York bien installée dans le XXe siècle, les ascenseurs et les structures en acier lui permirent de grandir, au sens propre. Cette période voit l'émergence d'une foule de gratte-ciel, à commencer par les 60 étages du néogothique Woolworth Building de Cass Gilbert (1913), qui resta durant près de 20 ans le plus haut bâtiment au monde.

Les architectes ne s'arrêtèrent pas en si bon chemin. En 1930, les 77 étages du Chrysler Building, bijou Art déco signé William Van Alen, établirent un nouveau record, bientôt dépassé par l'Empire State Building l'année suivante, mastodonte aux lignes épurées, bâti en pierre calcaire venue de l'Indiana et aux intérieurs richement ornés. Sa flèche d'acier devait servir de mât d'amarrage pour dirigeables (*airships*) – une bonne publicité, certes, mais qui ne tarda pas à s'avérer irréalisable.

L'installation à New York d'architectes et d'autres intellectuels fuyant l'Europe jusqu'à la fin de la Seconde Guerre mondiale favorisa un dialogue animé avec les architectes américains. C'est à cette période que l'urbaniste Robert Moses s'acharna à réaménager les immenses voies de New York (au détriment de nombreux quartiers) et que l'obsession pour les lignes épurées et dépouillées du style international commença à gagner designers et artistes.

Premier emblème de cette époque, la ziggourate inversée (et controversée) du musée Guggenheim, achevé en 1959, mais dessiné 10 ans plus tôt.

Hudson Yards

Après six ans de travaux et 25 milliards de dollars d'investissement , la première phase du nouveau "mégaquartier" de Manhattan, sur l'Hudson, a finalement été achevée en 2019, faisant souffler un vent nouveau sur la skyline du bord de fleuve. Cinq gratte-ciel en verre renfermant des bureaux et des appartements de luxe, ainsi qu'un centre commercial haut de gamme de 7 étages entourent un gigantesque espace public dominé par le Vessel, une structure en acier haute de 45 m, sorte d'immense ruche ajourée couleur cuivre et enchevêtrement de 154 escaliers offrant, au sommet de ses 8 étages, une vue inédite sur l'Hudson. Au même endroit, The Shed est un centre d'art interdisciplinaire comportant un théâtre de 500 places au toit rétractable. The Edge, une plateforme d'observation extérieure installée au 101e étage du 30 Hudson Yards, a accueilli les premiers visiteurs en 2020 (ne tentez pas l'expérience si vous avez le vertige). À 335 m au-dessus du sol, c'est la plus haute du genre dans l'hémisphère ouest.

La relève assurée

À la fin du XXe siècle, de nombreux architectes rompent avec leurs aînés, notamment Philip Johnson qui opte pour un granit rose et un fronton néogeorgien incurvé lorsqu'il dessine l'AT&T Building (devenu la Sony Tower ; 1984), emblème postmoderne de Midtown.

Ce ne sera jamais le cas du design onduleux et anguleux de Daniel Libeskind pour la tour One World Trade Center (2013), remplacé par un monolithe de verre plus rectiligne, œuvre de compromis. Sur le même site, les explosions budgétaires obligèrent Santiago Calatrava à remanier le lumineux design de la nouvelle gare du World Trade Center (2016). Le dessin d'origine de Norman Foster pour le Two World Trade Center fut abandonné au profit de celui des Danois du Bjarke Ingels Group (BIG). Selon James Murdoch, directeur d'exploitation de la 21st Century Fox, cette première proposition était trop "conventionnelle" pour représenter ce qui allait devenir le siège du groupe média. Le cabinet BIG a proposé, comme à son habitude, un projet décalé, composé d'immenses cubes de tailles disparates, comme une tour construite par un enfant tout droit vers le ciel.

Norman Foster n'est pourtant pas en peine en matière d'avant-gardisme. La Hearst Tower (2006) de l'architecte britannique – une tour de verre s'élançant en zigzag depuis un bâtiment en grès des années 1920 – reste une œuvre pionnière de Midtown. C'est l'une des nombreuses additions audacieuses du XXIe siècle au portefeuille architectural de la ville. On peut notamment évoquer le Barclays Center (2012), complexe omnisports futuriste situé à Brooklyn, le 41 Cooper Square (2009) plié et tailladé de Thom Mayne dans l'East Village, et la tour résidentielle onduleuse de 76 étages de Frank Gehry, baptisée New York by Gehry (2011), dans le Financial District.

Gay Pride (NYC Pride ; p. 11)

LEV RADIN/SHUTTERSTOCK ©

New York gay et lesbien

New York a fièrement fait son coming out. C'est ici que se déroulèrent les émeutes de Stonewall, ici aussi que le mouvement homosexuel moderne s'est démocratisé et que fut organisée la première Gay Pride américaine. Pourtant, bien avant l'époque du Gay Liberation Front, la ville avait un penchant pour tout ce qui sortait de la norme, des sex saloons du Bowery à la poésie saphique du Village en passant par les drag balls de Harlem.

Divas, drag balls et Harlem

Si Times Square avait aussi gagné la réputation d'attirer les homosexuels – dont beaucoup travaillaient dans les théâtres et bars clandestins du quartier –, la scène gay la plus chaude des années 1920 était à Harlem. Parmi ses *drag balls*, prisés des gays et des hétérosexuels new-yorkais, le Hamilton Lodge Ball se tenait annuellement au sein du chic Rockland Palace, sur 155th St. Il permettait aux homosexuels, hommes et femmes, d'échanger (de façon légale) leurs oripeaux de genre le temps d'une soirée, et de danser avec des personnes de même sexe. Les hétérosexuels venaient s'y adonner à un voyeurisme de bon ton. On y croisait prostituées ou riches héritiers de grandes familles comme les Astor et les Vanderbilt. Les journaux en parlaient et les robes scandaleuses qu'on y portait alimentaient toutes les conversations.

La révolution de Stonewall

La relative transgression du début du XXe siècle céda la place au conservatisme au cours des décennies suivantes, promu par le sénateur Joseph McCarthy qui déclara que les homosexuels du département d'État menaçaient la sécurité et les enfants d'Amérique. Des politiques plus sévères poussèrent la communauté gay dans la clandestinité dans les années 1940 et 1950. Mais, lorsque le 28 juin 1969, 8 policiers firent une descente dans le Stonewall Inn (un troquet *gay-friendly* de Greenwich Village), la clientèle se rebella. Elle bombarda les forces de l'ordre avec des pièces, des bouteilles et des briques en scandant "*gay power*" et "nous vaincrons". Les officiers qui s'approchèrent furent accueillis par un front de drag-queens au pied leste. Cette colère collective et cette solidarité marquèrent un tournant et provoquèrent des débats passionnés autour de la discrimination, catalyseur du mouvement actuel de défense des droits des gays aux États-Unis et dans d'autres pays, des Pays-Bas à l'Australie. En juin 2019, New York a accueilli la WorldPride pour le 50e anniversaire des émeutes de Stonewall.

L'ombre du sida

L'activisme des LGBTI s'intensifia à mesure que le sida s'imposait à la une des journaux dans les années 1980. Confrontés à l'ignorance, à la peur et à l'indignation morale de ceux qui considéraient le sida comme le "cancer homo", des activistes comme l'écrivain Larry Kramer s'attaquèrent à ce qui allait devenir une épidémie. Ce fut la naissance d'ACT UP (AIDS Coalition to Unleash Power), en 1987. L'épidémie eut un grand impact sur la communauté artistique de New York. Parmi ses victimes : l'artiste Keith Haring, le photographe Robert Mapplethorpe et le créateur de mode Halston. S'ensuivirent des pièces et comédies musicales liées au sida qui allaient entrer dans les canons culturels de l'Amérique. Parmi elles : *Angels in America*, pièce épique politique de Tony Kushner et la comédie musicale rock de Jonathan Larson, *Rent*, qui ont raflé des Tony Awards et le prix Pulitzer.

Choix politiques

Le 20 septembre 2011, une loi fédérale interdisant aux militaires homosexuels de se dévoiler, la fameuse politique "Don't Ask, Don't Tell" (ne rien demander, ne rien dire) fut abolie. Trois mois plus tôt, une plus grande bataille venait d'être remportée : le droit de se marier. L'assemblée de l'État de New York proposa le Marriage Equality Act, voté le 24 juin, la veille de la Gay Pride de New York. Cette victoire dans un État devint nationale le 26 juin 2015, quand la Cour suprême américaine légalisa le mariage entre homosexuels dans tout le pays, abrogeant les interdictions en vigueur dans 13 États.

Caserne de pompiers Hook & Ladder 8 rendue célèbre par *SOS Fantômes*

New York à l'écran

New York est un décor de cinéma. C'est dans ses rues que la robe de Marilyn Monroe se soulève sur une bouche de métro* (Sept ans de réflexion), *que Woody Allen tombe sous le charme de Diane Keaton* (Annie Hall) *et que Meg Ryan feint l'orgasme* (Quand Harry rencontre Sally). *Chacun y retrouvera un morceau de son panthéon personnel : une scène, un personnage, une réplique culte…

Sites remarquables à l'écran

Nombre de personnes qui découvrent New York ont un étrange sentiment de déjà-vu. Et pour cause… La ville a passé plus de temps à l'écran que toutes les stars hollywoodiennes réunies. Ses lieux emblématiques jalonnent tout autant la culture cinématographique américaine. Prenez, par exemple, le Staten Island Ferry (p. 240), qui conduit la malheureuse Melanie Griffith de la banlieue jusqu'à Wall Street dans *Working Girl* (1988) ; ou bien Battery Park, où Madonna charme Aidan Quinn et Rosanna Arquette dans *Recherche Susan désespérément* (1985) ; ou encore le New York County Courthouse, où les méchants reçoivent leur juste pénitence dans *Wall Street* (1987) et *Les Affranchis* (1990), ainsi que dans les séries TV *Cagney et Lacey, New York Police Blues* et *La Loi et l'Ordre.* Cette série a même gagné une rue à son nom, la Law and Order Way – qui mène au Pier 62, à Chelsea Piers – tant sa mise en scène de New York et de ses personnages historiques a plu.

Peu d'édifices emblématiques ont autant joué les vedettes que l'Empire State Building (p. 70), immortalisé par la fameuse ascension de sa flèche dans *King Kong* (1933, 2005), et les scènes romantiques tournées sur ses terrasses d'observation. Clin d'œil à *Elle et lui* (1957), dans lequel Cary Grant et Deborah Kerr se promettent de se retrouver au sommet du gratte-ciel pour y sceller leur amour. L'une des plus célèbres de ces séquences, celle de *Nuits blanches à Seattle* (1993) entre Meg Ryan et Tom Hanks, a été tournée en studio, mais le hall d'entrée est l'authentique.

Sarah Jessica Parker a moins de chance dans *Sex and the City* (2008), où Mr Big la plante dans sa robe de mariée à la New York Public Library (p. 64). Le fiancé avait-il vu *SOS Fantômes* (1984), dont les premières scènes se passent dans les couloirs hantés de la grande bibliothèque, avec ses emblématiques lions en marbre et sa Rose Main Reading Room ? Le hall de la même institution passe habilement pour le Metropolitan Museum of Art (p. 50) dans le remake *L'Affaire Thomas Crown* (1999), dans lequel le play-boy cambrioleur trouve un adversaire à sa hauteur en la détective Rene Russo. Dans le Bryant Park voisin, Diane Keaton, jouant les enquêtrices dans *Meurtre mystérieux à Manhattan* (1993), tente de convaincre son mari, interprété par Woody Allen, que leur voisin est un assassin sanguinaire.

Face à Central Park – dont la balade en bateau de Barbra Streisand et Robert Redford dans *Nos plus belles années* (1973) reste une des scènes mythiques – se dresse le Dakota Building, théâtre du glaçant *Rosemary's Baby* (1968). Dans l'Upper West Side, la façade du Tom's Restaurant apparaît régulièrement dans les épisodes de *Seinfeld*. À proximité, on notera l'élégant Lincoln Center (p. 114), qui voit Natalie Portman perdre peu à peu la raison dans *Black Swan* (2010), et les Brooklyniens Cher et Nicolas Cage se donner rendez-vous dans *Éclair de lune* (1987).

Primé aux Oscars, *Birdman* (2014) braque les projecteurs sur le scintillant quartier des théâtres de Midtown. Michael Keaton incarne un acteur torturé tentant de monter une pièce à Broadway au St James Theatre, dans W 44 th St.

Aux racines de Hollywood

L'industrie du cinéma américain est née sur la côte Est. C'est ici que les studios Fox, Universal, Metro, Selznick et Goldwyn ont vu le jour à l'aube du XXe siècle. Bien avant la Californie et le Colorado, les plaines (alors) sauvages du New Jersey ont accueilli le tournage des westerns. Et lorsque, dans les années 1920, l'essentiel de l'industrie cinématographique a préféré le soleil californien de Hollywood, les claps de début et de fin, les "Lumière... moteur... ça tourne" ont continué à résonner ici. C'est dans le Queens, aux Kaufman Astoria Studios – toujours en activité –, que battait le cœur de la scène locale.

La rue appartient aux danseurs

Dans la comédie musicale *Fame* (1980), qui voit des étudiants de la New York High School of Performing Arts danser dans les rues de Midtown, les couteaux font place aux justaucorps. Le conseil d'éducation de la ville, qui craignait les graffitis, avait interdit le tournage dans la véritable High School of Performing Arts, située alors au 120 W 46th St. La production dut utiliser l'entrée d'une église désaffectée, de l'autre côté de la rue, pour figurer le hall de l'école, et Haaren Hall (à l'angle de 10th Ave et 59th St) pour les scènes d'intérieur.

Dans *Un jour à New York* (1949), Frank Sinatra, Gene Kelly et Jules Munshin, 3 marins à peine débarqués traversent cette "ville formidable" en dansant et chantant, du pied de la Statue de la Liberté (p. 42) à la Rockefeller Plaza (p. 93), en passant par le Brooklyn

Bridge (p. 48). Le pont apparaît sous les pas de Diana Ross et Michael Jackson dans *The Wiz* (1978), version kitsch du *Magicien d'Oz*, de même que le Flushing Meadows Corona Park et le World Trade Center. Dans *La Fièvre du samedi soir* (1977), le Brooklyn Bridge prend l'allure d'un rite de passage pour un John Travolta quittant son Brooklyn natal pour les boules à facettes de Manhattan. S'il ne fallait retenir qu'une image, ce serait la scène finale de *Fisher King : le roi pêcheur* (1991) qui transforme le hall principal de Grand Central Terminal (p. 82) en salle de bal pour les usagers des transports en commun.

New York sur le petit écran

Plus de 70 séries et émissions télévisées sont tournées à New York, telles *New York, unité spéciale*, *The Good Fight* et *The Marvelous Mrs Maisel*, ou les incontournables *The Tonight Show Starring Jimmy Fallon* et *Saturday Night Live (SNL)*. Ensemble, les industries new-yorkaises de la télévision et du cinéma dépensent plus de 8 milliards de dollars par an en production et assurent 130 000 emplois. Plus d'un tiers des acteurs professionnels américains sont installés à New York.

New York City au cinéma

Une bibliothèque ne suffit pas pour recenser tous les films liés à la Grosse Pomme. Avec ces quelques succès cinématographiques, votre imagination s'emballera :

Taxi Driver (Martin Scorsese, 1976). De Niro, vétéran déséquilibré de la guerre du Vietnam, est en proie à des pulsions de violence, exacerbées par les tensions urbaines.

Manhattan (Woody Allen, 1979). Un New-Yorkais divorcé sort avec une étudiante et tombe amoureux de la maîtresse de son meilleur ami. Une véritable déclaration d'amour à New York. Vues romantiques du pont de Queensboro et d'Upper East Side.

Recherche Susan désespérément (Susan Seidelman, 1985). Une histoire de fausse identité précipite une femme au foyer dans une aventure sauvage à travers le merveilleux monde de la sous-culture de Manhattan. Le film fait revivre l'East Village du milieu des années 1980 et la discothèque Danceteria, disparue depuis longtemps.

Summer of Sam (Spike Lee, 1999). Fondée sur des faits historiques et située pendant l'été 1977, cette histoire sordide mêle les meurtres du fils de Sam, la grande panne d'électricité, les tensions raciales et les mésaventures d'un couple de Brooklyn fan de disco, avec des scènes au CBGB et au Studio 54.

Angels in America (Mike Nichols, 2003). Cette magnifique version d'une pièce de Tony Kushner montée à Broadway nous replonge dans le Manhattan de 1985 : relations tendues, ravages du sida, et un Roy Cohn, conseiller du président Ronald Reagan, qui cache son homosexualité et tombe lui-même malade. On suit les personnages de Brooklyn à Lower Manhattan et à Central Park.

Party Monster (Fenton Bailey et Randy Barbato, 2003). Avec Macaulay Culkin, qui interprète Michael Alig, célèbre jeune clubbeur fou et meurtrier, que l'on suit dans l'enfer des boîtes et de la drogue du New York des années 1980. L'ancien Limelight y occupe une place prépondérante.

Precious (Lee Daniels, 2009). Cette histoire âpre d'une ado obèse et illettrée, violée par son père, se déroule à Harlem et offre de nombreuses images de rues et l'ambiance de ghetto du quartier.

Birdman (Alejandro G. Iñárritu, 2014). Comédie dramatique grinçante primée aux Oscars, *Birdman* relate les difficultés d'un acteur hollywoodien has been tentant de monter une pièce à Broadway.

Les Faussaires de Manhattan (Marielle Heller, 2018). Melissa McCarthy et Richard E. Grant brillent dans ce film mettant en scène une écrivaine new-yorkaise désespérée qui se tourne vers le plagiat littéraire.

Si Beale Street pouvait parler (Barry Jenkins, 2018). D'après le roman de James Baldwin ; l'histoire d'un couple de jeunes Noirs américains et des difficultés qu'ils affrontent dans le New York des années 1970.

Flatiron Building

LUCIANO MORTULA - LGM/SHUTTERSTOCK ©

Carnet pratique

Infos utiles

Ambassades et consulats

Ambassades étrangères à New York

Compte tenu de la présence des Nations unies, presque tous les pays sont représentés diplomatiquement à New York. Voici les adresses des services consulaires francophones :

Belgique (Consulat général ; ☎212-586-5110 ; unitedstates.diplomatie.belgium.be/fr ; One Dag Hammarskjöld Plaza, 885 2nd Ave, 41e niv ; ⏲9h-12h lun-ven ; S 6 jusqu'à 51st St)

Canada (☎844-880-6519 ; newyork.gc.ca ; 466 Lexington Ave, 20e niv, entre E 45th St et E 46th St ; ⏲9h-17h lun-ven, sur RDV)

France (☎212-606-3600 ; consulfrance-newyork.org ; 934 5th Ave, entre 74th St et 75th St ; ⏲9h-12h30 lun-ven ; S 6 jusqu'à 77th St)

Suisse (☎212-599-5700 ; www.eda.admin.ch/newyork ; 633 3rd Ave, 30e niv ; ⏲8h30-12h lun-ven)

Ambassades et consulats des États-Unis à l'étranger

Belgique (☎02-811 4000 ; be.usembassy.gov/fr ; 27 bd du Régent, B1000 Bruxelles)

France (☎01 43 12 22 22 ; fr.usembassy.gov/fr ; 2 Av. Gabriel, 75008 Paris)

Canada (☎514-398-9695 ; ca.usembassy.gov/fr ; 1134 rue Sainte-Catherine Ouest, Montréal, Québec)

Suisse (☎031/357 70 11 ; ch.usembassy.gov/fr ; Sulgeneckstrasse 19, CH-3007 Berne)

Argent

Les DAB sont très nombreux et la plupart des hôtels, magasins et restaurants acceptent les cartes bancaires. Les marchés fermiers ainsi que certains *food trucks*, restaurants et bars ne prennent que les espèces.

Distributeurs automatiques de billets (DAB)

Les "ATM" (Automated teller machine) se trouvent à presque chaque coin de rue ou sont regroupés dans une banque – habituellement dans une salle accessible 24h/24, pouvant compter jusqu'à une dizaine de distributeurs dans les grandes agences. Vous pouvez aussi opter pour les distributeurs isolés, installés dans les épiceries fines, les restaurants, les bars et les *delis*, avec des commissions élevées : 3 $ en moyenne, et parfois jusqu'à 5 $.

La majorité des banques new-yorkaises sont reliées via le système de la Bourse de New York (NYCE). Vous pouvez donc utiliser n'importe quelle carte bancaire dans un DAB (moyennant un supplément si vous recourez à un autre réseau bancaire que le vôtre).

Bureaux de change

Les banques et les agents de change établis partout en ville, ainsi que dans les 3 principaux aéroports, délivrent des dollars sur la base du taux de change courant. Travelex (www.travelex.com) a une agence à Times Square, mais la commission est conséquente.

Un fil d'ARIANE en voyage

Vous êtes ressortissant français ? Pensez à vous enregistrer sur le **portail Ariane** (pastel.diplomatie.gouv.fr/fildariane) du ministère des Affaires étrangères. Ce service gratuit vous permet de recevoir des alertes si la situation le justifie. Crise politique, catastrophe naturelle, attentat… recevez en temps réel des consignes de sécurité lors de votre voyage.

Il existe une application pour les Smartphones et les tablettes, intitulée *Conseils aux voyageurs*.

Pourboire

Le pourboire (*tip*) n'est pas facultatif. N'en donnez pas uniquement si le service est épouvantable.

Serveurs 18-20% de la note (à moins qu'il ne soit déjà compté, généralement pour les groupes).

Barmen 1 $ minimum par boisson, 2 $ pour un cocktail ou 15-20% par tournée.

Chauffeurs de taxi 10-15% arrondi au dollar supérieur.

Bagagiste (aéroport et hôtel) 2 $ par sac, minimum 5 $ par chariot.

Femmes de chambre 2-4 $ par nuit (une enveloppe ou une carte sont parfois fournies pour y glisser les billets).

Cartes bancaires

Les cartes bancaires sont acceptées dans la plupart des hôtels, restaurants, magasins et agences de location de voitures. Il vous sera difficile d'effectuer certaines transactions sans ce mode de paiement, comme acheter un billet de spectacle ou louer une voiture par exemple. En cas de perte ou de vol de votre carte, contactez immédiatement votre banque ou la société émettrice.

Assurance

Il est conseillé de souscrire une assurance qui vous couvrira en cas d'annulation de votre voyage, de vol, de perte de vos affaires, de maladie ou encore d'accident.

Vérifiez notamment que le rapatriement médical d'urgence, en ambulance ou en avion, est couvert. De même, le fait d'acquérir un véhicule dans un autre pays ne signifie pas nécessairement que vous serez protégé par votre propre assurance.

Vous pouvez contracter une assurance qui réglera directement les hôpitaux et les médecins, vous évitant ainsi d'avancer des sommes qui ne vous seront remboursées qu'à votre retour. Dans ce cas, conservez avec vous tous les documents nécessaires (les consultations médicales se règlent généralement en espèces : demandez un reçu pour le remboursement).

Attention ! Avant de souscrire une police d'assurance, vérifiez bien que vous ne bénéficiez pas déjà d'une assistance par votre carte de crédit, votre mutuelle ou votre assurance automobile.

N'oubliez pas de prendre avec vous les documents relatifs à l'assurance ainsi que les numéros à appeler en cas d'urgence.

Cartes de réduction

Si vous comptez voir tous les sites majeurs, envisagez l'achat d'une des nombreuses cartes multi-attractions (voir le site www.nycgo.com/attraction-passes). Cela vous fera faire de sacrées économies. Pour plus de renseignements et pour acheter votre carte, rendez-vous en ligne.

New York CityPASS (www.citypass.com)

The New York Pass (www.newyorkpass.com)

Downtown Culture Pass (downtownculturepass.org)

Explorer Pass (smartdestinations.com)

Douane

Les douanes américaines autorisent toute personne de plus de 21 ans à entrer aux États-Unis avec 1 litre d'alcool et 200 cigarettes détaxées. Les produits alimentaires (viande, fruits, légumes) ou végétaux (plantes, terreau, etc.) sont interdits. Les ressortissants américains peuvent importer l'équivalent de 800 $ de cadeaux hors taxes ; pour les ressortissants d'autres pays, la barre est fixée à 100 $. Pour être averti des changements (fréquents) en la matière, consultez le site du CBP (Customs and Border Protection) : www.cbp.gov.

Électricité

Les États-Unis utilisent le 110 V à 120 V, 60 Hz AC. Les prises ont deux fiches plates (avec souvent une troisième fiche ronde). Si vos appareils sont prévus pour du 220 V, procurez-vous un convertisseur, disponible dans les magasins d'outillage ou les drugstores. La plupart des appareils électroniques sont généralement compatibles avec plusieurs voltages au moyen d'un adaptateur.

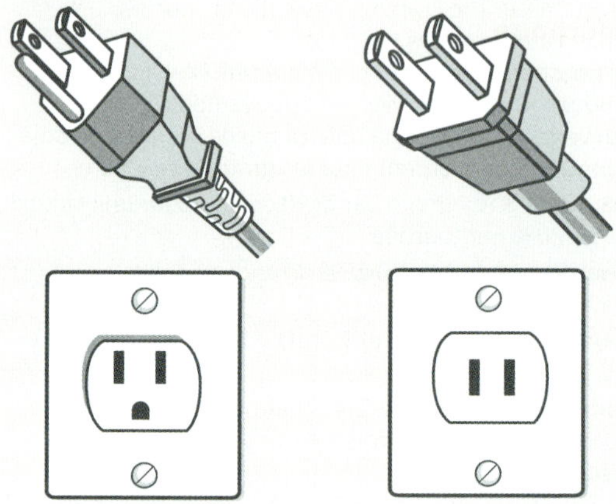

Type B
120 V/60 Hz

Type A
120 V/60 Hz

Formalités et visas

Avant le départ, il est impératif de vérifier que les modalités d'entrée sur le territoire n'ont pas changé. Nous vous conseillons de scanner ou de photocopier tous vos documents importants (pages d'introduction de votre passeport, cartes bancaires ou de crédit, police d'assurance, billets de train/d'avion/de bus, permis de conduire, etc.). Conservez ces copies à part des originaux. Vous pouvez aussi conserver des scans de ces derniers dans votre boîte mail. Vous remplacerez ainsi plus aisément ces documents en cas de perte ou de vol.

Si vous entrez aux États-Unis avec un ordinateur portable, une tablette ou un appareil photo numérique, assurez-vous que la batterie est chargée et que les officiers des douanes pourront en inspecter le contenu.

Visa Waiver Program

Un programme d'exemption de visa (Visa Waiver Program-VWP ; www.dhs.gov/visa-waiver-program), jusqu'à 90 jours, permet aux ressortissants de 38 pays, dont la Belgique, la France, le Luxembourg et la Suisse, de séjourner aux États-Unis sans visa, à condition de posséder un passeport sécurisé à lecture optique et de remplir toutes les conditions requises.

Pour connaître les dernières dispositions, consultez le site du **Département américain de l'État** (travel.state.gov/content/visas/en.html). Les Français peuvent aussi regarder le site de l'ambassade américaine (fr.usembassy.gov/fr) ou les pages consacrées aux formalités sur le site francophone de l'**office du tourisme américain** (www.office-tourisme-usa.com/preparez-votre-voyage/formalites-dentree).

Les ressortissants des pays concernés par le VWP doivent remplir leur ESTA (Electronic System for Travel Authorization ; esta.cbp.dhs.gov/esta) sur le site du **Département de la sécurité intérieure des États-Unis** avant leur arrivée (faites-le le plus tôt possible). Les frais de dossier reviennent à 14 $ (payable en ligne) ; une fois acceptée, l'inscription est valable deux ans ou jusqu'à la date d'expiration de votre passeport (la première de ces hypothèses prévalant). Attention aux arnaques ! Veillez à passer par le site officiel (voir ci-dessus), des prestataires peu scrupuleux font payer le service 7 à 8 fois plus cher.

Les Canadiens n'ont aucune formalité spécifique à effectuer ; ils doivent juste se munir d'un passeport valide pour séjourner jusqu'à 6 mois aux États-Unis.

Visas requis

Vous devrez faire la demande d'un visa auprès d'une ambassade ou d'un consulat américain dans votre pays d'origine si :

- vous n'êtes pas ressortissant d'un pays relevant du VWP ;
- vous souhaitez séjourner plus de 90 jours ;
- vous souhaitez travailler ou étudier aux États-Unis.

Handicapés

Presque toute la ville est accessible, avec des bateaux dans les trottoirs pour les personnes en fauteuil. Tous les sites importants (à l'image du Met, du Guggenheim, du 9/11 Memorial and Museum et du Lincoln Center) le sont aussi. Certaines salles de Broadway (mais pas toutes) sont également équipées d'appareils audio, de places réservées et d'autres solutions pour les sorties au théâtre. Consultez le site theatreaccess.nyc.

Hélas ! Seulement une centaine des 468 stations de métro sont adaptées aux fauteuils roulants. En général, les stations les plus importantes, telles que West 4th St, 14th St-Union Sq, 34th St-Penn Station, 42nd St-Port Authority Terminal, 59th St-Columbus Circle et 66th St-Lincoln Center, le sont. On trouve la liste complète des stations de métro accessibles sur web. mta.info/accessibility/stations.htm. Consultez aussi www.nycgo.com/accessibility.

Point positif, l'ensemble des bus MTA de New York est accessible en fauteuil roulant. Un moyen de transport préférable au métro, moins facilement navigable.

Pour commander un taxi adapté, contactez **Accessible Dispatch** (☎646-599-9999 ; accessibledispatch.org). Une application permet aussi de trouver la voiture avec chauffeur la plus proche.

Autre ressource utile, **Big Apple Greeter** (☎212-669-8159 ; bigapplegreeter.org) GRATUIT réunit plus de 50 bénévoles, eux-mêmes handicapés, qui se feront un plaisir de vous présenter leur quartier.

Il y a des toilettes dans la plupart des grands magasins. Le site Internet de **NYC parks** (nycgovparks.org/facilities/bathrooms) est une bonne source d'information sur les toilettes dans les espaces verts de la ville (dont certaines accessibles aux fauteuils).

La ville propose également un service de bus adapté, **Access-a-Ride** (access.nyc. gov/programs/access-a-ride), au même prix que le métro – mais il n'est pas des plus pratiques pour les touristes car il nécessite une visite d'évaluation et un formulaire papier à renvoyer par la poste au préalable (cela peut prendre jusqu'à 3 semaines). Consultez le site Web pour en savoir plus.

Téléchargez gratuitement le guide Lonely Planet *Accessible Travel Online Resources* (en anglais) sur shop.lonelyplanet.com.

L'**APF France handicap** (☎01 40 78 69 00 ; apf-francehandicap.org ; 17 bd Auguste-Blanqui, 75013 Paris) peut fournir des informations utiles sur les voyages accessibles. **Yanous** (yanous.com), **Hizy** (hizy.org), **Handicap.fr** (handicap.fr) et **Tourisme et handicaps** (tourisme-handicaps.org) constituent également de bonnes sources d'information.

Désormais, les principales plateformes d'hébergement que sont **Abritel** (abritel.fr), **Airbnb** (.airbnb.fr), **Booking** (booking.com) et **Hotels.com** (fr.hotels.com) ont intégré des critères d'accessibilité à leur moteur de recherche. **Mobee Travel** (mobeetravel.com) est une start-up qui regroupe des hébergements accessibles et qui propose aussi des séjours sur mesure. Les agences de voyages **Yoola**

(yoola.fr) et **Comptoir des voyages** (comptoir.fr) organisent des voyages adaptés aux personnes à mobilité réduite.

Heure locale

New York est située dans le fuseau horaire de l'Eastern Standard Time (EST) – soit un retard de 5 heures par rapport au Greenwich Mean Time (Londres). À l'heure d'été, on avance d'une heure le deuxième dimanche de mars et on retarde d'une heure le premier dimanche de novembre. La France a 6 heures d'avance par rapport à New York (quand il est 16h50 à Paris, il est 10h50 à NYC), alors que le Québec est à la même heure. Pour connaître l'heure locale, consultez le site www.fuseau-horaire.com.

Heures d'ouverture

Les horaires habituels sont les suivants :

Banques Lundi-vendredi 9h-18h, et samedi 9h-12h pour certaines

Bars 17h-4h

Bureaux Lundi-vendredi 9h-17h

Clubs 22h-4h

Magasins De 10h à 19h environ en semaine, de 11h à 20h environ le samedi. Le dimanche les horaires sont plus variables – certains ferment, d'autres ouvrent comme en semaine. Les magasins ont tendance à rester ouverts plus tard dans les quartiers du centre, comme SoHo.

Restaurants Petit-déjeuner 6h-11h, déjeuner 12h-15h, dîner 17h-23h. Brunch le week-end 10h-16h.

Homosexualité

Le **LGBT Community Center** (plan p. 262 ; ☎212-620-7310 ; www.gaycenter.org ; 208 W 13th St, entre 7th Ave et Greenwich Ave, West Village ; 🕘9h-22h lun-sam, jusqu'à 21h dim ; Ⓢ1/2/3 jusqu'à 14th St, A/C/E, L jusqu'à 8th Ave-14th St), un des plus grands centres au monde, fournit une myriade de publications régionales sur les événements et les clubs gays. Il accueille souvent des manifestations : soirées de danse, expositions, performances dignes de Broadway, lectures et tables rondes sur des sujets politiques. On y trouve également les Archives nationales sur l'histoire lesbienne, gay, bisexuelle et transgenre (accessible aux chercheurs sur rendez-vous), un café communautaire, un petit espace d'exposition, la galerie Campbell-Soady et un cyber-center.

Internet (accès)

La grande majorité des parcs de la ville disposent d'un accès Wi-Fi gratuit, parmi lesquels la High Line, Bryant Park, Battery Park, City Hall Park, Madison Square Park, Tompkins Square Park et Union Square Park (Brooklyn est aussi bien couvert). Notez que si Central Park est techniquement couvert par le réseau, le Wi-Fi n'y est pas bon. Pour les autres sites, voir sur www.nycgovparks.org/facilities/wifi.

Les musées offrent souvent un accès Wi-Fi, tout comme les stations de métro. **LinkNYC** (www.link.nyc) a installé des kiosques connectés (accès gratuit) avec prises et connexion Wi-Fi. L'opérateur espère à moyen terme en essaimer 7 500 sur les 5 *boroughs*. Le réseau est bon dans tout Midtown Manhattan, mais devient plus aléatoire à mesure que vous poussez vers le nord ou le sud, notamment à SoHo et dans le Lower East Side.

À New York, rares sont les hébergements n'offrant pas un accès Wi-Fi gratuit. La plupart des cafés mettent leur accès Wi-Fi à disposition des clients (ils ne le précisent pas toujours), tout comme les nombreux Starbucks de la ville.

Jours fériés

New Year's Day 1er janvier

Martin Luther King Day 3e lundi de janvier

Pratique

Magazines

New York Magazine (www.nymag.com). Bihebdomadaire qui propose des articles de fond et recense à peu près tout ce qui se passe à New York. Excellent site Web.

New Yorker (www.newyorker.com). Hebdomadaire intellectuel, célèbre pour ses longs reportages sur la politique et la culture ; également fiction et poésie.

Time Out New York (www.timeout.com/newyork). Magazine bihebdomadaire avec le programme des sorties, et des pages dédiées aux restaurants et à la vie nocturne.

Journaux

The Wall Street Journal (www.wsj.com). Quotidien sérieux, spécialisé dans la finance, encore que son nouveau propriétaire, le magnat des médias Rupert Murdoch, prévoit d'élargir le propos pour concurrencer le *Times*.

New York Post (www.nypost.com). Célèbre pour ses unes sensationnalistes, ses opinions conservatrices et sa chronique "potins" (*gossip*) en page 6.

New York Times (www.nytimes.com). Ce vieux journal s'est dépoussiéré avec des articles corrosifs sur la politique et des rubriques sur la technologie, l'art et les restaurants.

Radio

À côté des stations commerciales de pop-music, New York dispose de quelques bonnes stations. Le *New York Times*, dans son édition du dimanche, publie un excellent guide des programmes. **WNYC** (820 AM et 93.9 FM ; www.wnyc.org) est une radio publique locale, affiliée à la NPR. Mélange de débats et d'interviews nationaux et locaux.

Tabac

Il est strictement interdit de fumer dans les lieux publics, notamment dans les stations de métro, les restaurants, les bars, les taxis et les parcs.

Presidents' Day
3e lundi de février

Pâques Mars/avril

Memorial Day
Dernier lundi de mai

Independence Day
4 juillet

Labor Day
1er lundi de septembre

Columbus Day
2e lundi d'octobre

Veterans Day
11 novembre

Thanksgiving
4e jeudi de novembre

Christmas Day
25 décembre

Offices du tourisme

La Toile regorge de renseignements actualisés sur New York. Sur place, vous pouvez aussi vous rendre dans l'un des bureaux officiels du **NYC Information Center** comme à **Macy's Herald Square** (plan p. 266 ; ☎212-484-1222 ; 151 W 34th St, au niveau de Broadway ; ⌚10h-22h lun-sam, jusqu'à 21h dim ; S B/D/F/M, N/Q/R/W jusqu'à 34th St-Herald Sq). On trouve également un guichet touristique à **Times Square** (plan p. 268 ; ☎212-484-1222 ; timesquarenyc.org ; Broadway Plaza, au niveau de W 45th St ; ⌚8h-17h ; S N/Q/R/W, S, 1/2/3, 7, A/C/E jusqu'à Times Sq-42nd St).

Problèmes juridiques

Si vous êtes arrêté, vous avez le droit de garder le silence. Il n'y a pas d'obligation légale de parler à un policier, d'autant plus que tout ce que vous direz "peut être et sera retenu contre vous", mais ne vous éloignez pas sans en avoir reçu l'autorisation. Toute personne arrêtée a le droit de passer un appel téléphonique. Si vous n'avez ni avocat ni membre de votre famille pour vous aider, appelez votre consulat. La police vous donnera son numéro si vous le lui demandez.

Santé

Avant de partir, contactez votre assurance santé pour connaître les détails de la couverture hors de votre pays. Il est conseillé aux touristes étrangers de souscrire une assurance voyage couvrant les problèmes de santé aux États-Unis, car les soins non urgents peuvent s'avérer très coûteux. Pour prendre rendez-vous à l'hôpital, urgence mise à part, vous devrez prouver que vous êtes assuré ou que vous pouvez régler en espèces. Même si vous êtes assuré, vous devrez probablement avancer les frais en cas de soins non urgents, avant de batailler avec votre assurance pour vous faire rembourser.

Services d'urgence

Les services d'urgence peuvent être stressants et réclamer beaucoup de patience (excepté si votre cas est gravissime). Mieux vaut, si c'est possible, vous tourner vers un autre interlocuteur médical. Le consulat français à New York propose une liste de professionnels de santé francophones (newyork.consulfrance.org/-Sante-). En cas de réelle urgence de santé, appelez le ☎911.

Voici quelques hôpitaux et centres médicaux fiables.

Bellevue Hospital Center (☎212-562-4141 ; nychealthandhospitals.org/bellevue ; 462 1st Ave, près de 27th St, Midtown East ; S 6 jusqu'à 28th St). Grand hôpital public doté d'un service d'urgence et d'un centre de traumatologie.

Lenox Hill Hospital (☎212-434-2000 ; northwell.edu/find-care/locations/lenox-hill-hospital ; 100 E 77th St, au niveau de Lexington Ave ; 24h/24 ; S 6 jusqu'à 77th St). Bon hôpital doté d'un service d'urgences ouvert 24h/24 et de traducteurs multilingues, situé dans l'Upper East Side.

Mount Sinai Hospital (☎212-241-6500 ; mountsinai.org/locations/mount-sinai ; 1468 Madison Ave, au niveau de E 101st St ; 24/24 ; S 6 jusqu'à 103rd St). Excellent hôpital dans l'Upper East Side.

New York-Presbyterian/Columbia Hospital (☎212-305-2500 ; nyp.org/locations/newyorkpresbyterian-columbiauniversity-medical-center ; 630 W 168thSt, au niveau de Ft Washington Ave ; S A/C,1 jusqu'à 168th St). Hôpital réputé.

NYU Langone Health Cobble Hill (☎646-754-7900 ; nyulangone.org ; 83 Amity St, au niveau de Hicks St, Cobble Hill ; S 2, 3, 4, 5 jusqu'à Borough Hall). Pour les urgences à Brooklyn.

Tisch Hospital (New York University Langone Medical Center ; ☎212-263-5800 ; nyulangone.org/locations/tisch-hospital ; 550 1st Ave, Midtown East ; 24h/24). Grand hôpital moderne avec de très bons services dans toutes les spécialités importantes.

Travel MD (☎212-737-1212 ; travelmd.com). Services médicaux 24h/24 pour les touristes à New York, prise de rendez-vous pour une visite du médecin à votre hôtel.

Pharmacies

New York compte nombre de "pharmacies" ouvertes 24h/24, en réalité de simples drugstores délivrant des médicaments en vente libre et disposant d'un comptoir aux horaires plus limités où l'on peut se procurer des médicaments sur ordonnance. Parmi les grandes chaînes de pharmacie : CVS, Duane Reade, Rite Aid et Walgreens

Sécurité

New York est l'une des villes les plus sûres du pays, mais faites preuve de bon sens.

- Ne vous promenez pas la nuit dans des zones peu fréquentées, surtout si vous êtes une femme.

Conseils aux voyageurs

La plupart des gouvernements possèdent des sites Internet qui recensent les dangers possibles et les régions à éviter. Consultez notamment les sites suivants :

Ministère des Affaires étrangères français (www.diplomatie.gouv.fr)

Ministère des Affaires étrangères de Belgique (diplomatie.belgium.be)

Département fédéral des Affaires étrangères suisse (www.eda.admin.ch/eda/fr/dfae.html)

Ministère des Affaires étrangères du Canada (www.voyage.gc.ca)

- Méfiez-vous des pickpockets, notamment dans les endroits bondés comme Times Square ou Penn Station.
- S'il n'est généralement pas risqué de circuler en métro après minuit, prenez un taxi, surtout si vous êtes seul (grimpez à l'arrière).
- Afin d'éviter les ventes forcées, pour les spectacles et les croisières en particulier, réservez en ligne ou adressez-vous à des vendeurs officiels.

Téléphone

Les numéros de téléphone des États-Unis commencent par un indicatif régional à 3 chiffres, suivi par un numéro à 7 chiffres.

Appels internationaux

Pour appeler à New York depuis l'étranger, composez le code d'accès international ☎00, puis le 1, l'indicatif régional et le numéro à 7 chiffres de votre correspondant.

Pour appeler de New York vers l'étranger, composez le code d'accès international ☎011, puis l'indicatif du pays (33 pour la France, 32 pour la Belgique, 41 pour la Suisse et 1 pour le Canada), l'indicatif régional, et le numéro de votre correspondant sans le 0 initial. Le ☎011 n'est pas nécessaire pour appeler au Canada.

Téléphones portables

Les étrangers peuvent insérer une carte SIM locale dans leur smartphone si ce dernier est débloqué ou acheter un téléphone américain bon marché avec un forfait prépayé. Certains opérateurs ne facturent pas de frais d'itinérance à l'international : renseignez-vous avant de partir.

Toilettes

La ville manque de toilettes publiques. Vous en trouverez néanmoins à Grand Central Terminal, Penn Station, à la gare routière de Port Authority, ainsi que dans les parcs, notamment Madison Square Park, Battery Park, Tompkins Sq Park, Washington Sq Park et Columbus Park à Chinatown, sans oublier tous les WC éparpillés dans Central Park. Voir sur www.nycgovparks.org/facilities/bathrooms pour connaître tous les emplacements. Vous pouvez aussi faire une halte dans un Starbucks (on en trouve un tous les 3 *blocks*) ou un grand magasin (Macy's, Century 21, Bloomingdale's).

TVA et détaxe

Dans les restaurants et boutiques, les prix

Urgences et numéros utiles

Annuaire local	☎411
Services et renseignements municipaux	☎311
Annuaire national	☎212-555-1212
Pompiers, police et ambulance	☎911

affichés sont toujours hors taxes. La TVA étant à 8,875%, attention à ne pas commander le menu à 14,99 $ si vous n'avez que 15 $ sur vous ! Les chambres d'hôtel de la ville de New York sont soumises à une taxe de 14,75%, ainsi qu'à une taxe de séjour fixe de 3,50 $ par nuit. Le montant de la TVA varie d'un État à l'autre, et le touriste étranger ne peut donc bénéficier d'aucune détaxe aux États-Unis.

Transports

Arriver à New York

Avec ses 3 aéroports, ses deux gares principales et son gigantesque terminal de bus, New York déroule le tapis rouge aux quelques millions de visiteurs qui s'y rendent chaque année.

Des vols directs sont disponibles au départ de la plupart des grandes villes américaines et internationales. Comptez 8 heures de Paris ou 1 heure 30 depuis Montréal. Pour ceux d'entre vous se trouvant déjà aux États-Unis, envisagez de rallier New York en train, plutôt qu'en voiture ou en avion, afin de profiter d'une palette de paysages bucoliques et urbains ; du même coup, vous éviterez les embouteillages et les contrôles de sécurité sans augmenter les émissions de CO_2 !

La haute saison s'étend de mi-juin à mi-septembre, une semaine avant et après Noël. Février et mars et tout le mois d'octobre jusqu'à Thanksgiving (4e jeudi de novembre) sont des périodes intermédiaires, pendant lesquelles les prix baissent. Il est parfois plus économique de choisir un package "avion + hôtel".

Plaque tournante internationale, New York est desservie par la plupart des compagnies aériennes.

Les autorités nord-américaines ont demandé aux transporteurs aériens un renforcement des mesures de sécurité à l'embarquement des vols vers les États-Unis. Les voyageurs sont invités à arriver tôt à l'aéroport et à s'assurer que leurs appareils électroniques (téléphones portables, tablettes, ordinateurs, etc.), transportés en cabine, soient présentés chargés et en état de fonctionnement lors des contrôles. En cas de contrôle, si votre appareil est déchargé ou défectueux, l'embarquement pourrait vous être refusé.

Le transport de produits sous forme de poudre, en quantité supérieure à 350 ml, est interdit en cabine (exceptions : les poudres à usage médical sur prescription, la nourriture pour bébé, les cendres funéraires, ainsi que les poudres achetées hors taxes, placées dans un sac scellé). L'entrée avec des produits non stérilisés (tels que fromages ou charcuterie) ou des plantes vertes est rigoureusement interdite.

Voie aérienne

John F. Kennedy International Airport

Le **John F. Kennedy International Airport** (JFK ; ☎718-244-4444 ; jfkairport.com ; $ A jusqu'à Howard Beach, E, J/Z jusqu'à Sutphin Blvd-Archer Ave puis l'AirTrain) est situé à 24 km de Midtown, dans le sud-est du Queens. Ses 6 terminaux actifs accueillent près de 59 millions de passagers chaque année, en provenance du monde entier. L'**AirTrain** (gratuit depuis l'aéroport) permet d'aller d'un terminal à l'autre.

Bus Express

De JFK, le **NYC Express Bus** (anciennement NYC Airporter ; www.nycairporter.com) dessert Grand Central Terminal ou le Port Authority Bus Terminal, entre 11h et 19h. Le tarif aller coûte 19 $. Les tickets s'achètent (espèces ou carte bancaire) dans le hall des arrivées (panneaux rouges). Repérez les bus Golden Touch noirs à l'extérieur des terminaux 1, 4, 7 et 8. Depuis les terminaux 2 et 5, prenez le AirTrain (gratuit) pour rejoindre l'un de ces terminaux.

Avertissement

Les informations contenues dans ce chapitre sont particulièrement susceptibles de changements. Vérifiez directement auprès de la compagnie aérienne ou de l'agence de voyages les modalités d'utilisation de votre billet d'avion. N'hésitez pas à comparer les prestations. Les détails fournis ici doivent être considérés à titre indicatif et ne remplacent en rien une recherche personnelle attentive.

Long Island Railroad (LIRR)

C'est le moyen le plus décontracté de rejoindre la ville. De l'aéroport, prenez l'AirTrain (5 $, à payer en sortant) et descendez à Jamaica Station. De là, les trains du LIRR desservent fréquemment Penn Station, à Manhattan, ou Atlantic Terminal, à Brooklyn (près de Fort Greene, Boerum Hill et le Barclay Center). Le trajet prend environ 20 minutes d'une station à l'autre. Le billet aller pour Penn Station ou Atlantic Terminal coûte 7,50 $ (10,25 $ aux heures de pointe). Ils circulent tous les jours, 24h/24. Départs toutes les 3 à 30 minutes.

Métro

Le métro est le moyen le moins coûteux, mais aussi le plus lent, pour rejoindre Manhattan. De l'aéroport, prenez l'AirTrain (5 $, à régler à la sortie) et descendez à Sutphin Blvd-Archer Ave (Jamaica Station), où vous trouverez les lignes E, J et Z (ainsi que le Long Island Rail Road). Pour rallier la ligne A, prenez l'AirTrain jusqu'à la station Howard Beach. La ligne E à destination de Midtown est celle qui compte le moins d'arrêts. Comptez un peu plus d'une heure pour Midtown. Circule tous les jours, 24h/24. Départs toutes les 4 à 12 minutes.

Minibus et navettes

Les minibus collectifs, comme ceux de **SuperShuttle Manhattan** (www.supershuttle.com), coûtent de 20 à 26 $ par personne, en fonction de la destination. Entre New York et l'aéroport, les prestataires proposent un tarif fixe d'environ 50 $. Le minibus est une bonne option pour les voyageurs solo et à petit budget, bien qu'il faille parfois attendre 30 à 45 minutes pour partir de l'aéroport après avoir récupéré ses bagages et réservé sa place. Entre l'aéroport et New York, les prestataires proposent des tarifs tournant autour de 50 $.

Taxi et VTC

Le trajet en taxi jaune entre Manhattan et l'aéroport peut prendre de 45 minutes à 1 heure ; le prix de la course dépend de la circulation (il avoisine souvent 60 $). Depuis JFK, les taxis appliquent un prix fixe de 52 $ pour Manhattan (péage et pourboire en sus). Entre JKF et Brooklyn, le prix de la course devrait s'échelonner de 47 $ (Coney Island) à 64 $ (centre de Brooklyn). Les stations sont situées à la sortie de chaque terminal. CB acceptées.

À noter que les ponts de Williamsburg, Manhattan, Brooklyn et Queensboro-59th St sont gratuits, alors qu'il vous en coûtera 9,50 $ pour rallier Manhattan via le Queens-Midtown Tunnel ou le Hugh L. Carey Tunnel (ou Brooklyn-Battery Tunnel).

Avec des applications comme Lyft ou Uber, les tarifs sont souvent bien moins élevés, mais ils varient selon l'heure de la journée.

LaGuardia Airport

Dévolu aux vols intérieurs, **LaGuardia** (LGA ; ☎718-533-3400 ; laguardiaairport.com ; 🚌M60, Q70) est à seulement 13 km du centre de Manhattan. Il voit passer près de 30 millions de passagers par an. L'aéroport doit bénéficier d'une rénovation à hauteur de 8 milliards de dollars. En 2022, on devrait y trouver des terminaux neufs et une meilleure offre des transports.

Bus Express

Le **NYC Express Bus** (anciennement NYC Airporter Bus ; nycairporter.com) circule depuis/vers

Grand Central et le Port Authority Bus Terminal pour 16 $.

Métro et bus

LaGuardia est l'aéroport le moins accessible par les transports en commun. En métro, la meilleure option est la station 74th St-Broadway (ligne 7, ou lignes E, F, M et R en changeant à Jackson Heights-Roosevelt Ave), dans le Queens. De là, prenez la ligne de bus Q70 Express Bus jusqu'à l'aéroport (environ 10 minutes). Vous pouvez aussi prendre le bus M60 depuis plusieurs stations de métro du nord de Manhattan et de Harlem ou à la station Astoria Blvd (à l'angle de Hoyt Ave et 31st St) sur les lignes de métro N et W.

Navette

Divers services de voitures et navettes desservant LaGuardia à partir de 40 $; ils sont répertoriés sur le site Web de l'aéroport.

Taxi et VTC

La course depuis/vers Manhattan coûte de 35 à 55 $ et dure 30 minutes. Il s'agit du prix au compteur. Les tarifs via les applications Lyft et Uber sont très variables.

Newark Liberty International Airport

Quand vous vous renseignez sur les tarifs des vols à destination de New York, n'oubliez pas le New Jersey. Situé à 26 km de Midtown – soit la même distance que JFK –, **Newark** (EWR ; ☎973-961-6000 ; newarkairport.com) attire beaucoup de New-Yorkais (près de 36 millions de passagers par an) et est une plaque tournante pour United Airlines. Le terminal A devrait être entièrement transformé d'ici 2022.

Bus Express

Le **Newark Liberty Airport Express** (www.newarkairportexpress.com) assure un service de bus jusqu'aux Port Authority Bus Terminal, Bryant Park et Grand Central Terminal à Midtown (18 $ l'aller). Le trajet dure 45 minutes ; départ toutes les 20 minutes de 6h45 à 23h15 et toutes les 30 minutes de 4h15 à 9h et de 23h à 2h20.

Métro/train

NJ Transit (njtransit.com) assure aussi des liaisons par train (avec une connexion par AirTrain ; 5,50 $) entre Newark (EWR) et New York (Penn Station) pour 13 $ l'aller (9 $ pour les enfants). Le trajet dure 25 minutes, avec des départs toutes les 20 à 30 minutes entre 4h50 et 2h20. Conservez précieusement votre billet, que vous devrez présenter en descendant à l'aéroport.

Navette

Un service de navettes demande environ 50 à 70 $ depuis Midtown (45 minutes de trajet) ; un taxi coûte à peu près autant. Pour entrer dans New York par le Lincoln Tunnel (au niveau de 42nd St), le Holland Tunnel (au niveau de Canal St) ou par le George Washington Bridge plus au nord, comptez la jolie somme de 15 $; le retour vers le New Jersey est gratuit. Vous pouvez éviter les (modiques) péages des autoroutes du New Jersey en demandant à votre chauffeur de prendre les Hwy 1 ou 9.

Agences en ligne

Vous pouvez réserver votre vol via une agence en ligne ou vous renseigner auprès d'un comparateur de vols :

- bourse-des-vols.com
- www.ebookers.fr
- www.expedia.fr
- www.govoyages.com
- www.illicotravel.com
- www.kayak.fr
- www.opodo.fr
- www.partirou.com
- www.skyscanner.fr
- voyages.kelkoo.fr

Depuis la France

Au départ de Paris, comptez en moyenne 8 heures de vol à l'aller et 7 heures au retour. Les tarifs varient beaucoup selon la période de l'année, de 450 € en basse saison (comptez plutôt 600 € avec des compagnies comme Air France, American Airlines ou United Airlines) à 850 €, voire plus, en haute saison.

Les compagnies ci-dessous assurent des vols réguliers, fréquents et directs vers New York, à des prix d'autant plus intéressants que vous anticipez l'achat de votre billet :

Air France (airfrance.fr)

American Airlines (americanairlines.fr)

United (www.united.com)

US Airways (usairways.com)

Lufthansa (lufthansa.com/fr)

La compagnie à bas prix **Norvegian** (norwegian.com/fr) assure des vols directs depuis Paris-CDG vers New York tous les jours à des prix intéressants. La compagnie **Level** (flylevel.com/fr), basée à Madrid, propose des directs à destination de New York depuis Paris (Orly).

Si vous souhaitez voyager en classe affaires, la jeune compagnie française dédiée aux voyages d'affaires, **La Compagnie** (www.lacompagnie.com/fr), officie sur le secteur des vols Paris-New York en classe affaires à moindre coût.

Depuis la Belgique

Au départ de Bruxelles, comptez en moyenne 8 heures 30 de vol à l'aller et 7 heures 40 au retour. Les tarifs sont peu ou prou identiques à ceux pratiqués en France. Quelques adresses utiles :

Airstop (www.airstop.be)

Brussels Airlines (brusselsairlines.com/fr-be)

Connections (www.connections.be)

Gigatours/Éole (voyageseole.be)

Depuis la Suisse

Deux compagnies assurent deux vols quotidiens directs (comptez 8 heures 45 de trajet) entre Genève et New York : **Swiss** (swiss.com) et **United** (united.com). Les autres compagnies proposent des vols avec escale. Selon la saison, vous pourrez trouver des billets aller-retour directs au départ de Genève à partir de 500 FS. L'agence de voyages **STA Travel** (fr.statravel.ch) vous renseignera.

Depuis le Canada

Pour parcourir les 523 km qui séparent Montréal de New York, comptez en moyenne 1 heure 30 de vol. Les tarifs commencent à 250 $C l'aller-retour pour un vol direct.

Air Canada (aircanada.com)

American Airlines (aa.com)

Delta Airlines (www.delta.com)

United (www.united.com)

Vous pouvez également voir auprès de :

Expedia (expedia.ca)

Orbitz (orbitz.com)

Travelcuts (travelcuts.com)

Travelocity (travelocity.com)

Voyages organisés

Il peut être intéressant, d'un point de vue financier et pratique, de réserver un séjour à New York, avec hébergement et vol compris. Des agences spécialisées sur la ville inscrivent aussi à leur catalogue des séjours à thèmes, qui se doublent de circuits de découverte permettant de découvrir au mieux la Grosse Pomme.

Arts et Vie (artsetvie.com). Des séjours en famille.

Back Roads (backroads.fr). Séjours, circuits accompagnés, autotours ou croisières.

En train, en bus ou en voiture depuis le Canada

Depuis le Canada, vous pouvez envisager un voyage en train jusqu'à New York. Il sera long (10 heures 30), mais confortable et vous permettra de découvrir de magnifiques paysages (à partir de 70 $ l'aller). Renseignez-vous auprès de l'**Amtrak** (www.amtrak.com).
Le bus est une option parfois plus chère (à partir de 75 $ l'aller ; 7-10 heures) et plus fatigante. Consultez le site Internet de la compagnie **Greyhound** (www.greyhound.ca).

Enfin, en voiture, il faut prendre la route 15 Sud depuis le Québec, puis, après la douane, suivre la New York State Thruway (route 87), payante. Le George Washington Bridge donne accès directement à Manhattan. Ce trajet dure environ 6 heures 30.

Clio (clio.fr). Séjour culturel "Art et musique".

Comptoir des Voyages (comptoir.fr). Séjours et week-ends à New York ou voyages itinérants sur la côte Est

Directours (directours.com). Des offres intéressantes pour les vols avec hébergements.

Jet-Set Voyages (jetset-voyages.fr). Séjours et autotours à New York et sur la côte Est.

La Maison des États-Unis (maisonsduvoyage.com). Séjours, croisières, circuits accompagnés ou voyages sur mesure.

Roots Travel (rootstravel.com). Vol plus hébergement à New York.

Voyageurs du Monde (voyageursdumonde.fr). Vol et séjour ou circuits (New York et les Hamptons, par exemple).

Comment circuler

Le site Internet de la **Metropolitan Transportation Authority** (MTA ; www.mta.info) donne des renseignements sur les transports publics (bus et métro), ainsi qu'un planificateur d'itinéraire pratique et des mises à jour régulières sur les retards et les itinéraires bis pendant les fréquents travaux de maintenance.

Bateau et ferry

NYC Ferry (www.ferry.nyc ; aller 2,75 $). En circulation sur East River depuis mai 2017 (ils remplacent l'ancien East River Ferry), ces ferrys relient Manhattan, Brooklyn, le Queens et le Bronx moyennant 2,75 $ (1 $ de plus pour embarquer un vélo). Dotés de bornes pour charger les portables et de petites boutiques, ils sont plus confortables que le métro. C'est un moyen de transport de plus en plus populaire et pittoresque pour atteindre Rockaway, dans le Queens.

NY Water Taxi (nywatertaxi.com). Ses bateaux jaunes rapides permettent de monter et de descendre aux arrêts proches de Manhattan (Pier 83 au niveau de W 42th St ; Battery Park ; Pier 16 près de Wall St) et de Brooklyn (Pier 1 à Dumbo). Le billet pour la journée coûte 37 $. À ce prix, il sert plus à visiter la ville qu'à se déplacer.

Staten Island Ferry (plan p. 260 ; siferry.com ; Whitehall Terminal, 4 Whitehall St, au niveau de South St, Lower Manhattan ; 24h/24 ; S 1 jusqu'à South Ferry ; R/W jusqu'à Whitehall St ; 4/5 jusqu'à Bowling Green). GRATUIT Ce ferry orange vif et gratuit, destiné aux travailleurs circulant entre New York et Staten Island, effectue des traversées régulières. Même si vous vous contentez de remonter à bord à Staten Island, c'est un moyen formidable et romantique de profiter de la vue sur Lower Manhattan et la statue de la Liberté.

Bus

Les bus peuvent être pratiques pour traverser la ville ou couvrir de courtes distances quand vous n'avez pas envie de circuler sous terre. Le tarif est le même que celui du métro (2,75 $/trajet) payable avec une MetroCard ou en espèces (faites l'appoint en monnaie) quand vous montez à bord. Si vous payez avec une MetroCard, la correspondance bus-métro, bus-bus ou métro-bus est gratuite pendant 2 heures. Si vous avez des espèces, demandez au conducteur la correspondance (pour prendre un autre bus uniquement) quand vous payez.

Métro

Exploité par la **Metropolitan Transportation Authority** (MTA ; www.mta.info), l'emblématique métro new-yorkais est bon marché (2,75 $ le ticket et 33 $ le pass 7 jours,

OMNY

Les paiements sans contact sont voués à remplacer la MetroCard, une carte magnétique parfois défectueuse. La mise en place du système de paiement OMNY se fera en plusieurs phases et a commencé en 2019 ; la MetroCard devrait disparaître complètement en 2023. D'ici là, la MetroCard reste acceptée. Les bornes OMNY acceptent les paiements avec carte sans contact ou smartphone ; voir omny.info.

Le métro, mode d'emploi

Quelques astuces pour comprendre toute la folie du métro new-yorkais :

Chiffres, lettres, couleurs Chaque ligne de métro possède une couleur propre, plus une lettre ou un numéro. Sur la plupart des lignes circulent 2 à 4 trains de numéros différents.

Train express ou omnibus ? Sur une ligne de même couleur circulent à la fois des express et des omnibus (reconnaissables à leur cercle blanc sur le plan du métro). Les express ne s'arrêtent qu'à quelques stations à Manhattan. Par exemple, sur la ligne rouge, le n°2 et le n°3 sont des express ; quant au n°1, moins rapide, il s'arrête souvent. Si vous devez effectuer un long trajet – d'Upper West Side jusqu'à Wall St par exemple –, mieux vaut prendre un express (souvent sur le quai en face de l'omnibus) pour gagner du temps.

Trouver la bonne entrée de station Certaines stations de métro ont une entrée pour les lignes en direction du sud et une autre pour celles qui vont vers le nord (lisez attentivement les panneaux). Si vous vous trompez – comme certains New-Yorkais –, vous pouvez soit monter dans le métro et changer à une station qui vous permet de le faire gratuitement, soit ressortir et payer à nouveau 2,75 $ pour entrer dans la même station (l'entrée se situe généralement en face de la sortie, de l'autre côté de la rue). Vérifiez aussi les lampes de couleur au-dessus de l'escalier, à l'entrée des stations. Le vert signifie que l'entrée est ouverte en permanence, le rouge qu'elle est fermée à certaines heures, ordinairement la nuit.

Affronter le week-end Attention, les règles changent le week-end. Des lignes fusionnent entre elles, certaines ne fonctionnent pas, des stations ne sont pas desservies... Les New-Yorkais peuvent être aussi perdus que les touristes. Consultez le site www.mta.info pour connaître les horaires du week-end. Parfois, aucun panneau d'information n'est visible avant d'arriver sur le quai.

indépendamment de la distance parcourue), et fonctionne 24h/24. C'est aussi le moyen le plus rapide et le plus fiable pour se déplacer à New York. Il est aussi plus sûr et (légèrement) plus propre qu'autrefois. Le Wi-Fi est disponible et gratuit dans toutes les stations de métro.

Il est judicieux de se procurer un plan gratuit auprès des employés du métro. Les propriétaires de smartphone téléchargeront une application de transport (comme Citymapper, gratuite), avec plan de métro et notifications d'interruptions de service.

Taxi

Héler et prendre un taxi était jadis un rite de passage à New York. Mais tout cela a disparu avec l'omniprésence des applications comme Lyft et Uber. La plupart des taxis new-yorkais sont propres et très bon marché par rapport à ceux d'autres villes du monde.

La prise en charge est de 2,50 $ (premier 5e d'un mile, environ 300 m), à laquelle il faut ajouter 50 ¢ pour chaque 5e supplémentaire ou chaque minute supplémentaire si vous êtes dans un embouteillage, 1 $ aux heures de pointe (16h-20h en semaine), 50 ¢ la nuit (20h-6h), et un supplément de l'État de 50 ¢ par course. Le coût des péages pour les ponts et les tunnels est à la charge du passager. Le pourboire est en moyenne de 10 à 15%, mais vous pouvez donner moins si vous n'avez pas trouvé le service à la hauteur ; demandez bien un reçu et notez dessus le numéro de licence du conducteur. Plus de détails sur www.nyc.gov/taxi.

Boro Taxi

Les "Green Boro Taxis", de couleur vert pomme, ont commencé à circuler dans tous les *boroughs* (hors Manhattan), ainsi que dans le nord de Manhattan. Cela permet aux visiteurs de héler un taxi dans les quartiers où les "yellow cabs" circulent rarement. Ils pratiquent les mêmes tarifs et sont un moyen pratique pour se déplacer dans ces *boroughs* (par exemple, entre les quartiers d'Astoria et de Williamsburg, ou de Park Slope à Red Hook). Les conducteurs de "Boro" rechignent à conduire des passagers dans Manhattan (bien qu'ils y soient légalement tenus), car ils ne sont pas autorisés à prendre des clients au sud de 96th St.

Vélo

New York est une ville "pro-vélo". Des centaines de kilomètres de pistes cyclables ont vu le jour ces dix dernières années, et il existe un excellent réseau de vélos en libre-service. Environ 12 000 robustes bicyclettes bleu vif sont ainsi disponibles dans 750 stations, **Citi Bike** (www.citibikenyc.com) réparties à travers Manhattan et certains quartiers de Brooklyn, du Queens et de Jersey City. Les tarifs sont raisonnables pour une utilisation de courte durée.

Vous pouvez payer pour une utilisation ponctuelle (3 $) ou pour un pass 24 heures ou 3 jours (12 $ ou 24 $, taxes incluses) dans n'importe quelle station City Bike. Vous obtiendrez alors un code à cinq chiffres permettant de débloquer un vélo. Restituez votre vélo dans n'importe quelle station dans les 30 minutes pour éviter de payer un supplément. Réinsérez votre carte bancaire (elle ne sera pas débitée) et suivez les instructions pour reprendre un vélo. Avec un pass, vous pouvez faire autant de trajets de moins de 30 minutes que vous le voulez durant la durée de l'abonnement. Il faudra prévoir votre propre casque : son port n'est obligatoire que pour les moins de 14 ans, mais il est fortement recommandé pour tous. Des parcs comme Central Park, le Brooklyn Waterfront Greenway ou Prospect Park à Brooklyn sont de bons endroits pour tester votre aisance à vélo, dans des environnements moins stressants que les rues de la ville, anarchiques. Surtout, pour votre sécurité et celle des autres, respectez le code de la route.

Vous trouverez tous les itinéraires et pistes cyclables par *borough* sur **NYC Bike Maps** (nycbikemaps.com). Pour télécharger des plans et vérifier les règles officielles de circulation à vélo, consultez le site de **NYC DOT** (www1.nyc.gov/html/dot/html/bicyclists/bikemaps.shtml). Des plans du réseau sont également disponibles gratuitement dans la majorité des magasins de cycles.

Voiture et moto

À moins de vouloir explorer les endroits les plus reculés des *boroughs* excentrés, circuler en voiture n'est pas une très bonne idée. Les garages peuvent être très chers et les places de stationnement difficiles à trouver. Si vous venez du New Jersey, les péages sont très coûteux. Contrairement à ce qui se fait dans la plupart des régions du pays, tourner à droite au feu rouge est interdit.

Langue

En raison de leur histoire – les colonisations et les vagues d'immigration successives –, les Américains pratiquent, pour la plupart d'entre eux, plusieurs langues. L'anglais est parlé dans tout le pays, mais n'a pas été désigné comme langue officielle des États-Unis. D'aucuns pensent qu'il faudrait remédier à cette situation, notamment ceux qui s'inquiètent de l'utilisation croissante de l'espagnol.

Pour aller plus loin

Indispensable pour mieux communiquer sur place : le *Guide de conversation Anglais*, de Lonely Planet. Pour réserver une chambre, lire un menu ou simplement faire connaissance, ce manuel permet d'acquérir les rudiments de l'anglais. Inclus : un minidictionnaire bilingue.

Formules de politesse

Les formules d'accueil sont des plus simples, avec les standards *hello*, *hi*, *good morning*, *good afternoon*, *how are you ?*. Plus familièrement, on s'interpelle par *hey*, *hey there* ou *howdy*. Les formules d'adieu sont, en comparaison plus variées, avec *bye*, *goodbye*, *bye-bye*, *see-ya*, *take it easy*, *later*, *take care*, *don't work too hard* et l'éternel *have a nice day*. Si les Américains sont avares de *please*, ils distribuent généreusement leurs *thank you*. Vous entendrez souvent *excuse me* à la place de *sorry*. Dans la conversation, l'interlocuteur émettra fréquemment des *mm-hmmm* ou *uh-huh* pour montrer qu'il ne dort pas, qu'il vous écoute et vous encourager ainsi à continuer. C'est un signe beaucoup plus stimulant que le circonspect *mmm*.

Certains locuteurs ne se satisfont pas de ces *uh-huh* enthousiastes et émaillent leur discours de *y'know* ou de *you hear what I'm saying ?*. Ces expressions n'appellent pas forcément de réponse.

Termes et expressions utiles

Tout le monde peut parler une langue étrangère, le tout est d'oser. La grammaire n'est pas essentielle pour se débrouiller sur place. Pour réserver une chambre, commander un plat ou simplement engager la conversation, voici quelques phrases basiques qui vous aideront à ne pas rester muet en toutes circonstances !

Expressions courantes

Bonjour/salut.	*Hello/Hi.*	*hè*·lo/haï
Au revoir.	*Goodbye.*	goud·*baï*
Oui./Non.	*Yes./No.*	yès/neo
Excusez-moi.	*Excuse me.*	ek·skyouz mi
Pardon.	*Sorry.*	so·ri
S'il vous plaît.	*Please.*	pliiz
Merci.	*Thank you.*	*sank* you
De rien.	*You're welcome.*	your *wèl*·komm
Comment allez-vous/vas-tu ?	*How are you ?*	hao âr you
Bien, merci. Et vous/toi ?	*Fine. And you ?*	faïn annd *you*
Je m'appelle...	*My name is*	maï néïm iz...
Je vous présente...	*I'd like to introduce you to...*	aïd laïk tou inn·tro·*dyous* you tou...
Enchanté(e)	*(I'm) Pleased to meet you*	(aïm) *pliizd* tou mit you
Parlez-vous français ?	*Do you speak french?*	dou you spiik *frènch*
Je ne comprends pas.	*I don't understand.*	aï *dont* eunn·deur·*stand*

Engager la conversation

Que faites-vous dans la vie ?
What's your occupation?
wats your o·kyu·*péï*·chonn

Je suis travailleur indépendant.
I'm self-employed. — aïm sèlf em·*ploïd*

Je travaille dans l'éducation.
I work in education — aï woork in é-du·*kéï*·chonn

Quel âge avez-vous ?
How old are you? — *hao* old âr you

J'ai (25) ans.
I'm (25) years old. — aïm (25) yœrs *old*

À propos de vous

D'où venez-vous ?
Where are you from? — wèr âr you *from*

Je viens de...
I'm from... — aïm from

C'est la première fois que je viens à New York.
This is my first trip to New York. — Zis iz maï fœrst trip tou *nyou* york

Je suis marié(e).
I'm married. — aïm *ma*·rid

Je suis célibataire.
I'm single. — aïm *sinn*·geul

Quel est votre numéro de téléphone ?
What's your phone number?
wats your *fonn num*·beur

Quelle est votre adresse e-mail ?
What's your email address?
wats your *i*·méïl eu·*drès*

Où se restaurer et prendre un verre

Que me conseillez-vous ?
What would you recommend? — *wat* woud you rè·ko·*mènnd*

Je voudrais..., s'il vous plaît.
I'd like..., please. — aïd *laïk* pliiz

Je suis végétarien(ne)/végétalien(ne).
I'm vegetarian/ vegan. — aïm vegetarian/ vegan (m/f)

Apportez-moi l'addition, s'il vous plaît.
Please bring me the bill. — pliiz brinng mi zeu *bil*

Pouvez-vous me conseiller... ?
Can you recommend...?
kann you ré·ko·*mènnd*·eu

un bar	*bar*	bâr
un café	*cafe*	*ka*·fè
un restaurant	*restaurant*	*rès*·trant

Peut-on encore commander ?
Are you still serving food?
âr you still seur·vinng *foud*

Combien de temps faut-il attendre ?
How long is the wait?
hao long iz Zeu wèït

Je voudrais s'il vous plaît...
I'd like please — aïd *laïk*... pliiz

une part (de pizza)	*one slice (of pizza)*	wann slaïs (of *pii* tseu)
un sandwich	*a sandwich*	eu *sann*·witch
ça	*that one*	*Zat* wann

petit-déjeuner	*breakfast*	*brèk*·feust
déjeuner	*lunch*	leunnch
dîner	*dinner*	*di*·neur

eau	*water*	*wo*·teur
bière	*beer*	biir
vin blanc	*white wine*	*waït* waïn
vin rouge	*red wine*	*rèd* waïn
champagne	*champagne*	*cham*·péïnn
Santé !	*Cheers!*	tchiirz

Achats

Combien ça coûte ?
How much is it?
hao meutch is it

Je ne fais que regarder
I'm just looking
aïm djeust *lou*·kinng

Où puis-je acheter... ?
Where can I buy...?
wèr kann aï *baï*

Est-ce que je peux le voir ?
Can I look at it?
kann aï *louk* at it

Pouvez-vous écrire le prix ?
Can you write down the price?
kann you raït daonn Zeu *praïs*

Hébergement

Avez-vous une chambre (double) ?
Do you have a (double) room? — dou you *hav* eu deubl roum

Quel est le prix par nuit/personne ?
How much is it per night/person? — *hao* meutch is it pèr naït/peur·sonn

J'ai une réservation
I have a reservation — aï hav eu rè·zèr·*veï* cheunn

Y a t-il un accès Internet ?
Do you have an Internet access? — dou you *hav* eun *inn*·teur·nèt ak·sès

Heures et chiffres

Quelle heure est-il ?
What time is it? — wat taïm iz it

Il est (1/13) heures(s).
It's (one am/pm) o'clock. — its (wann èï·èm/pi·èm) ok-*lok*

matin	*morning*	*mor*·ninng
après-midi	*afternoon*	af·teur·*noun*
soir	*evening*	*iv*·ninng
aujourd'hui	*today*	tou·*dèï*
demain	*tomorrow*	tou·*mo*·ro
hier	*yesterday*	*yès*·teu·dèï

lundi	*monday*	*monn*·dèï
mardi	*tuesday*	*tyous*·dèï
mercredi	*wednesday*	*wènns*·dèï
jeudi	*thursday*	*sœurs*·dèï
vendredi	*friday*	*fraï*·dèï
samedi	*saturday*	*sa*·teu·dèï
dimanche	*sunday*	*seunn*·dèï

0	*zero*	*zi*·ro
1	*one*	wann
2	*two*	tou
3	*three*	srii
4	*four*	fôr
5	*five*	faïv
6	*six*	six
7	*seven*	*sè*·veunn
8	*eight*	eït
9	*nine*	naïnn
10	*ten*	tèn
11	*eleven*	*ilè*·veunn
12	*twelve*	twèlv

Transports et orientation

Où est ... ?
Where's ...? — wèrz ...

Quelle est l'adresse ?
What's the address? — wats zi a·*drès*

Pouvez-vous m'indiquer (sur la carte) ?
Can you show me (on the map)? — kann you choo mi (onn zeu map)

Je voudrais un taxi.
I'd like a taxi. — Aïd laïk eu tak·si

Ce taxi est-il libre ?
Is this taxi free? — Iz zis tak·si frii

Où puis-je trouver une station-service ?
Where's a petrol station?
wèrz eu *pè*·trol stéï-chonn

Le plein, s'il vous plaît.
Please fill it up. — pliiz fil it eup

Où puis-je louer un vélo ?
Where can I hire a bicycle? — wèr kann aï haï·eur eu *baï*·si·keul

À quelle heure part...?
What time does the... leave? — *wat* taïm daz zeu... liiv

le bateau	*boat*	boot
le bus	*bus*	beus
l'avion	*plane*	pléïn
le train	*train*	tréïn

billet	*ticket*	*ti*·kèt
aller simple	*one-way*	wann wéï
aller et retour	*return*	ri·*teurn*

cédez la priorité	*give way*	guiv *wéï*
péage	*toll*	tol
sens unique	*one-way*	wann wéï

Urgences et santé

Au secours !
Help! hèlp

Allez-vous-en !
Go away! Go eu·*wéï*

Je suis perdu(e).
I'm lost. aïm lost

Je suis malade.
I'm sick. aïm sik

Appelez la police !
Call the police! kool zeu po·*liis*

Appelez un médecin !
Call a doctor! kool eu *dok*·teur

Pourriez-vous m'aider, s'il vous plaît ?
Could you help me, please?
coud you *hèlp* mi pliiz

J'ai besoin d'un médecin qui parle français.
I need a doctor who speaks French. aï niid eu *dok*·teur hou spiiks frènch

Est-ce que le médecin peut venir ici ?
Can the doctor come here?
kann Zeu *dok*·teur kom *hiir*

Je n'ai plus de médicaments.
I've run out of my medication.
aïv reun a·*out* of maï mé·di·*kéï*·chonn

Y a-t-il un (e)... par ici ?
Where's a nearby...? wèrz eu... niir·baï

pharmacie	*pharmacy*	*far*·meu·si
dentiste	*dentist*	*dènn*·tist
médecin	*doctor*	*dok*·teur
hôpital	*hospital*	*hos*·pi·teul

En coulisses

Remerciements

À nos lecteurs

Merci à tous les voyageurs qui ont utilisé la dernière édition de ce guide et qui nous ont écrit pour nous faire part de leurs conseils, de leurs suggestions et de leurs anecdotes : Aymeric et Charlotte, Françoise Ben Kemoun, Emilie Kaczmarek, Stéphanie Lo, Stéphanie Poche, Sabrina Robier Guillerez

Crédits photographiques

Photo de couverture : Central Park au printemps, Mitchell Funk/Getty Images ©

Illustrations p. 40-41 de Javier Zarracina.

À propos de ce guide

Cette 6e édition française du guide *L'Essentiel de New York* est une traduction-adaptation de la 5e édition du guide Lonely Planet *Best of New York City* (en anglais) rédigé par Ali Lemer. Ali Lemer, Anita Isalska, MaSovaida Morgan et Kevin Raub ont également participé aux recherches et à la rédaction de ce guide. La précédente édition était l'œuvre de Lorna Parkes, Hugh McNaughtan et Regis St Louis.

Traduction Jeanne Robert

Direction éditoriale Didier Férat

Coordination éditoriale et adaptation française Muriel Chalandre

Responsable prépresse Jean-Noël Doan

Maquette Pierre Brégiroux

Cartographie Cartes originales d'Alison Lyall, adaptées en français par Eduardo Yanes Blanch

Couverture Couverture originale de Brendan Dempsey-Spencer, adaptée en français par Laure Wilmot et Laurent Briard

Merci à Hugo Gadroy pour sa minutieuse préparation du manuscrit et à Jacqueline Menanteau pour sa relecture attentive. Un grand merci à Dominique Spaety et à toute l'équipe du bureau de Paris. Enfin, merci à Luan Angel et Nigel Longuet à Londres, et à Jean-Pierre Masclef à Melbourne.

Vos réactions ?

Vos commentaires nous sont très précieux et nous permettent d'améliorer constamment nos guides. Notre équipe lit toutes vos lettres avec la plus grande attention. Nous ne pouvons pas répondre individuellement à tous ceux qui nous écrivent, mais vos commentaires sont transmis aux auteurs concernés. Tous les lecteurs qui prennent la peine de nous communiquer des informations sont remerciés dans l'édition suivante, et ceux qui nous fournissent les renseignements les plus utiles se voient offrir un guide.

Pour nous faire part de vos réactions, prendre connaissance de notre catalogue et vous abonner à notre newsletter, consultez notre site Internet : **www.lonelyplanet.fr**.

Nous reprenons parfois des extraits de notre courrier pour les publier dans nos produits, guides ou sites Web. Si vous ne souhaitez pas que vos commentaires soient repris ou que votre nom apparaisse, merci de nous le préciser. Notre politique en matière de confidentialité est disponible sur notre site Internet.

Index

Références des plans en **gras**

S

T

U

V

W

Références des plans en **gras**

Comment utiliser ce guide

Ces symboles vous aideront à identifier les différentes rubriques :

- À voir
- Activités
- Cours
- Circuits organisés
- Fêtes et festivals
- Où se restaurer
- Où prendre un verre
- Où sortir
- Achats
- Renseignements et transports

Ces symboles vous donneront des informations essentielles au sein de chaque rubrique :

- Adresse écoresponsable
- GRATUIT Entrée libre
- Numéro de téléphone
- Heures d'ouverture
- Parking
- Non-fumeur
- Climatisation
- Accès Internet
- Wi-Fi
- Piscine
- Bus
- Ferry
- Tramway
- Train
- Menu en anglais
- Végétarien
- Familles bienvenues

Choisissez des lieux sur mesure grâce aux symboles suivants :

- Petits prix
- Gastronomie
- Prendre un verre
- Vélo
- Sports
- Art et culture
- Fêtes et festivals
- Sites photogéniques
- Paysages
- En famille
- Excursion
- Détour
- Randonnée
- 100% local
- Histoire
- Sortir
- Plages
- Café
- Faune et flore
- Scène LGBT
- Hébergement
- Transports
- Activités aquatiques
- Infos pratiques

À voir

- Cave/vignoble
- Château
- Église
- Monument
- Mosquée
- Musée/galerie/édifice historique
- Plage
- Réserve ornithologique
- Ruines
- Synagogue
- Temple bouddhiste
- Temple confucéen
- Temple hindou
- Temple jaïn
- Temple shintoïste
- Temple sikh
- Temple taoïste
- Zoo/réserve animalière
- Autre site

Achats

- Magasin

Activités

- Bodysurfing
- Canoë/kayak
- Cours/circuits organisés
- Plongée/snorkelling
- Randonnée
- Sentô (bain public)
- Ski
- Snorkelling
- Surf
- Piscine/baignade
- Planche à voile
- Autres activités

Où se loger

- Camping
- Hébergement

Où se restaurer

- Restauration

Où prendre un verre

- Bar
- Café

Où sortir

- Salle de spectacle

Renseignements

- Accès Internet
- Ambassade/consulat
- Banque
- Bureau de poste
- Centre téléphonique
- Hôpital/centre médical
- Office du tourisme
- Police
- Toilettes
- Autre adresse pratique

Géographie

- Aire de pique-nique
- Cascade
- Col
- Montagne/volcan
- Oasis
- Parc
- Phare
- Plage
- Point de vue
- Portail
- Refuge/gîte

Transports

- Aéroport
- Bart
- Bus
- Ferry
- Gare/chemin de fer
- Métro/MRT
- Monorail
- Parking
- Piste cyclable
- Poste frontière
- Station-service
- Subway/Métro
- T/T-Bane
- Taxi
- Téléphérique/funiculaire
- Tramway
- U-Bahn, Tube Station
- Autre moyen de transport

CDRIN/SHUTTERSTOCK ©

Plans de New York

Lower Manhattan
SoHo, East et West Villages et Chinatown (p. 262)
Brooklyn (p. 272)
0,5 mile
1 km
Brooklyn Bridge
One World Trade Center
National September 11 Memorial & Museum
Statue de la Liberté
Ellis Island
TWO BRIDGES
LOWER MANHATTAN
BATTERY PARK CITY
Hudson
East River
New York Harbor
West Side Hwy
Broadway
Brooklyn Bridge
South St
Park Row
Chambers St
Church St
Greenwich St
Vesey St
North End Ave
Fulton St
Wall St
Broad St
Water St
Front St
Pearl St
Whitehall St
State St
Bowling Green
Battery Park
Robert F Wagner Jr Park
Battery Park City Esplanade
Nelson A Rockefeller Park
Washington Market Community Park
City Hall
Fulton Market Building
South Ferry
Ferry pour Governors Island
Governors Island (400 m)
Ferry pour la statue de la Liberté et Ellis Island
(1,8 km)
(2,7 km)
Ferry pour Hoboken (New Jersey)
New York Beach Ferry
NYC Ferry de Dumbo
Brooklyn Bridge Park (Pier 1)
Pier 4 Beach
Vietnam Veterans Plaza

Lower Manhattan

À voir

1 Brooklyn Bridge ... F2
2 Museum of Jewish Heritage ... C4
3 National Museum of the American Indian ... D3
4 National September 11 Memorial Museum ... C2
One World Observatory ... (voir 5)
5 One World Trade Center ... C2
6 Pier 17 ... E2
7 South Street Seaport District ... E2
8 South Street Seaport Museum ... E2
9 St Paul's Chapel ... D2
10 Trinity Church ... C3
11 Woolworth Building ... D1

Activités

Pioneer ... (voir 8)
12 Staten Island Ferry ... D4

Shopping

13 Bowne & Co Stationers ... E2
14 Century 21 ... C2
15 CityStore ... D1
16 Philip Williams Posters ... C1

Où se restaurer

17 Brookfield Place ... C2
Hudson Eats ... (voir 17)
Le District ... (voir 17)

Où prendre un verre et faire la fête

18 Bluestone Lane ... D3
19 Cowgirl SeaHorse ... E2
20 Dead Rabbit ... D3

SoHo, East et West Villages et Chinatown *(Légende p. 264)*

0
0
1 km
0,5 mile
E
F
G
H
1
2
3
4
5
6
Midtown Manhattan (p. 266)
14th St-Union Sq
3rd Ave
1st Ave
E 14th St
E 13th St
E 12th St
E 11th St
E 10th St
E 9th St
E 8th St
E 7th St
E 6th St
E 5th St
E 4th St
E 3rd St
E 2nd St
Third Ave
Second Ave
First Ave
Ave A
Ave B
Ave C
Ave D
8th St-NYU
Astor Pl
St Marks Pl
St Marks Place
Broadway
Lafayette St
Fourth Ave
ALPHABET CITY
EAST VILLAGE
NOHO
Great Jones St
New York City Marble Cemetery
Bleecker St
Broadway-Lafayette St
2nd Ave
E Houston St
NOLITA
Hamilton Fish Park
Columbia St
LOWER EAST SIDE
Stanton St
Rivington St
Elizabeth St
Bowery
Chrystie St
Forsyth St
Eldridge St
Allen St
Orchard St
Essex St
Norfolk St
Suffolk St
Clinton St
Prince St
Delancey-Essex Sts
Delancey St
Spring St
Kenmare St
Mott St
Lower East Side Tenement Museum
Sara D Roosevelt Park
Broome St
Grand St
LITTLE ITALY
Hester St
Centre St
Canal St
WH Seward Park
East Broadway
E Broadway
Henry St
Madison St
Monroe St
Cherry St
CHINATOWN
Confucius Plaza
Doyers St
Pike St
Manhattan Bridge
Catherine St
Market St
Rutgers Park
South St
Federal Plaza
Park Row
36
87
57
89
29
90
92
59
21
72
7
2
58
10
41
45
91
13
4
106
80
71
6
17
34
51
97
26
108
77
74
76
35
55
19
52
44
25
9
27
28
65
70
99
66
67
73
40
47
5
23
85
49
69
8
31
24
50
42
3
62
61
75

SoHo, East et West Villages et Chinatown *(Carte p. 262)*

Où prendre un verre et faire la fête

Où sortir

Midtown Manhattan

Midtown Manhattan

À voir

1 Chelsea Market ... B4
2 Empire State Building ... D2
3 Madison Square Park ... D3
4 Metropolitan Life Tower ... D3
5 Morgan Library & Museum ... D2
6 New York Public Library ... D1
7 Pace Gallery ... A3
8 Union Square ... D4
9 Union Square Greenmarket ... D4

Activités

10 Chelsea Piers Complex ... A4

Shopping

11 ABC Carpet & Home ... D4
12 Fishs Eddy ... D4
13 Housing Works Thrift Shop ... C4
14 Macy's ... C2
15 Nepenthes New York ... B1

Où se restaurer

16 Big Daddy's ... D4
Chelsea Market ... (voir 1)
Clocktower ... (voir 4)
17 Cookshop ... B4
18 Craft ... D4
19 Eataly ... D3
20 Eisenberg's Sandwich Shop ... D3
21 Eleven Madison Park ... D3
22 Foragers Table ... B4
23 Gramercy Tavern ... D4
24 Jun-Men ... B3
25 Mad Sq Eats ... D3
26 Maialino ... E4
27 Mercado Little Spain ... B2
28 NoMad ... D3
29 O Ya ... E3
30 Shake Shack ... D3
31 Tacombi Café El Presidente ... D3

Où prendre un verre et faire la fête

32 Culture Espresso ... D1
33 Flatiron Room ... D3
34 Lillie's Victorian Establishment ... D4
35 Old Town Bar & Restaurant ... D4
36 Raines Law Room ... D4
Serra ... (voir 19)
37 Top of the Strand ... D1

Où sortir

38 Madison Square Garden ... C2
39 New Amsterdam Theatre ... C1
40 Peoples Improv Theater ... E3
41 Playwrights Horizons ... B1
42 Sleep No More ... A3

Times Square

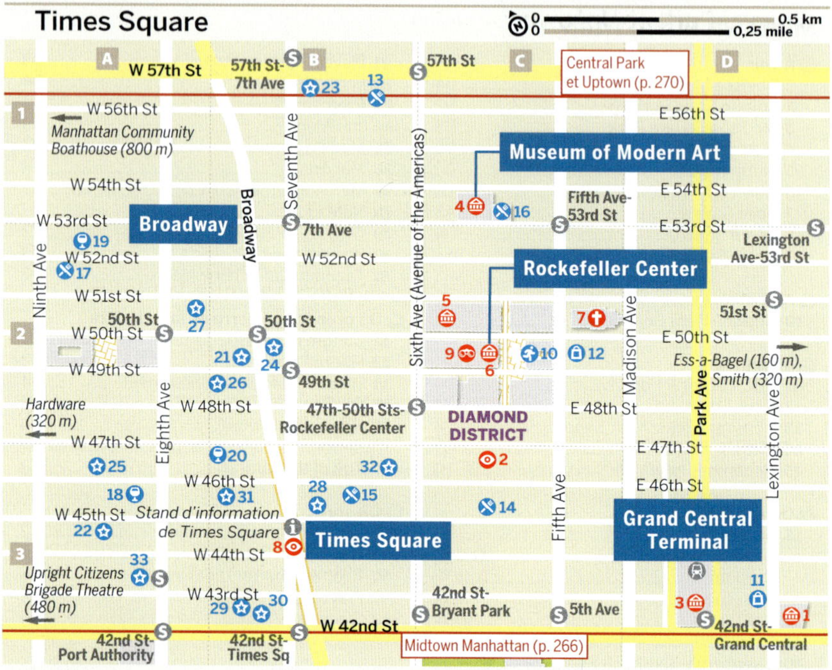

À voir

1 Chrysler Building ... D3
2 Diamond District ... C3
3 Grand Central Terminal ... D3
4 Museum of Modern Art ... C1
5 Radio City Music Hall ... C2
6 Rockefeller Center ... C2
7 St Patrick's Cathedral ... C2
8 Times Square ... B3
9 Top of the Rock ... C2

Activités

10 Rink at Rockefeller Center ... C2

Shopping

FAO Schwarz ... (voir 6)
11 Grand Central Market ... D3
MoMA Museum & Design Stores ... (voir 4)
12 Saks Fifth Avenue ... C2

Où se restaurer

Agern ... (voir 3)
13 Burger Joint ... B1
14 Fournos Theophilos ... C3
Grand Central Oyster Bar & Restaurant ... (voir 3)
15 Margon ... B3
16 Modern ... C1
17 Totto Ramen ... A2

Où prendre un verre et faire la fête

18 Bar Centrale ... A3
Bar SixtyFive ... (voir 9)
19 Industry ... A2
20 Rum House ... B3
The Campbell ... (voir 3)

Où sortir

21 Ambassador Theatre ... B2
22 Birdland ... A3
23 Carnegie Hall ... B1
24 Caroline's on Broadway ... B2
25 Don't Tell Mama ... A3
26 Eugene O'Neill Theatre ... B2
27 Gershwin Theatre ... A2
28 Lyceum Theatre ... B3
29 Lyric Theatre ... B3
30 New Victory Theater ... B3
31 Richard Rodgers Theatre ... B3
32 Roundabout Theatre Company ... B3
33 Second Stage Theater ... A3

Central Park et Uptown *(Carte p. 270)*

Central Park et Uptown

(Légende p. 269)

0 1 km
0 0,5 mile
E
F
G
H
1
2
3
4
5
6
Yankee Stadium (6,1 km)
Harlem Haberdashery (2,4 km), Ginny's Supper Club (2,6 km), Red Rooster (2,6 km), Sylvia's (2,7 km)
Mill Rock Island
East River
Franklin D Roosevelt Dr
96th St
E 96th St
E 95th St
E 94th St
E 93rd St
E 92nd St
E 91st St
E 89th St
E 87th St
86th St
E 86th St
E 85th St
E 84th St
E 83rd St
E 82nd St
E 81st St
E 80th St
E 79th St
E 78th St
77th St
E 77th St
E 76th St
E 75th St
E 74th St
E 73rd St
E 72nd St
72nd St
E 71st St
E 70th St
E 69th St
68th St-Hunter College
E 68th St
E 67th St
E 66th St
E 65th St
Lexington Ave-63rd St
Lexington Ave-59th St
5th Ave-59th St
E 59th St
59th St
E 58th St
57th St
E 57th St
Times Square (p. 268)
Fifth Ave
Madison Ave
Park Ave
Lexington Ave
Third Ave
Second Ave
First Ave
York Ave
East Dr
West Rd
Guggenheim Museum
Metropolitan Museum of Art
UPPER EAST SIDE
Carl Schurz Park
Roosevelt Island
Rockefeller University
Conservatory Water
The Mall
Literary Walk
The Dairy
The Pond
Roosevelt Island Tramway
Ed Koch Queensboro Bridge
3
5
6
7
9
11
15
16
17
18
19
20
24
28
29
30
31
32
33
34
36

Brooklyn

À voir
1 Brooklyn Botanic Garden D2
2 Brooklyn Bridge Park A1
3 Brooklyn Museum D2
4 Lefferts Historic House D3
5 Prospect Park C3
6 Prospect Park Zoo D3

Activités
7 LeFrak Center at Lakeside D3

Shopping
8 Brooklyn Flea A1

Où se restaurer
9 Ample Hills Creamery C2
10 DeKalb Market Hall B1
11 Dough C1
12 Finch C1
13 Juliana's A1
14 Miss Ada C1

Où prendre un verre et faire la fête
15 Butter & Scotch D2
16 Montero Bar & Grill A2
17 Union Hall C2
18 Weather Up C2

Où sortir
19 Barbès C3
20 Barclays Center C2
21 Brooklyn Academy of Music B2
22 St Ann's Warehouse A1

Williamsburg

0 — 1 km
0 — 0,5 mile

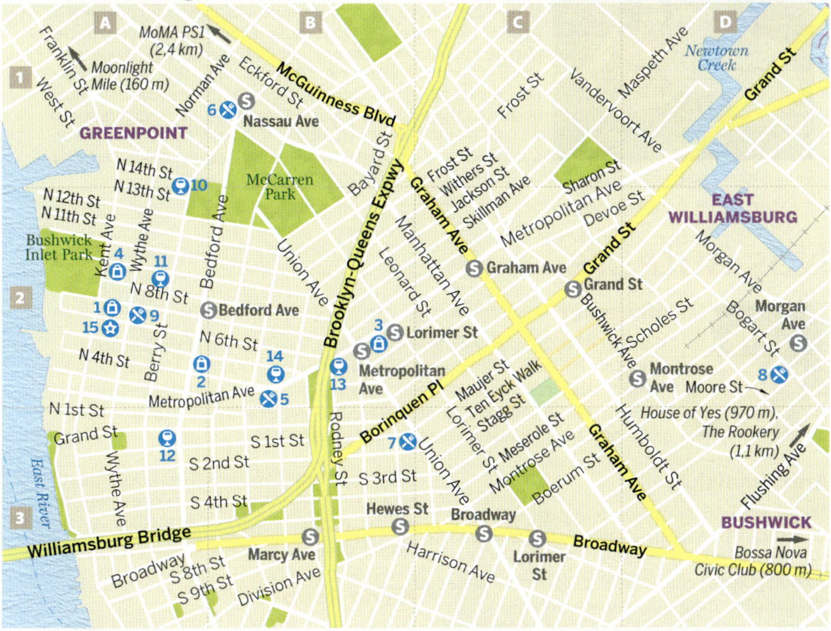

Shopping

1 Artists & Fleas A2
2 Catbird A2
3 Quimby's Bookstore NYC B2
4 Rough Trade A2

Où se restaurer

5 Fette Sau B2
6 Five Leaves B1
7 Modern Love B3
8 Roberta's D2
9 Zenkichi A2

Où prendre un verre et faire la fête

10 Berry Park A1
11 Hotel Delmano A2
12 Maison Premiere A3
13 Rocka Rolla B2
14 Spuyten Duyvil B2

Où sortir

15 Music Hall of Williamsburg A2
National Sawdust .... (voir 15)

Les guides Lonely Planet

Une vieille voiture déglinguée, quelques dollars en poche et le goût de l'aventure, c'est tout ce dont Tony et Maureen Wheeler eurent besoin pour réaliser, en 1972, le voyage d'une vie : rallier l'Australie par voie terrestre via l'Europe et l'Asie. De retour après un périple harassant de plusieurs mois, et forts de cette expérience formatrice, ils rédigèrent sur un coin de table leur premier guide, *Across Asia on the Cheap*, qui se vendit à 1 500 exemplaires en l'espace d'une semaine. Ainsi naquit Lonely Planet, dont les guides sont aujourd'hui traduits en 13 langues.

Nos auteurs

Ali Lemer

Autrice et éditrice chez Lonely Planet depuis 2007, Ali a écrit des guides et des articles sur la Russie, l'Allemagne, New York, Chicago, Los Angeles, Melbourne, Bali, Hawaï, le Japon et l'Écosse entre autres. Native de New York, Ali a également vécu à Melbourne, Chicago, Prague et au Royaume-Uni, et a voyagé un peu partout en Europe, en Amérique du Nord, en Océanie et en Asie.

Anita Isalska

Anita Isalska est journaliste de voyage, éditrice et rédactrice. Après plusieurs années heureuses en tant que rédactrice et éditrice – dont quelques-unes au bureau Lonely Planet de Londres – Anita travaille désormais en free-lance entre San Francisco, le Royaume-Uni et n'importe quelle destination baltique équipée d'une bonne connexion Wi-Fi. Anita est spécialiste de l'Europe centrale et de l'Est, de l'Asie du Sud-Est, de la France et du voyage hors des circuits battus.

MaSovaida Morgan

MaSovaida est journaliste de voyage et son penchant pour la vadrouille l'a menée dans plus de 50 pays à travers les sept continents. En tant qu'auteur Lonely Planet, elle contribue à des guides sur des destinations en Asie du Sud-Est, au Moyen-Orient, en Europe et dans les Amériques.

Kevin Raub

Né à Atlanta, Kevin a commencé sa carrière comme journaliste de musique à New York ; il a publié dans les magazines *Men's Journal* et *Rolling Stone*. Il a délaissé le mode de vie rock 'n' roll pour se tourner vers l'écriture de voyages et a rédigé plus de 95 guides Lonely Planet, avec pour destinations privilégiées le Brésil, le Chili, la Colombie, les États-Unis, l'Inde, l'Italie et le Portugal.

L'essentiel de New York
6e édition
Traduit et adapté de l'ouvrage *Best of Nex York City, 5th edition, January 2021*

92 avenue de France - 75013 Paris

Dépôt légal Janvier 2021
ISBN 978-2-81618-643-7
Photographes © comme indiqué 2021
Imprimé par ESTIMPRIM, Baume-les-Dames, France
Réimpression 03, mai 2022

En Voyage Éditions | un département édi8